곽선희 목사 설교집
63

내 인생의 현주소

곽선희 지음

계몽문화사

머리말

'복음은 들음에서'—이는 진리이며 우리의 경험입니다. 하나님께서 우리에게 주신 복 가운데 가장 큰 복은 말씀을 주신 것입니다. '말씀이 육신을 입어서 오신 것'입니다. 말씀을 주셨고 들을 수 있게 하셨고 마음문을 열고 받아 믿게 하신 것, 참 놀라운 은혜입니다.

말씀은 단순한 지식이 아닙니다. 추상적인 이론이 아닙니다. 말씀은 선포되는 하나님의 계시적 능력인 것입니다. 말씀의 권능, 그 능력을 알고 체험하면서 비로소 '말씀 안에서 태어나는 생명적 기적'이 나타나게 됩니다. 오늘도 그 말씀이 증거되고 새롭게 선포되고 있습니다. 설교가 곧 말씀입니다. 성령의 역사와 함께 끊임없이 이루어지는 생명의 역사입니다. 이 선포되는 말씀, 증거되는 진리를 통하여 구원의 능력은 항상 새로워집니다. 말씀 안에서 새 생명이 탄생하고 말씀 안에서 영혼이 소생하며, 그 큰 능력 안에서 우리는 강건해집니다. 우상을 이기는 능력의 사람으로 성장해가는 신비롭고 놀라운 사건을 강단에서 늘 경험하고 있습니다.

여기에 또다시 설교말씀을 모아 책자로 내어놓습니다. 예수소망교회 강단을 통하여 하나님께서 우리에게 주신 말씀입니다. 이제 그 말씀을 책자로 엮어 내어놓음으로써 우리가 시간과 공간을 초월하여 개별적으로 하나님을 만나게 되는 '말씀의 역사'에 귀중한 방편이 되고자 합니다. 책자라는 그릇에 담긴 이 말씀들은 읽는 자의 마음 안에서 또다른 '말씀의 신비한 기적'을 낳게 되리라 확신합니다.

한 시간 한 시간의 설교를 위하여 간절히 기도해주신 모든 성도들과 이 책자를 출간하기까지 수고해주신 여러분께 진심으로 감사를 드립니다. 그리고 또다시 영광을 오직 하나님께 돌리면서……

곽선희

차 례

머리말 ── 3
자기 실망자의 자기 고백(막 9 : 25 - 29) ── 8
위로를 기다리는 자(눅 2 : 22 - 33) ── 19
이것이 우리의 자랑이라(고후 1 : 12 - 14) ── 28
지혜자의 생활 양식(전 7 : 11 - 14) ── 37
네 원수를 사랑하라(마 5 : 44 - 48) ── 47
내게 주신 은혜(갈 2 : 6 - 10) ── 57
고독한 선지자가 들은 복음(왕상 19 : 1 - 10) ── 66
강퍅케 됨을 면하라(히 3 : 7 - 13) ── 76
그 목자의 기쁨(눅 15 : 1 - 7) ── 86
지금 내가 기뻐하는 이유(빌 1 : 12 - 18) ── 95
하나님이 찾으시는 예배자(요 4 : 19 - 26) ── 106
내 인생의 현주소(시 8 : 1 - 9) ── 116
예수님의 거룩한 결심(눅 9 : 51 - 56) ── 126
찬미를 온전케 하셨나이다(마 21 : 12 - 17) ── 135
부활의 첫 열매(고전 15 : 20 - 28) ── 145

내 증인이 되리라(행 1 : 4 - 11) ──── 154
묵은 땅을 갈고 파종하라(렘 4 : 1 - 4) ──── 164
아브라함 자손의 조건(눅 19 : 1 - 9) ──── 173
나의 당한 일의 복음적 의미(빌 1 : 12 - 18) ──── 184
천국에서 큰 사람(마 18 : 1 - 10) ──── 195
네 아버지에게 물으라(신 32 : 6 - 12) ──── 205
성령이 기억나게 하리라(요 16 : 1 - 11) ──── 215
안식함의 복음(출 20 : 8 - 11) ──── 225
넉넉히 이기느니라(롬 8 : 31 - 39) ──── 235
한 선지자의 고민(욘 4 : 1 - 5) ──── 244
급히 사화하라(마 5 : 21 - 26) ──── 254
한 소년의 신앙고백(삼상 17 : 41 - 49) ──── 262
주여 옳습니다(막 7 : 24 - 30) ──── 271
비로소 그리스도인(행 11 : 19 - 26) ──── 281
온전히 기쁘게 여기라(약 1 : 2 - 8) ──── 290
곽선희목사 설교집·강해집·기타 ──── 299

곽선희 목사
장로회 신학대학 졸업
프린스턴 신학석사
풀러신학 선교신학박사
인천제일교회 목사
장로회 신학대학 교수 역임
숭의여자전문대학 학장 역임
서울장로회신학교 교장 역임
소망교회 원로목사
예수소망교회 동사목사

곽선희 목사 설교집 제63권
내 인생의 현주소

인쇄 · 2020년 1월 15일
발행 · 2020년 1월 20일
지은이 · 곽선희
펴낸이 · 김정수
펴낸곳 · 계몽문화사
등록일 · 1993년 10월 11일
등록번호 · 제2016-2호
전화 · (02)995-8261
정가 · 23,000원
총판 · 비전북 / (031)907-3927
ISBN 978-89-89628-46-0   03230

* 잘못 만들어진 책은 바꾸어 드립니다.

내 인생의 현주소

자기 실망자의 자기 고백

예수께서 무리가 달려와 모이는 것을 보시고 그 더러운 귀신을 꾸짖어 이르시되 말 못하고 못 듣는 귀신아 내가 네게 명하노니 그 아이에게서 나오고 다시 들어가지 말라 하시매 귀신이 소리 지르며 아이로 심히 경련을 일으키게 하고 나가니 그 아이가 죽은 것 같이 되어 많은 사람이 말하기를 죽었다 하나 예수께서 그 손을 잡아 일으키시니 이에 일어서니라 집에 들어가시매 제자들이 조용히 묻자오되 우리는 어찌하여 능히 그 귀신을 쫓아내지 못하였나이까 이르시되 기도 외에 다른 것으로는 이런 종류가 나갈 수 없느니라 하시니라
(마가복음 9 : 25 - 29)

자기 실망자의 자기 고백

　아주 오래전 경험입니다. 장맛비가 억수같이 쏟아지는 아침에 제가 차를 몰고 청계천 고가도로를 올라가고 있었습니다. 외길로 많은 차들이 줄지어서 올라가고 있었는데, 앞에 가던 차 한 대가 갑자기 멈추어 섰습니다. 그러니 뒤따르던 차들이 줄줄이 밀려서 갈 수가 없게 되었지요. 다들 바쁜 출근길이니 여기저기서 불평의 소리가 터져 나옵니다. 그런데 앞에 멎은 차의 운전사가 밖으로 나오더니 그 비를 다 맞으면서 보닛을 열고 엔진을 이리저리 들여다보는 것입니다. 그러자 바로 뒤에 있던 차의 주인이 차창을 내리고 큰 소리로 묻습니다. "어디가 잘못됐어요? 뭐 때문에 못 가는 거요?" 그러자 그 사람이 하는 말이 기가 막힙니다. "기름이 없어요!" 그 소리를 듣고 뒤에 있는 또 다른 차의 주인이 한마디 합니다. "아니, 그럼 기름이 없는 것도 몰랐어요?" 대답이 이렇습니다. "게이지가 고장 났어요!" 기름이 얼마나 있는지를 표시해주는 검침이 있는데, 그것이 고장 났다는 것입니다. 그런 판국이니 뒷사람들이 얼마나 소리를 지르고 불평을 해댔겠습니까. 참 특별한 경험이었습니다.
　자동차가 아무리 좋은들, 기름 없는 자동차가 무슨 소용입니까. 아무리 고급이고, 아무리 화려하고 비싼 차라도 기름 없는 차는 아무 소용도 없는 고철일 뿐입니다. 차는 기름이 있고서야 갈 수 있는 것입니다. 문제는 또 있습니다. 기름이 얼마나 있는지를 모른다는 것입니다. 그걸 모르는 채 가고 있다면 세상에 그런 답답한 일이 어디 있습니까. 그랬다가는 잘 가다가도 가장 절박한 시간에 차가 딱 멎게 된다, 이것입니다. 원인이 어디에 있습니까? 도대체 무엇이 원인입니까? 문제는 게이지가 고장 났을 뿐만 아니라, 기름이 얼마 남았는지도 모르고 살아왔다는 것입니다. 우리 인생도 마찬가지입니다. 우리 인생의 생명력에는 주어진 연한이 있습니다. 능력이 있고, 한계가 있습니다. 어디까지입니까? 이걸 모르고 산다면 그 얼마나 미련한 일이겠습니까.

마가복음 9장 2절에서 예수님께서는 헐몬산이라고도 하는 변화산에 올라가셨습니다. 그리고 산 위와 산 아래, 두 곳에서 중요한 장면이 펼쳐집니다. 산 위에서는 예수님께서 변화되시어 하늘나라의 영광된 모습을 세 제자들에게 보여주십니다. 베드로, 요한, 야고보가 이것을 보고 너무나 감격합니다. 그래서 베드로가 하는 말이 이렇습니다. "장막 셋을 짓고 여기서 살았으면 좋겠습니다." 이에 저는 생각해봅니다. 장막 셋을 짓는다면 예수님, 모세, 엘리야, 이렇게 세 분이 한 군데씩 들어가고 나면 자기는 어디로 들어간다는 말입니까? 자기들이 있을 곳은 생각도 안했더라고요. 이렇게 산 위에서는 예수님께서 영광된 모습으로 변화되시는 사건이 있었던 것입니다. 그리고 같은 시간 산 밑에서는 아마도 나머지 아홉 제자들이 잠을 자고 있었던 모양입니다. 예수님께서는 위에서 기도하고 계셨고, 나머지 아홉 제자는 산 밑에서 쿨쿨 잠을 자고 있었던 것입니다.

그런데 아침이 되자 어떤 아버지가 귀신들린 어린아이 하나를 데려왔습니다. 이 아이가 발악을 하고 소리를 지르는데, 그 귀신을 쫓아내달라고 부탁을 하는 것입니다. 이때 제자들이 조금 기다렸다가 예수님께 그 아이를 넘겨드렸으면 좋았을 뻔했습니다. 예수님께서 산을 내려오시면 그까짓 것 아무 문제도 아니지 않습니까. 하지만 이 아홉 제자의 생각으로는 귀신 내쫓는 것 정도는 며칠 전에도 해봤고, 동네마다 다니면서 저마다 해봤으니 뭐 어려우랴 싶었을 것입니다. 그래 전부가 나서서 한 번씩 해봤던 것이지요. 아마도 그래서 다들 한 번씩 "예수의 이름으로 명하노니, 나가라! 나사렛 예수의 이름으로 명하노니, 나가라!" 한 모양인데, 아홉 제자 모두가 다 귀신을 쫓아내는 데 실패했습니다. 귀신은 꿈쩍도 하지 않았습니다. 어린아이는 점점 더 크게 소리를 지르고 발광을 합니다. 그 지경이 되었을 때 마침내 예수님께서 산을 내려오셨습니다. 그래 "왜들 소란하냐?" 하고 물으시니, 이 어린아이의 아버지가 예수님께 하는 말입니다. "제 아이가 귀신이 들렸는데, 당신의 제자들이 다 한 번씩 해봤지만, 귀신이 나가지 않았습니다." 그 다음 말이 아주 실망스럽습니다. "당신은 제자가 아니고 스승이시니까 무엇을 하실 수 있거든 도와주십시오." 예수님께는 굉장히 모욕적인 말입니다. 그러자 예수님께서 개탄하시면서 "믿음이 없는 세대여!"라고도 말씀하시고, "할 수 있거든이 무슨 말이냐?" 하고 책망도 하십니다. 한 치의 의심도 없어야지, 할 수 있거든 해달라니, 이 무슨 불경한 말이냐, 이것입니다. 그때 이 아이의 아버지가 뉘우치면서 예수님께 자기 믿음 없는 것을 도와달라고 합니다. 예수님께서는 그 아이를 깨끗하게 고쳐주십니다. 이런 장면이 산 아래에서 전개되고 있습니다.

문제는 이 결과로 제자들이 많이 부끄럽게 되었다는 사실입니다. 이 아홉 제자, 체면이 말이 아닙니다. 얼마나 부끄럽고 창피한 일입니까. 아이 아버지에게도 부끄럽고, 다른 많은 사람들 보기에도 창피합니다. 무엇보다도 예수님 앞에 낯을 들 수가 없습니다. 두렵습니다. 그래서 오늘본문을 자세히 보면 28절에 참 재미있는 말씀이 있습니다. "제자들이 조용히 묻자오되……" 제자들이 예수님 앞에 나아와 조용하게 여쭈어봅니다. "우리는 어찌하여 귀신을 내쫓지 못했나이까?" 성경에는 이렇게만 나와 있는데, 실은 괄호를 치고 그 안에 이런 말이 더 들어가야 합니다. "며칠 전까지는 했는데, 오늘은 왜 못한 것입니까?" 그러니까 사실은 이런 의미인 것이지요. "저희가 어제는 했는데, 왜 오늘은 못했습니까? 어제는 능력이 있었는데, 왜 오늘은 이렇게 무능하고 초라한 존재가 됐습니까?" 이때 예수님의 대답은 너무나도 간단합니다. "기도 외에 다른 것으로는 이런 종류가 나갈 수 없느니라(29절)." 원인은 기도라는 것입니다. 기도를 안 했기 때문에 못했다는 것입니다. 이렇게 딱 한마디로 잘라 말씀하십니다.

여러분, 생각해보십시오. 지난 1년을 지나오면서 잘한 일도 있고, 못한 일도 있었을 것입니다. 성공한 일도 있었고, 실패한 일도 있었을 것입니다. 나름대로 손익계산을 하고, 비판도 하고, 반성을 해볼 수 있겠지요. 한데, 잘못되었다면 그 원인이 무엇입니까? 어디에 실패의 원인이 있는 것입니까? 커밍 웍(Cuming Walk)이라는 유명한 사회학자는 모든 성공에는 네 가지가 있어야 한다고 말합니다. 상식적인 이야기일 수도 있지만, 너무나 중요합니다. 첫째, 자본이 있어야 합니다. 사업을 해보신 분들은 잘 아실 것입니다. 자본이 부족하면 일을 성사시키기가 어렵습니다. 둘째, 지식이 있어야 합니다. 아무리 돈이 많아도 아이디어가 없으면 헛일입니다. 좋은 발상이 필요합니다. 셋째, 기술이 있어야 합니다. 지식이 있어도 기술이 없으면 안 됩니다. 기술은 경험입니다. 지식을 현실에 옮겨서 생산능력을 나타낼 수 있는 기술, 경험이 있어야 됩니다. 넷째, 열정이 있어야 합니다. 이것이 무엇보다 중요합니다. 마음에서부터 우러나오는 분명한 목적의식, 곧 열정이 있어야 합니다. 그런데 커밍 웍은 마지막으로 한 가지를 더 말합니다. 바로 시간입니다. 시간이 있어야 한다, 이것입니다. 사람이 마음대로 뭘 할 수 있을 것 같아도 다 시간의 한계 안에서의 일입니다. 이 시간이라고 하는 절대조건은 전적으로 하나님께 속해 있습니다. 하나님께서 시간을 허락해주셔야 모든 것이 가능합니다.

오늘 본문에서 예수님 말씀하십니다. "기도 외에 다른 것으로는 이런 종류가 나갈 수 없느니라(29절)." 여러분, 언제 실패하셨습니까? 언제 실수하셨습니까? 언제 본의 아니게 화를 내셨습니까? 아니, 언제 해서는 안 될 말을 하셨습니까? 언제 어떤 실수가 있었는지 조용히 생각해보십시다. 그 원인이 무엇입니까? '무엇 때문에 내가 이렇게 됐나? 내가 왜 이렇게 추락을 했나? 내가 왜 이렇게 큰 실수를 했나?' 오늘 예수님께서는 기도하지 않았기 때문이라고 말씀하십니다.

야고보서 4장 2, 3절에서 야고보는 이렇게 말합니다. "너희가 얻지 못함은 구하지 아니하기 때문이요 구하여도 받지 못함은 정욕으로 쓰려고 잘못 구하기 때문이라." 얻지 못함의 원인은 하나, 바로 기도를 안 했기 때문이다, 이것입니다. 그리고 구해도 얻지 못함은 정욕으로 쓰려고 잘못 구했기 때문이다, 이것입니다. 기도가 잘못되었다는 것입니다. 기도 안 한 것이 죄요, 기도가 잘못된 것이 죄다, 이것입니다. 이것이 패인입니다. 왜요? 기도하면서 하나님의 뜻을 알게 되니까요. 사람의 생각이 아니고, 하나님께서 무엇을 원하시는지, 하나님의 경륜, 하나님의 놀라운 섭리, 이것부터 알아야 합니다.

그 속에 내가 있는 것입니다. 내가 모든 것을 내 마음대로 할 수 있는 것, 아닙니다.

언젠가 천문학자와 대화를 나눈 적이 있습니다. 그는 일생토록 천문학을 연구해온 분입니다. 그는 고백합니다. "하늘을 보면서 하늘의 세계, 별의 세계를 연구하다 보면 배고픈 줄도 모르고, 자기가 지금 자고 있는지 깨어있는지도 모를 정도로 깊이 몰입됩니다." 너무나 놀랍고 광활한 우주를 바라보고 있노라면 자기도 모르게 그렇게 된다는 것입니다. 우주를 지으신 하나님의 크신 뜻과 그 속에 있는 나를 알기 위해서는 기도해야 합니다. 하나님의 뜻을 알고, 하나님 뜻 안에 있는 나를 알고, 오늘의 현실이 어디로 가고 있는지를 아는 영적 통찰력이 기도에 있습니다. 이걸 잊지 말아야 합니다.

특별히 오늘본문에 나타나는 중요한 장면이 바로 그것입니다. 제자들은 지난날의 경험에 의존했습니다. 며칠 전에 분명히 귀신을 내쫓은 적이 있거든요. 예수님께서 이르셨습니다. "동네마다 다니면서 귀신을 내쫓고 복음을 전하라." 그래 그 말씀대로 제자들이 동네를 다니면서 귀신을 내쫓고, 병을 고쳤습니다. 제자들은 실제로 귀신이 나가고, 병자가 낫는 경험을 했습니다. 이것이 문제입니다. 내 과거의 성공이 문제다, 이것입니다. 그래서 이런 유명한 말이 있지 않습니까. '과거의 작은 성공이 큰 미래를 망친다.' 조그마한 일 하나 성공했다고 해서 그것으로 나머지 다른 일들도 지레 다 잘 될 줄로 아는 것입니다. 작은 성공이 일생을 망칩니다. 저도 그런 일을 많이 봅니다. 이것저것 자랑할 만한 성공이 있었습니다. 하지만 거기에 집착하면 그만 더 크고 위대한 미래가 망가집니다. 오늘 제자들도 며칠 전에 귀신 내쫓은 경험 때문에 일을 망칩니다. 경험은 있었지만, 기도가 없었던 것입니다. 이것이 잘못입니다. 어제까지는 그것으로 되었습니다. 그러나 오늘은 아닙니다. 오늘은 오늘을 위해 기도해야 된다는 말입니다. 오늘 기도하지 않고는 오늘 시험을 이길 수가 없습니다. 오늘 기도하지 않고는 오늘 하나님의 뜻이 어디 있는지를 알 수가 없습니다. 이걸 잊지 말아야 합니다.

유명한 신학자 본회퍼는 말합니다. '예수님의 참 제자가 되려면 행위 없는 믿음에서 떠나야 하고, 순종 없는 믿음을 버려야 하고, 십자가 없는 믿음을 잊어야 한다.' 무슨 뜻이겠습니까? 믿음 없이 행할 수 없다는 것이지요. 여러분, 아무리 믿음이 있다고 하더라도 순종까지 할 수 있는 것은 아닙니다. 십자가의 은혜를 바로 알기 전에는 절대로 승리할 수 없습니다. 잊지 말아야 할 것은 그 모든 것의 근본이 기도라는 사실입니다. 기도하고야 믿음이 있고, 기도하고야 순종할 수 있고, 기도하고야 십자가 속에 있는 하나님의 능력을 알 수 있습니다.

우리가 너무나 잘 아는 말씀이 있습니다. 예수님의 바로 눈앞으로 십자가가 다가옵니다. 이때 예수님께서 하신 일이 무엇입니까? 잘 기억히십시다. 간단합니다. 기도입니다. 우리는 중요한 일이 있을 때 기도해야 됩니다. 기도하지 않고 뭘 하는 데에 문제가 있는 것입니다. 제가 종종 경험하는 일이 있습니다. 누가 갑자기 저한테 와서 몇 월 며칠 몇 시에 시간이 있으시냐고 묻습니다. "왜요?" "우리 아이가 결혼하려는데요." "아, 그래요? 벌써 거기까지 발전했어요? 누구하고 할 건데요?" 이때 대답이 참 섭섭합니다. "그건 묻지 마세요." 나중에 알고 보니 안 믿는 집하고 하는 것입니다. 안 믿는 집 자식을 데려오면서 저더러 주례를 해달라고 하는 것입니다. 게다가 모든 걸 벌써 다 정해놓고 주례만 해주십사 하는 것입니다. 그분, 장로입니다. 그동안 이런 경우가 많았습니다. 그런데, 아니나 다를까, 결혼하고 며칠 안 되어가지고 이혼하느니 마느니 하더니 그만 파탄이 나고 맙니다. 울고불고 난리가 날 수밖에요. 그때 제가 딱 한마디 합니다. "기도 안 하고 결정했잖아요." 날마다 새벽기도 나오는 사람이 그 중요한 혼사를 놓고 기도를 안 해요? 오히려 더 열심히 기도해야지요. 그리고 결정해야지요. 도대체 기도 없이 결정한 혼사가 어찌 파탄나지 않겠습니까.

오늘본문에서 예수님 앞에는 십자가라고 하는 엄청난 사건이 놓여 있습니다. 그때 예수님께서 하신 일이 무엇입니까? 다 물리치시고 겟세마네 동산에 올라가 기도하십니다. "하나님이시여, 이 십자가를 그냥 지나가게 해주십시오. 그러나 제 뜻대로 마옵시고, 아버지의 뜻대로 되기를 원합니다." 요한복음 18장에서 예수님 말씀하십니다. "아버지께서 내게 주신 잔을 내가 마시지 않겠느냐." 이것이 밤새 기도하시고 얻은 결론입니다. "이 십자가는 아버지의 뜻이다. 만백성을 구원하시기 위하여 내가 십자가를 지는 것이다." 그리고 이 십자가를 아버지의 뜻으로 아시는 순간 그대로 받아들이십니다. 그리고 십자가를 지십니다. 예수님의 그 위대한 능력, 십자가를 지시는 그 엄청난 능력의 근본이 무엇입니까? 기도입니다. 여러분, 꼭 잊지 말아야 합니다. 능력의 근본은 믿음이요, 확실한 믿음은 기도로부터 오는 것입니다. 이 믿음은 지식과 경험에서 오는 것이 아닙니다. 하나님과 나와의 절대적 관계에서 오는 것입니다.

제가 이런 특별한 경험을 한 적이 있습니다. 언젠가 밤중에 저한테 전화가 걸려왔습니다. 예전에 제가 신학대학에서 가르쳤던 제자로, 지금 개척교회를 하는 목사입니다. 교인이 한 150명쯤 되는 조그마한 교회인데, 상가에 있습니다. 그가 전화를 해서 다급하게 말합니다. "목사님, 큰일 났습니다!" "뭔데요?" 주일에 예배를 드리는데, 중간에 앉아 있던 어떤 아주머니가 벌떡 일어나면서 소리를 지르더라는 것입니다. 보니까 귀신 들린 사람인데, 그때 그 목사님 마음에 이런 생각이 들었다는 것입니다. '저 귀신을 내가 쫓아내기만 하면 우리 교회는 부흥될 것이다. 나는 권세 있는 목사로 소문날 것이다.' 그래서 예배 중에 설교를 멈추고 교인 속으로 들어가 그 귀신들린 여자를 향해 "귀신아, 나가라!" 하고 소리를 질렀다는 것입니다. 그랬더니 귀신이 목사님의 넥타이를 잡고 "너 누구야?" 그러더랍니다. 아, 그런 망신이 어디 있습니까. 그래 너무너무 부끄럽고 괴로워서 저한테 전화를 걸어와서 이러는 것입니다. "목사님, 이거 어떡하면 좋겠습니까?" 그래서 제가 농담 삼아 이랬습니다. "사표 내라. 귀신도 못 알아보는 목사가 뭘 하겠냐." 그랬더니 "아이고, 안 됩니다. 제가 얼마나 애를 써서 세운 교회인데요!" 합니다. 그래서 제가 한마디 더 했지요. "그걸 그렇게 섣불리 대하면 안 되지. 적어도 그대가 그 사건을 위해서 기도한 바가 있나? 자동적으로 되리라고 생각하면 안 돼. 이제 다른 일은 잠시 접고, 사흘 동안 특별히 이 한 가지를 위해서 기도해라. 그리고 나서 사흘 뒤에 그 여자를 다시 만나라. 그러면 귀신이 순종할 것이다." 그렇게 되었습니다. 그래서 교회를 크게 부흥시킨 일이 있습니다.

여러분, 어제도 됐고, 그제도 됐다고 합시다. 하지만 기도 없이 오늘도 되리라고 생각하면 안 됩니다. 오늘도 어김없이 기도해야 됩니다. 오늘 기도하지 않고는 오늘 시험을 이길 수 없습니다. 오늘 기도하지 않고는 말 한마디도 바로 할 수 없습니다. 이걸 잊지 말아야 합니다. 날마다, 날마다 기도해야 합니다. 시간마다 기도해야 됩니다. 사도 바울은 단적으로 말합니다. "쉬지 말고 기도하라." 아침에도, 저녁에도, 일 시작할 때에도, 일 끝낼 때에도 항상 기도하라는 것입니다. 여러분, 다들 운전하시지요? 자동차에 올라서 시동을 걸 때 기도해야 됩니다. 차에서 내릴 때에는 감사기도를 해야 합니다. "기도 외에 다른 것으로는 이런 종류가 나갈 수 없느니라." 오직 기도 하나만을 주님께서는 말씀하고 계십니다.

    우리는 다시 원점으로 돌아가야 합니다. 그래서 주의 거룩하신 뜻을 알고, 기도를 통해서 능력도 얻고, 지혜도 얻어야 합니다. 충만함이 있어야 하는 것입니다. 그래야 항상 성공할 수 있고, 형통할 수 있고, 하나님을 찬양할 수 있습니다. 그런 믿음의 사람으로 살아가야 할 것입니다. △

위로를 기다리는 자

모세의 법대로 정결예식의 날이 차매 아기를 데리고 예루살렘에 올라가니 이는 주의 율법에 쓴 바 첫 태에 처음 난 남자마다 주의 거룩한 자라 하리라 한 대로 아기를 주께 드리고 또 주의 율법에 말씀하신 대로 산비둘기 한 쌍이나 혹은 어린 집비둘기 둘로 제사하려 함이더라 예루살렘에 시므온이라 하는 사람이 있으니 이 사람은 의롭고 경건하여 이스라엘의 위로를 기다리는 자라 성령이 그 위에 계시더라 그가 주의 그리스도를 보기 전에는 죽지 아니하리라 하는 성령의 지시를 받았더니 성령의 감동으로 성전에 들어가매 마침 부모가 율법의 관례대로 행하고자 하여 그 아기 예수를 데리고 오는지라 시므온이 아기를 안고 하나님을 찬송하여 이르되 주재여 이제는 말씀하신 대로 종을 평안히 놓아 주시는도다 내 눈이 주의 구원을 보았사오니 이는 만민 앞에 예비하신 것이요 이방을 비추는 빛이요 주의 백성 이스라엘의 영광이니이다 하니 그의 부모가 그에 대한 말들을 놀랍게 여기더라

(누가복음 2 : 22 - 33)

위로를 기다리는 자

　세상에는 크게 두 종류의 사람이 있다고 합니다. 하나는 현재를 기준으로 과거에 매여 사는 사람이고, 또 하나는 미래에 사는 사람, 다시 말하면 꿈을 가지고 사는 사람입니다. 이 두 가지입니다. 우리가 먹고, 살고, 자고 하는 일은 현재라는 시점에서 이루어지는 일이지만, 우리의 생각은 과거에 매여 있든지, 아니면 미래로 향하든지, 둘 중 하나라고 생각합니다. 그래서 이 현실에 살지만, 우리의 마음은 항상 저 미래를 바라보며 뭔가를 기다리는 마음으로 삽니다. 그런데 생각해보면 기다림을 모르는 사람이 있습니다. 기다릴 것이 없다고 하면서 산다면 그는 아주 동물적이고, 인간임을 포기하는 사람이겠지요. 또 하나는 기다림을 포기한 사람입니다. 왜요? 기다려봐야 별것 없으니까요. 그는 스스로 절망하는 사람입니다. 또 기다림에 속아서 사는 사람이 있습니다. 뭔가 기다렸다가 뜻대로 안 되어 아주 배신감을 느끼면서 사는 사람입니다. 그는 실망 속에 사는 사람입니다. 그런가하면 기다림을 즐기는 사람도 있습니다. 기다림 자체를 현실보다는 미래에 대한 꿈과 비전이라는 측면에서 즐기며 사는 것입니다. 그는 낭만주의자입니다. 또 기다림 속에서 성취를 느끼며 사는 사람도 있습니다. 그는 인격자입니다. 그런데 이보다 더 중요한 사람은 기다림보다 더 큰 것을 얻고 사는 사람입니다. 내가 바랐던 것은 이것인데, 이보다 더 큰 것, 기다림보다 더 큰 것이 내게 주어졌다는 것을 경험하며 행복해 하는 사람입니다. 그는 정말 행복한 사람입니다.

윌리엄 마스턴(William Marston)의 심리학연구에 따르면 사람이 사는 목적이 어디에 있느냐고 물을 때 응답자의 94퍼센트가 결국 기다림에 마음을 쏟으며 살아간다고 답한다는 것입니다. 현재가 아닌 미래를 생각하며, 어떤 소식을 기다리기도 하고, 사람을 기다리기도 하고, 기회가 오기를 기다리기도 하고, 또 변화가 있기를 기다린다는 것입니다. 뭔가를 간절히 기다리며 살아가는데, 그 간절함이 얼마나 큰가 하는 데에 문제가 있고, 얼마나 현실화할 수 있는 꿈을 가지고 사느냐, 하는 것으로 인간의 가치를 평가하게 된다는 것입니다.

　유명한 토마스 하디의「환상의 여인」이라는 작품이 있습니다. 여기에 나오는 이야기가 너무나 재미있습니다. 한 여인이 어느 시인의 시를 특별히 좋아했습니다. 그래 그 시인을 사모하고 존경하는 마음에서 그의 시를 읽고, 외우고, 묵상하고, 즐기며 살았습니다. 그러다가 아이를 낳았는데, 이상하게도 그 시인과 꼭 닮은 아이였습니다. 그래서 남편의 오해를 많이 받았습니다. 하지만 이 여인은 그 시인을 만나본 적도 없습니다. 여러분, 신기하지 않습니까. 우리가 마음속으로 뭔가를 자꾸 생각하면 그에 따라 내 얼굴도 변하고, 내 몸도 변합니다. 내가 품고 있는 확실한 소망이 나를 변화시켜간다, 이것입니다. 내 생활도, 내 성품도, 내 인격도 그 꿈으로 말미암아 변화된다, 이것입니다.

　우리가 흔히 쓰는 말 가운데 희망이라고 있고, 또 소망이라는 말도 있습니다. 우리 교회의 이름에도 소망이라는 말이 들어 있지요? 우리는 이 소망이라는 말을 늘 쓰면서도 그 뜻을 대강 짐작만 할 뿐, 아주 확실한 정의는 못 내리고 있습니다. 그런데 언젠가 제가 중국에 갔을 때 그곳 베이징대학의 교수에게 이걸 물어보았습니다. 소망도 결국은 한자어니까 그들이라면 잘 알 것 아닌가 싶어서요. "당신들도 희망과 소망이라는 말을 쓰는 것 같은데, 소망과 희망의 차이가 무엇입니까?" 그러자 그 교수님 대답이 이 두 단어는 그 의미가 서로 엄격하게 다르다는 것입니다. 우리는 희망과 소망을 비슷한 뜻으로 쓰지 않습니까. 하지만 아니라는 것입니다. 소망과 희망은 서로 전혀 다른 개념이라는 것입니다. 그분 설명을 따르면, 희망은 내 욕망에서 솟아오르는 기대감이고, 소망은 그 대상으로부터 오는 것입니다. 그러니까 배고플 때 '먹으면 좋겠다!' 하고, 목마를 때 '물 마시면 좋겠다!' 하는 것이 희망이고, 소망의 대상으로부터 오는 약속에 근거한 것이 소망입니다. 약속을 기다리고, 확실한 약속을 바라보는 사이에 나 자신에게 변화가 옵니다. 내 생각도, 내 마음도, 내 성품도, 내 언어도 변화됩니다. 이 얼마나 아름답고 귀한 일입니까.

 오늘본문에는 한 사람의 중요한 신앙고백이 있습니다. 이스라엘의 위로를 기다리는 시므온이라는 사람이 있습니다. 그는 간절한 소원을 두고 기다렸습니다. 이 기다림은 희망이 아닙니다. 소망입니다. 이걸 잊지 말아야 합니다. 요새 걸핏하면 젊은 사람들이 비전이라는 말을 쓰더라고요. 교회 이름이 숫제 비전인 곳도 있습니다. 하지만 비전은 어디까지나 희망에 속하는 말입니다. 오늘본문에서 시므온이라는 사람은 이스라엘의 위로를 기다렸습니다. 이 기다림은 절대로 물질에 대한 것이 아닙니다. 부귀영화를 바라고, 성공을 바라고, 건강을 바라고…… 이런 것이 아닙니다. 이 기다림은 영적인 것이고, 신령한 것입니다. 영원한 가치에 대한 기다림입니다. 또 그런가하면 이 기다림은 자기 자신을 위한 것이 아닙니다. 자기가 건강하게 살고, 더 오래 살고, 출세하고, 명예롭게 살고…… 이런 자기 자신에 대한 것이 아닙니다. 잃어버린 이스라엘의 영광, 솔로몬 왕국의 영광을 기다렸다는 것입니다. 또 자기 방법적인 기다림도 아니었습니다. 하나님의 방법대로 조용하게 기다렸습니다. 우리는 기다리다가 지쳐서 실망할 때가 많습니다마는, 꼭 잊지 마십시오. 내 방법이냐 하나님의 방법이냐, 하나님의 방법으로 기다리는 것이냐 내 방법을 관철하겠다는 것이냐…… 여기에는 큰 차이가 있습니다. 오늘본문에서 시므온이라는 사람은 자기 욕망과 자기 지혜가 아니고, 하나님의 말씀을 따라서, 하나님의 계시를 따라서 자기에게 주시는 바를 소망했다는 것입니다.

그런가하면 가장 중요한 신학적 문제가 있습니다. 좀 어렵지만, 신학용어로 Messianic Age와 The Messiah, 이렇게 두 가지로 말합니다. 메시아의 세대, 아니면 그 메시아, 이 두 가지입니다. 신학적으로 매우 중요합니다. 많은 사람들이 메시아를 기다린다고 할 때 이 메시아는 대개 번영, 자유, 평등 같은 것을 의미합니다. 우리나라에서라면 통일이나 건강처럼 인간적인 것들이겠지요. 이런 것들에 소망을 두고 말할 때 흔히 Messianic Age라고 합니다. 번영과 자유, 그리고 억압이 없고 모두가 행복하게 살 수 있는 세대, 이런 의미에서 메시아의 세대를 생각합니다. 이것이 메시아니즘, 이데올로기입니다. 공산주의자도 같은 말을 합니다. 바로 이상의 세계입니다. 그렇게 꿈을 꾸고 있습니다.

그런데 오늘 시므온이 기다리는 것은 그런 것이 아닙니다. '메시아의 세대'가 아니고, '그 메시아'입니다. 이래서 크리스마스가 중요한 것입니다. 아기 예수 한 사람, 한 아기, 하나님께서 택하신 그 하나님의 종이 말구유에 오십니다. 그 메시아(The Messiah), 그 그리스도를 기다렸습니다. 시므온은 메시아의 세대를 기다린 것이 아닙니다. 그 메시아, 사람으로 오시는 아기 예수를 기다렸습니다. 이런 의미에서 높이 평가해야 합니다. 이것이 기독교 신앙의 핵심입니다. 그런데 막연하게 기다린 것이 아니고, 메시아를 만나려고 기다린 것입니다. 구체적으로 만나는 것입니다. 추상적인 만남이 아닙니다. 이데올로기적인 만남이 아닙니다. 아주 현실적으로 만나는 것입니다. 예수님을 현실적으로 만나겠다, 이것입니다. 그래서 오늘본문에 보니까 이 만남에 대한 간절한 기다림 속에 그에게 인격적인 변화가 이루어집니다. 첫째, 시므온은 경건하게 살았습니다. 메시아를 기다리는 사람답게 경건하게 주의 오심을 기다리는 거룩한 삶을 살았습니다. 뿐만 아니라, 성전 중심으로 살았습니다. 여러분, 이걸 잊지 말아야 됩니다. 성전 중심의 경건입니다. 이 사람은 성전에서 맴돌고, 성전에서 기도하며 메시아를 기다렸습니다. 저기 먼 곳에서 여행하면서 기다린 것이 아닙니다. 성전 중심의 삶, 이걸 잊지 말아야 합니다.

여러분, 이제 주님을 만날 날이 가까워옵니다. 점점 시간이 흘러서 이제 우리가 주님께로 가게 되겠는데, 앞으로 남은 시간을 어떻게 살아야겠습니까? 여러분, 웬만하면 집 팔아가지고 교회 가까이로 이사 오십시오. 그게 중요합니다. 교회 가까이 살아야 됩니다. 교회 중심으로 살아야 됩니다. 전에는 일주일 동안 한 번 나가던 교회지만, 이제부터는 날마다 나가는 교회, 아침에 나가고 저녁에 나가는 교회가 되어야 합니다. 저는 제 어머니의 그런 모습을 사랑합니다. 제 어머니의 경건은 간단합니다. 하루에 두 번씩 교회에 나가시는 것입니다. 집에서 교회까지는 20분쯤 걸리는 거리입니다마는, 그 여름에 얼마나 힘드시겠습니까. 날마다 김매고 그러면 얼마나 힘드시겠습니까. 한데도 아직 컴컴할 때 새벽기도 다녀와서 밥 하시고, 저녁에 또 교회 가서 기도하시고, 돌아와 주무시는 것입니다. 나중에 그 교회가 폭격을 맞아서 불타 없어진 다음에는 교회 터에서 가마니때기를 뒤집어쓰고 또 기도하십니다. 여러분, 성전 중심의 경건, 아주 중요합니다. 점점 더 가까이! 교회 가까이! 이것이 중요합니다.

오늘 이 시므온은 성전에서 메시아를 기다렸습니다. 기도하면서 기다렸습니다. 하나님께 기도하면서 기다렸더니 성령의 지시를 받습니다. 성령의 응답입니다. "네가 죽기 전에 메시아를 볼 것이다." 이 얼마나 큰 영광이요 특권입니까. "네가 죽기 전에 메시아를 볼 것이다." 감사한 마음으로 이 응답을 기다리면서 그는 성전을 맴돌며 살았습니다. 얼마동안 그랬다는 말씀은 없습니다마는, 그는 성전 중심으로 경건한 생활을 하고 있었습니다. 이것은 행동입니다. 감상이 아닙니다. 행동으로 주님을 기다린 것입니다. 그런데 오늘본문에서 그는 아기 예수를 만나게 됩니다. 그때 그가 아기 예수를 품에 안고 하늘을 우러러 감사 기도를 합니다. 그 행복감을 한번 생각해보십시오. 그렇게 기다리던 아기 예수를 품에 안고 그가 말합니다. "종을 평안히 놓아 주시는도다 내 눈이 주의 구원을 보았사오니." 저는 이 말씀을 읽고, 읽고, 또 읽으면서 큰 감동을 받습니다. 내 눈이 주의 구원을 보았습니다. 지금 아기 예수를 보았다고 자기에게 빵이 주어집니까, 떡이 주어집니까, 무슨 금덩어리가 주어집니까? 아기 예수를 품에 안은 것뿐입니다. 하지만 이 아기 예수를 통해 영원한 하나님의 나라와 하나님의 왕국을 바라보고 있는 것이지요. 그런 영감이 떠오르는 것이고, 거기에 만족한 것입니다. 아기 예수를 품에 안고 하나님의 나라가 이루어지는 것을 바라보고 있는 것입니다. "종을 평안히 놓아 주시는도다." 무슨 뜻이겠습니까? 이 말씀의 뜻은 조용히 주님 앞에 가겠다는 것입니다. 이제는 눈 감고 평안한 마음으로 죽겠다, 이것입니다. "종을 평안히 놓아 주시는도다." 그러니까 이런 마음인 것입니다. '내가 이제는 주의 구원을 보았사오니 만족합니다. 더 바랄 것이 없습니다. 평안히 주님 앞에 가겠습니다. 감사합니다.'

그리고 그는 이스라엘의 영광을 보았습니다. 그는 솔로몬 왕국의 재건을 본 것이 아닙니다. 하나님의 나라가 이루어지는 그 놀라운 역사를 바라본 것입니다. 지금 당장 이루어지는 나라가 아니라, 미래적이고 예표적인 나라입니다. 그리고 이곳에 지금 아기 예수가 있습니다. 그 아기 예수를 보고 있을 뿐입니다. 그가 품에 안은 것은 이뿐입니다. 자기의 손에 빵이 주어지고, 돈이 주어지고, 권세가 주어지는 이야기가 아닙니다. 아기 예수로 만족하는 것입니다. 주의 구원을 보았습니다. 아기 예수를 바라보는 가운데 예언의 성취를 느낍니다. 모든 소원이 다 이루어졌음을 느낍니다. 그러므로 이제는 더 바랄 것이 없다는 것입니다. 그리고 주님 앞에 내가 평안히 가겠다는 것을 고백하고 감사하고 있습니다.

여러분, 기다림이 나를 변화시킵니다. 온전한 약속의 성취를 믿는 자에게 생활의 변화가 이루어집니다. 그의 생각, 그의 가치관, 그의 경제관, 그의 사회관…… 변화가 이루어집니다. 이걸 잊지 말아야 합니다. 주님의 재림을 기다리는 마음속에 오늘 시므온의 그 거룩한 경건이 이루어져서 내가 주의 구원을 보는 것입니다. 주께서 나를 편히 가게 하십니다. 바로 그런 마음으로 새로운 차원의 경건이 우리 생활 속에 이루어질 수 있기를 바랍니다.　△

이것이 우리의 자랑이라

우리가 세상에서 특별히 너희에 대하여 하나님의 거룩함과 진실함으로 행하되 육체의 지혜로 하지 아니하고 하나님의 은혜로 행함은 우리 양심이 증언하는 바니 이것이 우리의 자랑이라 오직 너희가 읽고 아는 것 외에 우리가 다른 것을 쓰지 아니하노니 너희가 완전히 알기를 내가 바라는 것은 너희가 우리를 부분적으로 알았으나 우리 주 예수의 날에는 너희가 우리의 자랑이 되고 우리가 너희의 자랑이 되는 그것이라

(고린도후서 1 : 12 - 14)

이것이 우리의 자랑이라

　아주 오래전 일입니다. 1963년에 저로서는 일생 못 잊을 특별한 경험을 한 적이 있습니다. 제가 프린스턴에서 공부하고 있을 때입니다. 그 당시 프린스턴 대학에는 여학생이 없었습니다. 우리나라의 여자대학에 남학생이 못 다니는 것처럼 그 당시 미국의 남자대학에는 여학생이 없었습니다. 그래 남자만 있는 그 프린스턴 대학에서는 모든 학생들이 기숙사에서 밤 1시까지 열심히 공부했습니다. 공부하는 분위기가 특별히 좋은 학교였습니다. 그러다가 금요일이 되면 여자대학에서 여학생들을 빌려옵니다. 그레이하운드 버스 수십 대에 나누어 타고 많은 여학생들이 프린스턴 대학으로 왔습니다. 그리고는 오후 6시부터 밤 11시까지 시간을 정해놓고 파티를 열었습니다. 그 시간이 되면 온 학교가 얼마나 시끄러운지 모릅니다. 도저히 공부를 할 수가 없을 정도입니다. 그래 제가 참 고민이었습니다. 아무튼 그렇게 파티를 하는데, 밤 11시가 되면 여학생들이 전부 다시 버스를 타고 돌아갑니다. 한번은 제가 일부러 나가서 구경을 좀 했습니다. 한 예쁜 여학생이 아주 늠름한 한 남학생에게 반해가지고 이 남학생을 붙들고 이름이 뭐냐, 전화번호를 달라, 하면서 매달립니다. 하지만 남학생은 단호하게 거절합니다. 이름도 가르쳐주지 않고, 전화번호도 일러주지 않습니다. 이윽고 애걸하던 여학생은 눈물을 글썽이면서 버스를 타고 돌아갑니다. 그 모습을 제가 보았습니다. 궁금해서 그 남학생을 붙들고 물어보았습니다. "내가 보니까 저 여학생 되게 예쁘던데, 너 어째서 거절했냐?" 그때 그 남학생이 한 말을 제가 오래도록 잊지 않고 기억합니다. "That's enough, It was good." 그만하면 충분했고 좋았다, 이것입니다. 그리고 진짜 이유를 이렇게 말합니다. "내가 저 여학생에게 이름과 전화번호를 주지 않은 것은 내 자존심이야." It's my princetonian pride. 깜짝 놀라서 되물었지요. "그게 어째서 자존심이냐?" "저 여학생이 예쁘지만, 내가 저 여학생하고 전화를 하고 놀다가는 공부 다 망쳐. 내가 저 여학생 하나 때문에 공부를 망쳐야겠어?" 그러면서 "It's my pride!"라고 하는 것입니다. 제가 그때 이 pride라는 말의 뜻을 정말 뼈아프게 느꼈습니다. 여러분, 스스로 물어보십시다. 누구에게도 비난받을 수 없고, 빼앗길 수도 없는 my pride가 무엇입니까? 여러분은 무슨 자존심을 가지고 삽니까? 우리는 돈 없어도 살고, 병들어도 삽니다. 하지만 pride가 없으면 죽은 것입니다. 그 pride는 절대 놓치면 안 되는 것입니다. 돈도 아니고, 실적이나 성공도 아닙니다. 도덕적으로 남보다 더 깨끗하다고 해봤자 큰 자존심이 될 수 없습니다. 아무래도 우리는 불완전하니까요. 중요한 것은 신앙적으로 하나님 앞에 내세울 수 있는 my pride가 무엇인가를 생각해보아야 한다, 이것입니다.

헬라의 유명한 철학자 플라톤은 「국가(Politeia)」라는 저서에서 삶의 형식을 네 가지로 말합니다. 사람들은 대개 이런 모습으로 산다는 것입니다. 그 첫째가 욕망과 쾌락과 끝없는 욕심에 이끌려 산다는 것입니다. 더 많이 가지고, 더 많이 먹고, 더 많이 놀고, 더 많은 향락을 추구하지만, 거기에는 결코 만족이 없고, 성공할수록 부끄러움만 커진다는 것입니다. 그런가하면 또 이기적인 삶이 있다고 합니다. 소유가 있고, 지식이 있고, 탐구가 있고, 또 나름대로 성취감도 있지만, 자랑은 없다는 것입니다. 또 정치적인 삶이 있다고 말합니다. 곧 지배욕인 것이지요. 많은 사람을 지배하고, 인정을 받고, 숭배를 받고, 존경을 받으려고 하지만, 덧없는 것이라고 합니다. 점점 더 허무함만 느끼게 된다는 것입니다. 그리고 관조적인 삶이 있다고 합니다. 참된 진리를 따라서 사색하며, 보다 멀리 생각하려 하지만, 그 또한 끝이 없는 일이더라, 이것입니다. 이렇게 철학적으로 인생을 비판하고 있습니다.

여러분, 사실상 사람이 얻을 수 있는 것이 무엇입니까? 어떤 분은 간단하게 말했습니다. 돈과 명예, 이 둘밖에 없다고요. 얼마나 돈을 벌었느냐? 몸부림쳐서 번 돈. 그리고 두 번째가 명예라고 합니다. 돈도 아니고, 명예도 아니라면 다 잃어버린 것이지요. 둘 중 하나는 얻었어야 한다는 말입니다. 그런데 그 명예란 또 무엇일까요? 명예라는 것은 깊이 말하면 자랑입니다. 자랑, 교만하지 않는 자기 자랑, 누구에게 말할 수도 없고, 표현하지는 않지만, 속에 있는 자존감, 자랑할 것이 있다는 존재감, 이것은 부인할 수 없는 것입니다. 이렇게 자기 자신에 대해서 다른 사람이 인정하든 말든 내 마음속에 감추어진 자랑이 있습니다. 자기 자랑이 있습니다. 그리고 또 내 양심이 나를 칭찬할 때 자랑이 있습니다. 내 양심이 나를 참 잘하고 있다고 칭찬합니다. 내 양심으로부터 내가 칭찬을 못 받으면 나는 죽은 것입니다. 이런 자존감, 이런 자랑 하나만은 있어야 되는 것입니다.

또한, 다른 사람과 비교하면서 승부욕을 가지고 삽니다. 다른 사람들은 이걸 가지고, 다른 사람은 돈을 가지고, 다른 사람은 권세를 가지고…… 하지만 나는 그래도 내 나름대로 가진 바가 있다, 이것입니다. 내 나름의 양심, 내 나름의 진실, 그 자존심 말입니다. 나는 저 사람처럼 부자도 아니고, 이 사람처럼 권세자도 아니지만, 나는 나만의 자존감이 있다, 있어야 한다는 말입니다. 가장 중요한 것은 '하나님 앞에서'입니다. 오늘본문에 나오지요? "주 예수의 날에……(14절)" 바로 주 예수의 날, 이것이 중요합니다. 우리가 여기까지 살아왔습니다. 올해도 마지막 날이 되었습니다. 이렇게 가다보면 언젠가는 주님 앞에 갈 것입니다. 그렇다면 주 예수의 날에 나의 자랑이 무엇일까요? 그때 무엇을 내놓을 수 있을까요? 내가 돈을 벌었다고 내놓을 수 있겠습니까? 내가 사업을 했다고 내놓을 수 있겠습니까? 내가 공부를 많이 했어도 이것이 무슨 소용이 있습니까. 주 예수의 날에 자랑이 있어야 한다는 말입니다.

그래서 사도 바울은 오늘본문에서 아주 귀중한 자랑 세 가지를 말하고 있습니다. 첫째가 거룩함으로 행했다는 것입니다. 거룩함은 '하기오스'입니다. 구별이라는 뜻입니다. 쉽게 말하면 죄와 타협하지 않았다, 이것입니다. 어떤 초등학교 선생님이 아이들이 학기말 시험 치는 것을 살펴보는데, 제일 공부를 잘하는 아이가 시험지를 받자마자 답을 다 써버리더니 답안지를 내지 않고 그냥 앉아 있는 것입니다. 그리고는 얼굴이 뻘겋게 되도록 뭔가 고민을 하고 있는 것입니다. 눈치를 보니 마지막 한 문제를 풀지 못한 것입니다. 한데 바로 옆자리에 앉아 있던 학생은 그 문제를 풀었습니다. 실은 아주 쉬운 문제였던 것입니다. 그래 그 옆자리 친구가 자기 답안지를 이 학생에게 슬쩍 보여주었습니다. 옆구리를 쿡 찌르면서 이거 보고 쓰라고요. 하지만 이 공부 잘하는 학생은 친구가 보여주는 답을 절대 보지 않으려 합니다. 옆자리 친구는 어서 자기 답을 보고 쓰라고 거듭 부추깁니다. 그러다가 선생님이 멀리 계실 때 이 학생이 마지못해 친구 것을 슬쩍 보고 베껴 썼습니다. 선생님은 속으로 이렇게 생각했습니다. '아, 요놈이 넘어갔구나! 시험에 넘어갔구나!' 그래 시험이 끝나고 아이들이 답안지를 다 선생님께 갖다내는데, 이 아이는 맨 마지막으로 답안지를 가지고 와서 내놓더니 이렇게 말하더라는 것입니다. "선생님, 저 빵점 주세요. 오늘 제가 부정행위를 했습니다." 그래서 선생님이 이 아이를 끌어안고 그렇게 울었답니다. "네가 내 선생이다. 너는 시험을 이겼다. 너는 승리했다." 여러분, 우리의 자랑이 어디 있습니까? 죄와 타협하지 않는 것, 비굴하지 않은 것, 불의와 타협하지 않는 그것이 자랑입니다. 이런저런 수를 써서 뭘 얻고, 출세하고⋯⋯ 별것 아닙니다. 거룩함으로 행한 것, 깨끗하게 산 것, 불의와 타협하지 않고 산 그것이 자랑입니다. 사도 바울은 그래서 거룩함으로, 신앙적으로 도덕적으로 깨끗하게 산 것이 자랑이라고 말합니다.

둘째는 진실함으로 행했다는 것입니다. 하나님 앞에 충성을 바랍니다. 주께서 인도하시는 대로 최선을 다했습니다. 어떤 고난을 당해도 원망하지 않았습니다. 어떤 시련을 당해도 그는 불평 없이 거룩한 선교사역을 위해서 진실을 다했습니다. 여러분, 진실을 다하고 난 다음에 후회는 없습니다. 그러나 진실을 다하지 못하면 그것이 부끄러움이 되는 것입니다.

마지막으로 셋째는 신학적으로 아주 중요한 말씀입니다. "하나님의 은혜로 행함은 우리 양심이 증언하는 바니 이것이 우리의 자랑이라(12절)." 신학적으로 말하면 율법적으로 행한 것이 아니고, 은혜로 행한 것입니다. 보상을 바라고 한 것이 아닙니다. 상을 받으려고 한 것이 아닙니다. 칭찬받으려고 한 것이 아닙니다. 그리고 그것이 내 자랑이라는 것입니다. 또 내 허물이 있었고, 부족함과 실수가 있었지만, 그에 따른 벌이 무서워 벌벌 떨며 비굴하게 살지도 않았다는 것입니다. 왜요? 처음부터 은혜로 된 것이니까요. 이 얼마나 중요한 고백입니까. 은혜로 행했다는 말은 율법을 떠났다는 것입니다. 보상을 바라지 않고, 형벌을 무서워하지도 않고, 오직 은혜로, 감사한 마음으로 행했다는 것입니다. 그리고 그 은혜로 행한 것이 나의 자랑이다, 이것입니다. 여러분, 지난 한 해 동안을 생각해보십시오. 오직 은혜로 했습니까? 아니면, 상 받으려고, 복 받으려고 했습니까? 아니면, 더 잘되고, 더 칭찬 받으려고 했던 것입니까? 그렇다면 그것은 부끄러운 일입니다. 오직 은혜로 행한 것만이 나의 자랑이라고 바울은 말하고 있습니다.

    제가 소망교회에서 목회하면서 여러 가지 경험을 했습니다마는, 언젠가 한번은 교인 한 분이 경제사범 사건에 연루되어 본의 아니게 형무소 생활을 하게 되었습니다. 한 6개월 정도 있었는데, 사실 생각하면 여러 가지로 좀 억울하기도 합니다마는, 어쨌든 형무소에 갔다가 돌아왔습니다. 그래서 감사하다고 그날 저를 초청해서 아침에 감사예배를 드리게 되었습니다. 아이들을 다 불러놓고 가정예배를 드리면서 '건강하게 무사히 돌아오게 해주셔서 감사합니다!' 하고 기도를 드렸는데, 제가 깜짝 놀랐습니다. 그분의 아들이 대뜸 이렇게 말하는 것이었습니다. "아버지, 저는 아버지 때문에 장가도 못 가게 됐습니다." 사귀던 아가씨가 있었는데, 그쪽에서 형무소 갔다 온 사람 집에 딸을 줄 수 없다고 했다는 것입니다. 그래서 연애가 파탄 난 것입니다. 청년이 아버지 때문에 장가도 못 가게 생겼다고 단순히 생각한 것입니다. 그때 아버지가 이렇게 말했습니다. "내가 어렸을 때부터 자수성가 하느라고 너무너무 어려웠다. 그래서 너희들은 고생 안 하고 살 수 있게 해주려고 그저 악착스럽게 돈을 벌다보니 이런 실수가 있었던 것이다. 다 너희들을 위해서 한 일이다." 그랬더니 이 아들이 무서운 얘기를 하더라고요. "가난한 것은 부끄러운 게 아닙니다. 차라리 가난하면 저는 자랑스러울 텐데, 아버지 때문에 저는 이제 장가도 못 갑니다." 여러분, 이걸 잊지 말아야 합니다. 자식에게 무엇을 물려주렵니까? 재산입니까? 아닙니다. 자존심을 물려줘야지요. 정결함의 자존심, 은혜로 행하는 자존심, 영적인 pride가 있어야 합니다. 그래야 살지, 이것이 다 무너지고 나니까 정말 비참해지지 않습니까.

뿐입니까? 어느 가정에 임종을 보러 간 적이 있습니다. 교인 가정인데, 이제 아버지가 세상을 떠나는 시간입니다. 죽 둘러앉아가지고 함께 기도하고 성경을 읽고 마지막 시간을 기다리는데, 아버지가 몹시 힘들게 숨을 몰아쉬면서 딱 한마디 합니다. "나처럼 살지 마라." 이것이 마지막 말이었습니다. 그리고는 숨을 거두었습니다. 여러분, 나를 본받으라고 할 수 있어야지, 나처럼 살지 말라고 하면서 죽는 이 초라한 인생을 어떻게 바라보아야 됩니까? 얼마나 돈을 벌었느냐, 얼마나 출세했느냐…… 다 상관없습니다. "나처럼 살아라!" 이 한마디를 할 수 있는 부모가 되어야 합니다. 자랑이 있어야 하는 것입니다.

오늘 본문에는 더욱 귀한 말씀이 있습니다. "우리 주 예수의 날에는 너희가 우리의 자랑이 되고 우리가 너희의 자랑이 되는 그것이라(14절)." 피차의 자랑이 된다는 것입니다. 피차에 아들은 아버지를 자랑합니다. 그 아버지의 아들 된 것을 자랑스러워합니다. 그리고 그리스도의 날에 그 아버지는 자랑합니다. 내 아들, 내 자녀들이 믿음을 따라 살아준 것을 자랑스러워합니다. 서로 서로 자녀는 부모를 자랑하고, 부모는 자녀를 그리스도의 날에 자랑합니다. 이 pride를 지향하면서 우리는 오늘을 사는 것입니다. 이 종말론적인 귀중한 자존심, 다시 한 번 가다듬어보시기 바랍니다. 이제부터 남은 시간이라도 '그리스도의 날에 나는 너희 자랑이 되고 너는 나의 자랑이 되리라!' 할 수 있어야 하겠습니다. 그만큼 영적이고, 신령하고, 은혜로운 pride를 가지고 앞으로의 생을 살아야 할 것입니다. △

지혜자의 생활 양식

지혜는 유산 같이 아름답고 햇빛을 보는 자에게 유익이 되도다 지혜의 그늘 아래에 있음이 돈의 그늘 아래에 있음과 같으나, 지혜에 관한 지식이 더 유익함은 지혜가 그 지혜 있는 자를 살리기 때문이니라 하나님께서 행하시는 일을 보라 하나님께서 굽게 하신 것을 누가 능히 곧게 하겠느냐 형통한 날에는 기뻐하고 곤고한 날에는 되돌아 보아라 이 두 가지를 하나님이 병행하게 하사 사람이 그의 장래 일을 능히 헤아려 알지 못하게 하셨느니라

(전도서 7 : 11 - 14)

지혜자의 생활 양식

새해 첫 주일입니다. 여러분은 새해를 맞이하면서 마음속에 어떤 소원이 있습니까? 하나님께서 그 소원을 물으신다면 여러분은 어떻게 대답하시겠습니까? 하나님께서 "너는 내게 구하라. 내가 네게 무엇을 줄까?" 하실 때 여러분은 무엇을 구하시겠습니까? 솔로몬은 21살에 유다 왕이 되었습니다. 지금은 삼권분립이지만, 옛날에는 삼권통합입니다. 왕이 입법, 행정, 사법을 다 맡아 관장했습니다. 그러니 21살의 젊은이가 이걸 어찌 감당할 수 있겠습니까. 그는 일이 너무 많고, 힘들고, 어려워서 하나님의 성전에 들어가 일천번제를 드리고, 하나님 앞에 간절히 기도했습니다.

열왕기상 3장 5절에 보면 하나님께서 나타나 물으십니다. "내가 네게 무엇을 줄꼬 너는 구하라." 솔로몬에게는 절호의 기회입니다. 이때 솔로몬은 하나님 앞에서 정직하고 신실하게 하나님의 마음에 합당한 것을 구했습니다. 7절은 말씀합니다. "종은 작은 아이라 출입할 줄을 알지 못하고." 그리고 이렇게 겸손한 마음으로 그는 말합니다. "듣는 마음을 종에게 주사 주의 백성을 재판하여 선악을 분별하게 하옵소서(9절)." 지혜로운 마음을 달라는 것입니다. 이렇게 그는 오직 한 가지를 구했습니다. 성경은 말씀합니다. "솔로몬이 이것을 구하매 그 말씀이 주의 마음에 든지라(10절)." 하나님의 마음에 딱 맞았다, 이것입니다. 그래서 하나님께서 그 구한 것에 대하여 또 칭찬하십니다. 부귀영화도 구할 수 있고, 장수(長壽)를 구할 수도 있고, 원수의 생명을 구할 수도 있고, 권력도 구할 수 있습니다. 이렇듯 구할 것이 많을 텐데, 어찌 딱 한 가지만을 구했는가, 하고 하나님께서 크게 칭찬하십니다. 그리고 전무후무하게 지혜를 주셨다고 합니다. 그래서 오늘도 솔로몬 하면 지혜요, 지혜 하면 솔로몬입니다. 그야말로 지혜의 대명사가 된 것입니다.

지혜란 무엇입니까? 성경말씀을 원문대로 살펴보면 '레브쉐미트'입니다. 이것은 '듣는 마음'이라는 뜻입니다. '레브'란 '마음'이라는 말이고, '쉐미트'는 '듣는다'는 말입니다. 그래서 옛날 영어 성경에는 'hearing heart'라고 되어 있었습니다. 지금 새 번역에는 'understanding mind'라고 번역했는데, 결국은 다 같은 말입니다. 듣는 마음, 그 한 가지가 중요합니다. 듣는 마음 한 가지를 구해서 하나님께서 기뻐하신 나머지 지혜를 넘치도록 주셨다는 것입니다. 그 솔로몬 자신이 오늘 이렇게 말합니다. '지혜는 지혜를 얻은 자의 생명을 보존하느니라.' 지혜는 재물이 아닙니다. 권력도 아닙니다. 지식도 아닙니다. 경험도 아닙니다. 하나님의 뜻을 듣는 마음입니다. 하나님의 뜻에 대하여 반응하는 것이 지혜입니다. 하나님의 영을 받은 자의 생각, 그것이 지혜입니다.

오늘본문에는 지혜자의 생활양식이 기록되어 있습니다. 지식이란 과거에 관한 것입니다. 지식이 있다는 것은 한마디로 옛날이야기를 많이 아는 것입니다. 역사를 알고, 정치를 알고, 경제를 알고…… 이것은 지식입니다. 다 과거에 속한 것입니다. 그런데 지혜라는 것은 미래에 대한 것입니다. 앞으로에 대한 지식입니다. 저 앞에 어떤 일이 있을는지를 헤아리고, 그런고로 이렇게 해야 한다, 하는 것이 지혜입니다. 깊은 의미가 있습니다. 오늘본문은 지혜자의 생활양식을 너무나 간단하고 명료하게 말했습니다.

여러분, 신년벽두에 이 말씀을 마음에 새기고, 지혜자의 생활양식으로 일 년을 살아갈 수 있기를 바랍니다. "형통한 날에는 기뻐하고 곤고한 날에는 되돌아 보아라……(14절)" 간단하지 않습니까. 이것이 지혜자의 생활양식입니다. 지혜자는 형통한 날에 기뻐합니다. 하나님의 은총, 하나님께서 천부적으로 주신 선물입니다. 그래서 받은 자에게는 기쁨과 감격이 필요합니다. 그것이 축복임을 기뻐해야 됩니다. 여러분, 가만히 생각해보십시오. 돌이켜 보면 넉넉히 기뻐할 수 있었습니다. 충분히 기뻐할 수 있었는데, 미안합니다마는, 궁상을 떨었습니다. 기뻐할 시간에 기뻐하지 못했습니다. 그 기쁨으로 어둠을 물리치고, 기쁨으로 근심을 물리쳐야 할 텐데, 그만 근심과 걱정에 매여서 기뻐할 수 있는 일까지도 기뻐하지 못하고 말았던 것입니다.

제가 결혼주례를 많이 하지 않습니까. 그러면서 보면 하객들이 환한 얼굴로 결혼을 축하하고, 신랑 신부의 기쁨을 함께 나누는가 하면, 어떤 경우는 남의 결혼식에 와서 우는 사람이 있습니다. 그건 안 될 일이지 않습니까. 지금 결혼식에 왔으면 기뻐해야지요. 그것뿐입니다. 그렇게 축하만 해야 되는데, 죽은 아들을 생각하고 울고 있는 것입니다. 이게 궁상맞은 일이지 뭐겠습니까. 그러면 영영 기뻐할 수가 없습니다. 그렇게만 생각하면 세상에 기뻐할 일이 어디 있습니까. 지혜롭지 못한 사람, 어리석은 사람은 기쁨이 없습니다. 왜요? 우선 욕심이 많아서 만족이 없거든요. 많이 가졌는데 더 갖지 못한 것 때문에, 더 올라가지 못한 것 때문에 만족이 없습니다. 더 큰 영광이 없다는 것 때문에 기쁨이 없습니다. 작은 음식이라도 앞에 놓이면 이 얼마나 행복한 일이고, 이 얼마나 복된 일입니까. 그렇지 않습니까.

　저는 가끔 이런 주제넘은 생각도 합니다. 어떤 때든지, 혹은 어떤 음식이라도 그 음식 앞에서 북한 사람을 생각해봅니다. 그러면 세상에 이런 복이 어디 있습니까. 우리가 지금 얼마나 큰 복을 누리고 있습니까. 그런데도 만족이 없습니다. 그런 사람의 마음을 채울 수 있는 기쁨은 없습니다. 기뻐할 일이 있을 때에도 불안에 떱니다. 요새 신문에 많이 나지 않습니까. 성공한 인기 연예인들이 불안에 떤다고요. 자기 인기가 절정에 이르러 남들은 부러워하지만, 언젠가는 떨어질 것을 생각하며 미리 절망하고, 자살까지 하는 것입니다. 박수 받을 때는 박수 받는 대로 기뻐하면 될 일인데, '이 박수가 사라진 다음에 난 어디로 가나?' 하고 생각하니까 그 사람은 죽을 수밖에 없는 것입니다. 기쁨은 기쁨 그대로 만족해야 합니다. 절정이 있으면 내려갈 때가 있고, 올라갔으면 내리막길이 있는 것입니다. 얻었으면 또 잃어버릴 때도 있는 것입니다. 그래서 얻은 그대로, 올라간 그대로 기뻐할 수 있어야 되는 것입니다.

　또 한 가지, 소원을 성취하고 높은 자리에 올라가게 되면 이웃이 없어집니다. 많은 사람들이 질투하고 비난합니다. 말들이 많습니다. 이런 질투와 비난이 귀에 들려오면 기쁨이 없습니다. 남이야 뭐라고 하든, 그저 내게 주신 것이 중요할 뿐인데도, 그렇지를 못한 것입니다. 그래서 형통한 날에도 불안에 떨게 되는 것입니다. 그런고로 기쁨이 없습니다. 또 생각해보면 여기까지 올라오는 동안에 여러 가지로 그렇게 하지 말았어야 했던 일들이 많았습니다. 잘못하고 실수했던 일들이 다 밀려옵니다. 남들은 성공했다고 하지만, 여기 올라오기까지에는 많은 어려움이 있었습니다. 또 어떤 경우에는 많은 다른 사람들을 어렵게 만들기도 하였습니다. 그들을 딛고 올라선 것입니다. 그래서 불안한 것입니다. 더욱더 중요한 것은 미래에 대한 보장이 없다는 것입니다. '오늘은 이렇게 기뻐할 수 있지만, 내일은 또 어떻게 될까?' 이렇게 미래에 대한 보장을 생각하는 순간 암울해지고 맙니다. 절망스럽습니다. 기쁨이 없습니다. 웃음이 없습니다. 이것이 문제인 것입니다.

엘리자베스 퀴블러(Elisabeth Kübler)라는 유명한 심리학자가 있습니다. '죽음의 심리학'의 세계적인 권위자입니다. 「인생수업」이라는 그의 불후의 명저가 있습니다. 그는 이 책에서 우리가 죽음을 앞두고 인생을 공부해야 한다고 하면서, 죽음을 앞두고 공부해야 할 네 가지 과정이 있다고 말합니다. 첫째, 죽음이 가까이 온 것을 알았다면 용서를 배우라고 합니다. 그 동안에 용서 못했던 것을 용서하라는 것입니다. '용서하는 법을 배우고, 용서하는 마음을 배우라.' 이것이 우리가 마지막으로 가야 할 길이고, 그때에 기쁨이 있다고 하는 것입니다. 둘째, 수용을 배우라고 합니다. 내 마음대로 안 된 일을 받아들이는 자세가 있어야 된다는 것입니다. 내 마음대로 안 되었다고 불평할 것이 아니라, 지금까지도 그랬으므로 잘 수용할 수 있는 마음이 있어야 한다는 것입니다. 그래야 기뻐할 수 있다는 것입니다. 셋째, 사랑을 배우라고 합니다. 사랑 받는 일에만 몰두하지 말고, 남은 시간과 남은 기회에 사랑하라는 것입니다. 마지막으로 넷째, 행복을 배우라고 합니다. 즐길 줄 알아야 한다는 것입니다. '얼마 안 남았지만, 남은 시간에 주어진 대로 행복을 배우라.' 나는 행복하다, 나는 누구보다 행복하다는 것을 배우라는 것입니다. 그것이 인생수업 커리큘럼이라고 말합니다.

여러분, 충분히 행복할 수 있습니다. 과거를 생각하지 말고, 내일 걱정도 하지 말고, 오늘 밥상머리에 앉아서 '하나님, 감사합니다!' 하며 행복해야 됩니다. 이 순간에 '제가 오늘도 교회 나왔습니다! 행복합니다!' 할 수 있어야 합니다. 이 추운 아침에 이렇듯 성전에 나올 수 있다는 것, 아무에게나 주어진 일이 아닙니다. 큰 특권을 누리고 있는 것입니다. '오, 하나님, 감사합니다!' 이런 마음이 있어야 합니다. 제가 아무리 전후좌우를 돌아봐도 저만큼 나이 많아서까지 설교한 사람이 없습니다. 그래서 이런 생각을 합니다. 옛날에 한경직 목사님께서도 85세 이후에는 설교를 못하셨거든요. 그런데 '내가 오늘도 이렇게 교회에 나와 하루에 세 번씩 설교할 수 있구나!' 하고 생각할 때 '하나님, 감사합니다! 저는 행복합니다!' 하는 마음이 듭니다. 이런 행복이 있는 것입니다. 행복을 배워야 됩니다. 행복할 줄 알아야 되는 것입니다.

내가 행복해야 다른 사람을 행복하게 할 수 있습니다. 옛날부터 이런 말이 있지 않습니까. '거지도 웃어야 얻어먹는다.' 웃는 거지라야 얻어먹지, 질질 짜면서 불평불만인 사람은 얻어먹지도 못한다는 것입니다. 이걸 잊지 말아야 합니다. 그저 과거도 그렇고, 미래는 하나님께 있고, 다 잊어버리고 기뻐하십시오. 많이 웃으십시오. 요새도 감기가 유행이고, 이런저런 병이 많습니다마는, 만병을 치료할 수 있는 가장 큰 비결은 웃는 것입니다. 많이 웃으십시오. 행복하십시오. 가슴 가득히 행복하면 모든 병을 이길 수 있습니다. 그런고로 여러분, 이 말씀의 의미를 기억해야 합니다. "형통한 날에는 기뻐하고……(14절)"

그런가하면 반대로 이런 말씀도 있습니다. "곤고한 날에는 되돌아 보아라……(14절)" 예전 번역으로는 '생각하라'인데, 같은 말입니다. 욥이 엄청난 일을 당하지 않았습니까. 큰 부자였던 그가 하루아침에 거지가 되었습니다. 그리고 자녀들이 한꺼번에 다 죽는 기가 막힌 어려움을 당합니다. 그때 욥이 무엇을 생각했습니까? '주신 자도 하나님이시고, 가져가신 자도 하나님이십니다. 그런고로 하나님께서는 찬양을 받으시기에 합당하십니다.' 이렇게 고백합니다. 여러분, 잊지 마십시오. 곤고한 날에는 생각해야 됩니다.

요한복음 9장에 특별한 말씀이 있습니다. 나면서부터 소경된 사람이 있었습니다. 제자들이 예수님께 여쭈어보았습니다. "이 사람이 소경으로 태어난 것이 누구의 죄 때문입니까?" 예수님께서 말씀하십니다. "부모의 죄도 아니고, 본인의 죄도 아니고, 하나님의 영광을 위한 것이다." 귀한 말씀입니다. 깊이 생각해보십시오. 돌아보면 하나님의 영광을 위한 것이었습니다. 내가 당하는 작은 고난도 하나님의 영광을 위한 것이었고, 내가 병들어도 하나님께서는 영광 받으시기를 원하십니다. 내가 사업에 실패해도 그것을 통하여 하나님께서는 영광 받으시기를 원하십니다. 그 깊은 의미와 하나님의 섭리를 알아야 합니다. 그런고로 생각해야 합니다. 현대의 철학자들은 말합니다. '사람에게는 목적이 있고, 방법이 있고, 결과가 있는데, 오늘이 시대의 사람들은 방법과 결과만 생각하지, 목적이 잘못된 것에 대해서는 생각하지 않는다.' 그렇습니다. 다시 한 번 물어봅시다. 목적이 무엇입니까? 내가 살아가는 목적이 무엇입니까?

우스운 이야기를 하나 하겠습니다. 언젠가 어떤 남편과 아내가 제 사무실에 들어와서 부부싸움을 한 적이 있습니다. 실은 상담을 하러 왔는데, 정작 와서는 서로 상대의 허물만 입에 올리면서 싸웠습니다. 그걸 제가 30분 동안이나 구경했습니다. 그렇게 지켜보다가 "그만하십시다!" 하고 끊고서 물어보았습니다. "그러면 결혼은 왜 했소? 도대체 무슨 목적으로 결혼했소?" 그랬더니 그 부인이 하는 말입니다. "그걸 모르겠어요, 제가 왜 결혼했는지." 그러자 남편이 큰 소리로 이렇게 말하더라고요. "왜 몰라? 아이가 생겨서 했잖아!" 목적 없는 결혼이었습니다. 분명한 목적의식이 없어서 오늘 헤매고 있는 것입니다. 오늘의 이 많은 문제들의 근본은 방법도 아니고, 결과도 아닙니다. 목적이 잘못된 것입니다. 그런고로 곤고한 날에 생각하라, 이것입니다. '무엇을 목적으로 시작했나? 무엇을 목적으로 여기까지 살아왔나?' 이렇게 목적을 재진단해야 하고, 재점검해야 한다는 말입니다. 그러면서 그의 나라와 그의 의를 구해야 되는 것이고, 합동하여 선을 이루시는 하나님의 높은 섭리를 생각해야겠다는 말입니다.

반복 심리학의 권위자인 버지니아 데모스(E. Virginia Demos) 박사가 오늘 우리 세대를 향해서 이렇게 말합니다. '많은 사람에게는 지울 수 없는 그림자, 어려운 고민이 있는데, 그 고민의 원인이 둘 있다. 그 가운데 하나는 완벽주의다.' 왜요? 완벽할 수 없느 존재가 완벽하겠다고 하니까 잘못된 것이지요. 또 하나는 한계를 받아들이지 않기 때문이라는 것입니다. 지혜도 한계가 있고, 물질에도 한계가 있고, 건강에도 한계가 있고, 모든 것에 한계가 있다는 사실을 속히 깨닫고 살아야 한다는 것입니다. 여러분, 지금까지 있었던 건강이 계속 있는 것이 아닙니다. 그런고로 하루하루 즐겁게 살아야 될 이유가 여기에 있는 것입니다. 또한 내게 주어진 이 평안도 항상 지속되는 것이 아닙니다. 한계(limitation)가 있습니다. 그 한계를 인정할 때 거기서부터 새로운 철학이 나오는 것입니다. 여러분, 욕심을 부렸습니까? 이제 그만합시다. 얼마나 기도했습니까? 스스로 물어보십시오. 하나님께서는 고난을 통하여 우리로 하여금 기도하게 하려고 하십니다. 고난을 통해서 기도하게 만들고, 기도하는 중에 하나님께서는 우리를 만나려고 하십니다. 고난 중에 우리를 부르고 계십니다. 지혜는 생명을 보존케 하고, 생명을 윤택케 합니다. 형통한 날에 마음껏 기뻐하십시오. 그리고 곤고한 날에 깊이 생각하십시오. 그래서 새해가 하나님 앞에 가장 복된 날로 성화될 수 있기를 바랍니다. △

네 원수를 사랑하라

나는 너희에게 이르노니 너희 원수를 사랑하며 너희를 박해하는 자를 위하여 기도하라 이같이 한즉 하늘에 계신 너희 아버지의 아들이 되리니 이는 하나님이 그 해를 악인과 선인에게 비추시며 비를 의로운 자와 불의한 자에게 내려주심이라 너희가 너희를 사랑하는 자를 사랑하면 무슨 상이 있으리요 세리도 이같이 아니하느냐 또 너희가 너희 형제에게만 문안하면 남보다 더하는 것이 무엇이냐 이방인들도 이같이 아니하느냐 그러므로 하늘에 계신 너희 아버지의 온전하심과 같이 너희도 온전하라
(마태복음 5 : 44 - 48)

네 원수를 사랑하라

　남아프리카공화국의 대통령이었던 넬슨 만델라는 흑인인권운동을 하다가 투옥되어 무려 27년 동안 옥고를 치렀습니다. 그리고 석방이 되어서 남아공의 대통령이 되었습니다. 그는 대통령 취임식 날에 자기를 괴롭히던 감옥의 간수들을 다 초청해서 융숭하게 대접했습니다. 유명한 이야기입니다. 나중에 그가 미국을 방문했을 때 미국 대통령이 그에게 물었습니다. "당신을 그렇게 괴롭히던 간수들을 어떻게 대통령 취임식 날 초청해서 그렇게 대접할 수 있었습니까?" 만델라는 빙그레 웃으면서 이렇게 대답했습니다. "내가 그렇게 하지 않으면 내 마음은 아직도 감옥에 있을 테니까요." 저는 이 한마디가 참 인상적입니다. 내가 저들을 용서하고 대접하지 않으면 나는 지금도 감옥에 있는 것이나 마찬가지다, 이것입니다. 무슨 대단한 선심을 쓴 것이 아닙니다. 내가 자유하고자 한 것이고, 그렇게 하지 않고는 자유할 수가 없다고 하는 것입니다.
　프레드 러스킨의「용서」라고 하는 유명한 책이 있습니다. 이 책에서 그는 말합니다. '용서를 통해서만 과거의 감옥에서 벗어날 수 있다.' 우리가 과거에 매여 있는 것, 그 많은 문제에 시달리며 과거에서 헤어 나오지 못하는 것은 아직도 청산하지 못한 것이 있고, 깨끗이 용서하지 못했기 때문이라고 하는 것입니다. 그래서 용서를 통해서 과거라고 하는 감옥에서 자유할 수 있고, 또 용서를 통해서만 두려움에서 자유할 수 있다고 하는 것입니다. 여러분, 내 마음속에 어두운 그림자가 있고, 근심 걱정 두려움이 있다면 그것은 용서하지 못한 일이 있기 때문입니다. 내가 용서하지 않았기 때문에 그도 나를 용서하지 않는다는 것을 내가 알고 있습니다. 내가 심리적으로 알고 있습니다. 깨끗하게 용서하는 순간에만 두려움으로부터 벗어날 수 있습니다. 이것이 진정한 자유입니다. 그는 또 이렇게도 말합니다. '용서하는 자에게만 미래가 보인다.' 유명한 말입니다. 여러분, 깨끗이 용서하게 되면 과거로부터 벗어나고, 현재의 두려움으로부터 벗어나는 것입니다. 그리고 환한 미래가 보입니다. 이것이 진리입니다. 이것이 예수님께서 보여주신 가장 귀중한 진리입니다. 이걸 잊지 말아야 합니다.

구원의 절대조건이 성경에는 세 가지로 나와 있습니다. 죄 사함 받고 영생에 들어가는 구원의 절대조건, 그 첫째는 예수 그리스도를 믿어야 한다는 것입니다. 바로 믿음입니다. 예수 그리스도에 대한 믿음, 그가 나를 사랑하시고, 나를 위해서 죽으시고, 내 죄를 사하셨다고 하는 십자가의 은혜에 대한 확실한 믿음이 구원의 절대조건입니다. 이 믿음이 없이는 구원받을 수 없습니다. 둘째는 예수님께서 비유로 말씀하셨습니다. 어린아이와 같아야 한다는 것입니다. 바로 깨끗하고 순진한 마음입니다. 어린아이들의 그 순결한 마음, 그리고 믿는 마음, 의지하는 마음, 겸손한 마음…… 여러 가지 의미를 그 속에서 말씀하고 계십니다. 그리고 셋째 조건이 용서입니다. 용서하지 않고는 구원받을 수 없습니다. 은혜 받을 수도 없습니다. 성령의 은사를 체험할 수도 없습니다. 예수님께서 가르쳐주신 주기도문에도 이렇게 되어 있습니다. '우리가 우리에게 죄 지은 자를 사하여 준 것 같이 우리 죄를 사하여주옵소서.' 이것이 기도의 조건입니다. 우리가 우리에게 잘못한 것을 다 용서하고야 내가 용서받을 수 있다는 것을 잊지 말라고 하는 것입니다. 예수님께서는 좀 더 강하게 말씀하셨습니다. "너희가 제단 앞에 나왔느냐?" 제단 앞에 나왔을 때 누구에게서 원망 들을 일이 생각나거든 제단 앞에 제물을 두고 가서 먼저 화해화고 오라는 것입니다. 이 관계가 없이는 내 제물은 헛것이라고 하는 것입니다. 하나님 앞에 바른 예배를 드릴 수가 없다는 것을 잊지 말아야 합니다. 최후승리, 위대한 승리, 영원한 승리가 무엇입니까? 그것은 정복이 아닙니다. 원수를 내 앞에 굴복시키는 것이 아닙니다. 원수를 사랑하는 것입니다. 진실한 용서에 있는 것입니다.

　유명한 이야기가 있습니다. 예수님께서 십자가에 돌아가실 때 하신 말씀들을 흔히 '가상칠언(架上七言)'이라고 합니다. 십자가에서 일곱 마디 말씀을 하시는데, 그 첫째 말씀이 "이들의 죄를 사하소서!"입니다. 그런데 이 말씀을 깊이 묵상했던 한 젊은 신학자가 이렇게 말합니다. '그 한마디 말이 없었다면 예수는 그리스도가 될 수 없었다. 그 한마디로 인하여 예수가 만왕의 왕이 되는 권세를 선포하신 것이다.' 정말 귀중한 메시지가 아닐 수 없습니다.

　「벤허」라는 영화를 보셨을 것입니다. 제가 언젠가 한번 교회에서 이 영화를 설명한 적이 있는데, 어떤 분이 그럽디다. 그 마지막 한마디를 목사님이 말씀하셨는데, 듣지를 못해서 집에 가서 다시 영화를 봤다는 것입니다. 그리고 확인하고는 참 귀중한 은혜를 받았다고요. 왜요? 이것이 주제니까요. 이 영화를 보면 벤허라는 사람이 처음부터 일생동안 얼마나 고생을 합니까. 하지만 무저항주의입니다. 절대 대항하지 않고, 노예선을 타고 말할 수 없는 고생을 하면서도 끝까지 대항하지 않고 원수를 사랑합니다. 벤허는 그 억울한 고생을 했으면서도 어떻게 끝까지 용서하고, 끝까지 사랑하고, 끝까지 저항하지 않을 수 있었을까요? 벤허는 이렇게 고백합니다. "예수님께서 십자가에 못박히실 때 제가 그 옆에 있었습니다. 예수님께서 십자가를 지고 운명하시는 그 순간에 '하나님이시여, 저들의 죄를 사하소서!' 하는 말씀이 제 귀에 들려왔습니다. 그 순간 제 손에서 검이 떠나가는 것을 저는 느꼈습니다. 그 뒤로 저는 일생동안 어떤 경우에도 검을 손에 쥐지 않았습니다." 여러분, 이걸 잊지 말아야 합니다.

오늘본문은 너무나 높은 수준의 도덕률을 말씀합니다. 정말 충격입니다. 그러나 현실적이고, 절대적이고, 구원론적 윤리입니다. 그래서 어렵다고 피해서는 안 됩니다. 잊어버려서도 안 됩니다. 이 길을 통해서만 진정한 구원의 길이 있기 때문입니다. 예수님께서 친히 말씀하십니다. "원수를 용서하라." 아니, 용서만 가지고는 되지 않고, 사랑하라고 하십니다. 아니, 사랑만 가지고는 안 되고, 축복하라고까지 하십니다. 너무 높습니다. 어떻게 그럴 수 있겠습니까? 내가 억울할 때 미워하지 않는 것만 가지고도 충분하고, 손해 본 것만 가지고도 된 것 같은데, 아닙니다. 그것 가지고는 모자랍니다. 그래서 당신의 마음에 어두운 그림자가 있는 것입니다. 다시 잊지 마십시오. "용서하라. 사랑하라. 축복하라." 너무 높지만, 이대로 한번 실천해보십시오. 묻지 말고 이대로 행해보십시오. 여러분의 마음속에 엄청난 은혜가 있을 것이고, 새로운 자유함, 충만함을 경험하게 될 것입니다.

누가복음 6장 27, 28절은 말씀합니다. "너희 원수를 사랑하며 너희를 미워하는 자를 선대하며 너희를 저주하는 자를 위하여 축복하며 너희를 모욕하는 자를 위하여 기도하라." 네 가지입니다. 원수를 사랑하고, 원수를 선대하고, 원수를 축복하고, 원수를 위해서 기도하라! 굉장한 말씀입니다. 그러나 절대적인 것입니다. 또 로마서 12장 20절은 말씀합니다. "주리거든 먹이고 목마르거든 마시게 하라……" 네 원수가 네 앞에서 주리거든 먹여라, 목마르거든 마시게 하라, 이것입니다. 이 마음만이 하나님의 자녀가 되는 길이고, 하나님의 능력을 체험할 수 있는 길입니다.

그렇다면 원수라는 것은 도대체 무엇을 말하는 것입니까? 좀 더 깊이 생각하고, 신학적으로 이해해보면, 원수란 자기중심적인 것입니다. 나를 중심으로 볼 때, 바로 내 관점에서 볼 때 원수다, 이것입니다. 그러니까 주관적인 것입니다. 나와의 관계인 것입니다. 내게는 원수지만, 하나님께는 하나님의 자녀인 것입니다. 어떤 형제가 있는데, 동생이 워낙 말썽을 부리니까 형이 동생을 때렸습니다. 그러면서 하는 말이 이랬습니다. "야, 이놈아! 그렇게 말썽을 부리면 아버지가 너를 사랑하실 수가 없어. 아버지의 마음을 생각하면서 제발 이렇게 못되게 놀지 마라!" 그러면서 형이 동생을 때린 것입니다. 바로 옆에서 그 소리를 듣고 있던 아버지가 문을 확 열고 나와서 하는 말입니다. "무슨 소리냐! 애가 좀 말썽을 부린다마는, 그저 잘하면 좋은 마음으로 사랑하고, 잘못하면 아픈 마음으로 사랑하는 것이 아버지다. 애가 잘못됐다고 내 아들이 안되는 게 아냐!" 이걸 잊지 말아야 합니다. 하나님을 기쁘시게 해드리는 자녀가 있는가 하면, 하나님의 마음을 아프게 해드리는 자녀도 있습니다. 하나님께서 기쁜 마음으로 사랑하시는 자녀가 있는가 하면, 하나님께서 아픈 마음으로 사랑하시는 자녀도 있다, 이것입니다. 이걸 잊어서는 안 됩니다. 그러므로 내게는 원수지만, 하나님께는 소중한 하나님의 백성임을 잊어서는 안 되는 것입니다.

대개 원수라는 것은 또 이렇습니다. 현재에 집착하면 원수입니다. 그러나 조금 멀리 바라보면 원수는 없습니다. 모두 한 길을 가는 형제자매일 뿐입니다. 생각해보십시오. 오늘은 내게 원수입니다. 그러나 얼마 지나고 보면 그렇지가 않습니다. 미국에서 교포들 앞에서 설교도 하고, 그들과 교제도 해보니까 이런 이야기를 하는 분들이 많습니다. 한국에서 사업하다가 실패하고, 혹은 무슨 직장생활을 하다가 잘못돼서 어려운 걸음이지만 미국으로 이민을 왔다는 것입니다. 그런데 지금 잘 살게 돼서 돌아보니까 그때 자기를 괴롭힌 사람들에 대해서 오히려 감사기도를 드린다는 것이지요. 그들이 나한테 손해를 끼쳤기 때문에 내가 여기 와서 이만큼 성공할 수 있었다, 이것입니다. 그렇지 않습니까. 아무리 우리가 당하는 어려움, 억울함이 있다하더라도 조금 멀리 바라보면 다 고마운 분들입니다. 그러므로 원수는 없는 것입니다.

또 하나님의 큰 뜻과 경륜을 생각합니다. 만백성을 구원하시는 하나님의 크고 놀라운 경륜을 생각하고 보면 그 속에서 다 소화할 수 있습니다. 유명한 요셉의 이야기를 아시지 않습니까. 요셉이 그렇게 억울함을 당했지만, 총리가 된 다음 자기 형님들 앞에서 하는 고백을 들어보십시오. "당신들이 나를 해하려 하였지만, 두려워하지 마세요. 당신들 때문에 내가 여기 온 게 아니고, 하나님의 보내심을 받고 여기에 온 것입니다." 하나님의 구원의 큰 경륜을 아는 사람은 사소한 일에 원수가 없습니다. 하나님의 뜻을 알기 때문입니다. 조금 더 신앙적으로 생각하면 바울은 로마서 12장에서 진노하심을 하나님께 맡기라고 합니다. 원수 갚는 것은 하나님께서 하시는 일입니다. 내가 할 일이 아닙니다. 내가 할 일은 용서하고 사랑하는 것이고, 상대를 망하게 하든 흥하게 하든, 그것은 하나님께서 하시는 일입니다. 그래서 하나님께 맡겨야 됩니다. 원수 갚는 것은 하나님께 있습니다. 내가 갚을 일이 아니고, 내가 손댈 일이 아니라고 하는 것입니다.

그런가 하면 조금 더 깊이 생각하면 구원론적 절대의식을 가져야 합니다. 왜요? 내가 하나님과 원수 되었거든요. 로마서 5장 10절은 말씀합니다. "곧 우리가 원수 되었을 때에 그의 아들의 죽으심으로 말미암아 하나님과 화목하게 되었은즉……" 곧 내가 하나님과 원수 되었을 때 그 원수 된 자를 사랑하시는 하나님의 사랑에 의해서 내가 구원받은 것입니다. 내가 하나님을 사랑해서 사랑받은 것이 아니고, 원수 된 관계에서 그 원수의 사랑을 받고 내가 구원을 받았다는 것입니다. 그래서 우리는 마땅히 원수를 사랑해야 합니다.

유명한 백스터(Baxter)의 설교 가운데 늘 제게 귀중한 교훈이 되는 말이 있습니다. 'His part and My part, My part and His part.' 내가 할 일이 있고, 하나님께서 하실 일이 있다는 것입니다. 하나님께서 하실 일을 내가 주제넘게 하려고 들지 말 것입니다. 원수 갚는 것은 하나님께서 하실 일이요, 원수를 사랑하는 것은 내가 할 일인 것입니다. 심판도 하지 말고, 저주도 하지 말 것입니다. 예수님께서 말씀하십니다. "용서하라. 사랑하라. 축복하라. 위하여 기도하라." 무슨 말씀입니까? "잘되게 해달라고 기도하라. 하나님의 사람 되게 해달라고 기도하라." 이런 말씀 아니겠습니까.

사랑에는 세 가지 유형이 있습니다. 하나는 상호적 사랑입니다.

'네가 나를 사랑하니 내가 너를 사랑한다.' 또 대가적인 사랑이 있습니다. 보상을 바라고, 또 보상을 받았기 때문에 사랑하는 것입니다. 그리고 셋째는 절대적 사랑입니다. 벌써 사랑받았기 때문에 마땅히 사랑하는 것입니다. 용서 받았기 때문에 용서하는 것이고, 사랑받았기 때문에 당연히 사랑하는 것입니다. 여기에 무슨 이의가 있겠습니까. 오늘본문 45절에 귀중한 결론이 있습니다. "이같이 한즉 하늘에 계신 너희 아버지의 아들이 되리니……" 하나님을 닮은 사람이 하나님의 자녀가 아니겠습니까. 하나님께서는 악한 자의 밭에도 비를 내리시고, 선한 자의 밭에도 비를 내리십니다. 이것입니다. 제가 북한 선교를 위해서 애쓸 때 많은 사람들이 그 일을 좀 못마땅하게 여깁니다. 하지만 아닙니다. 왜냐하면 우리가 할 일은 해야 되기 때문입니다. 원수라도 주리거든 먹이고, 목마르거든 마시게 해야지요. 아무 조건도 묻지 말고 우리가 해야 할 일을 하는 것뿐입니다. 이걸 잊지 말아야 합니다.

    제가 언제가 한번 북한 보통강에서 낚시하고 있는 사람을 새벽에 만났습니다. 산책하는 길에 보니 누가 혼자 앉아서 낚시를 하고 있는 것입니다. 그 사람을 지나치면서 제가 "뭐 좀 잡았습니까?" 하고 인사차 한마디 했습니다. 그랬더니 고개를 돌려서 저를 한번 쓱 쳐다보더니 아는 체를 합니다. "아, 곽 목사님이시군요." "어떻게 압니까?" 그랬더니 10년 동안 방송을 통해서 제 설교를 새벽마다 들었다는 것입니다. 그러면서 제 이름을 딱 부르는데, 그때 제가 감동이 되어서 어떻게든 이분들을 도와야겠다 싶었습니다. 그래서 지금까지 하고 있는 것입니다. 여러분, 잊지 마십시오. 내가 할 일은 내가 해야 됩니다. 하나님께서 하실 일까지 이러니저러니 하지 마십시오.

내가 할 일은 용서하고, 사랑하고, 축복하고, 먹이고, 위하여 기도하는 것입니다. 그렇게 할 때 하나님께서는 하나님께서 하실 일을 하십니다. 이것이 하나님의 사랑에 대한 응답입니다.

오늘본문은 마지막으로 말씀합니다. "하늘에 계신 너희 아버지의 온전하심과 같이 너희도 온전하라(48절)." 누가 감히 하나님의 온전하심과 같이 온전하겠습니까. 그 온전의 뜻이란 이런 것입니다. '아버지 하나님을 닮으라. 아버지의 마음으로, 아버지가 자녀를 사랑하는 것처럼 그렇게 사랑하라.' 이것은 창조적인 사랑이고, 주도적인 사랑이며, 온전한 사랑입니다. 여러분, 생각해보십시오. 우리 마음에 어두운 그림자가 있고, 근심이 있습니다. 아직도 뭔가 풀리지 않았습니다. 왜 그렇습니까? 일이 잘못되어서 그렇습니까? 아닙니다. 우리 마음에 풀지 못한 것이 있기 때문입니다. 다시 한 번 깊이 생각하고, 이 말씀을 따라갑시다. "용서하라. 사랑하라. 축복하라. 위하여 기도하라. 그리하면 하나님의 자녀가 되리라." △

내게 주신 은혜

 유력하다는 이들 중에 (본래 어떤 이들이든지 내게 상관이 없으며 하나님은 사람을 외모로 취하지 아니하시나니) 저 유력한 이들은 내게 의무를 더하여 준 것이 없고 도리어 그들은 내가 무할례자에게 복음 전함을 맡은 것이 베드로가 할례자에게 맡음과 같은 것을 보았고 베드로에게 역사하사 그를 할례자의 사도로 삼으신 이가 또한 내게 역사하사 나를 이방인의 사도로 삼으셨느니라 또 기둥 같이 여기는 야고보와 게바와 요한도 내게 주신 은혜를 알므로 나와 바나바에게 친교의 악수를 하였으니 우리는 이방인에게로, 그들은 할례자에게로 가게 하려 함이라 다만 우리에게 가난한 자들을 기억하도록 부탁하였으니 이것은 나도 본래부터 힘써 행하여 왔노라
     (갈라디아서 2 : 6 - 10)

내게 주신 은혜

지금은 훌륭한 병원들이 많지만, 지난 1960년대에만 해도 그렇지를 못했습니다. 당시 서울에 있는 병원들 가운데 크고 이름난 병원이라고 하면 덴마크에서 지어준 중앙의료원이라는 병원을 들 수 있습니다. 이 병원에 어떤 폐결핵 환자가 입원을 하게 되었습니다. 세 번이나 수술을 받았지만, 결국 죽게 되었습니다. 1년 동안이나 병원에서 치료를 받았는데 회복이 안 되었던 것이지요. 한데 그 환자의 시체를 넣을 영안실이 그날따라 만원이어서 빈 자리가 없었습니다. 그래 다음날 아침에 시체 한 구가 나가면 그 자리에 넣을 생각으로 영안실 냉장고 앞에다가 그 시체를 잠깐 보관해놓았습니다. 그런데 웬일입니까? 그 죽은 사람이 멀쩡히 살아난 것입니다. 모두가 깜짝 놀랐고, 그 사람도 어리둥절했겠지요. 이제 그 살아난 사람은 생각합니다. '내가 이렇게 영안실 앞까지 왔다가 살아났는데, 나는 앞으로 어떻게 살아야 될까?' 이렇게 깊이 생각하다가 마침내 그는 목사가 되기로 합니다. 그리고 나중에 실제로 목사가 되었습니다. 그 사람은 제가 가르친 제자이기도 합니다. 목사가 된 그는 병원목회를 해야겠다고 마음을 먹습니다. '나는 병원에서 이렇게 큰 은혜를 받았다. 그러니 병원선교를 해야겠다.' 이렇게 결심하고 환자들을 위해서 봉사하는 병원선교를 하게 됩니다. 하루는 이분이 어떤 병실에 들어가 어느 환자를 만났는데, 그 환자가 이렇게 푸념합니다. "저는 3개월 동안이나 병원에 있었습니다." 그러자 목사님이 빙그레 웃으면서 대답합니다. "저는 1년 있었습니다." 또 어떤 환자가 말합니다. "저는 수술을 여러 번 받고 죽을 지경입니다." 목사님은 또 이렇게 대답합니다. "저는 죽어서 영안실 냉장고 앞에까지 갔다왔습니다." 그러니 이런 목사님 앞에서 누가 무슨 할 말이 있겠습니까. 이분이 그렇게 병원선교에서 최고의 권위자가 되었고, 나중에 전국의료선교회 회장도 역임하게 됩니다. 바로 황 목사님입니다.

여러분은 인생을 어떻게 생각하십니까? 인생을 보는 두 가지 척도가 있습니다. 하나는 과거 때문에 오늘의 내 불행이 있다고 생각하는 것입니다. 그래서 지난 일을 생각해봅니다. '그때 그러지 말았어야 했는데, 이 사람을 만나지 말았어야 했는데, 그만 잘못 되어서 나한테 오늘 같은 이런 불행이 있다.' 이렇게 지나 온 과거를 탓하고 원망하며 한이 맺혀서 사는 것입니다. 또 하나는 오늘을 기준으로 생각하는 것입니다. '과거 때문에 오늘이 있다. 오늘을 위해 과거가 있었다.' 이렇게 생각하는 것입니다. 모세를 생각해봅시다. 그가 80세에 하나님의 음성을 듣지 않습니까. 그 하나님의 부르심을 받고 모세는 이스라엘을 구원하는 지도자가 됩니다. 그에게 80년은 잃어버린 80년이 아닙니다. 그 80년이 있었기 때문에 오늘이 있는 것입니다. 아니, 오늘을 위하여 지난 80년이 있었던 것입니다. 이렇게 생각하고 오늘을 사는 사람, 그런 사명에 사는 사람이 된 것입니다. 사람은 잘못하는 일도 있고, 잘하는 일도 있게 마련입니다. 자랑스러운 일도 있고, 후회스러운 일도 있습니다. 절대 순탄하지 않습니다. 많은 어려움이 있습니다마는, 은혜를 아는 사람은 현재 받은 사명, 그 정체의식을 가지고 오늘을 위해서 과거가 있었다고 생각합니다. '오늘을 위해서 지난 과거는 꼭 있어야 했다.' 이런 큰 섭리 속에서 자신을 이해하고, 현재를 이해하고 사는 사람이 있다는 것입니다.

제가 늘 잊지 못하는 일이 하나 있습니다. 자다가 꿈도 많이 꿉니다. 바로 저 1950년 모나지 광산 강제노동수용소에 끌려가서 8개월 동안 죽을 고생을 한 일입니다. 그 8개월의 고생은 정말 지옥 같은 고생이었지만, 지금 생각해보면 그날이 있었기 때문에 오늘의 내가 있다고 저는 확실히 믿습니다. 여러분의 과거는 어떻습니까? 여러 가지로 잘 한 일도 있었고, 못한 일도 있었겠습니다마는, 그것이 오늘을 위해서 있었던 것이라고 그 의미를 재해석할 수 있어야 새로운 미래를 창조할 수 있습니다.

오늘 사도 바울의 경우를 생각해보십시다. 에베소서 3장 2절은 말씀합니다. "너희를 위하여 내게 주신 하나님의 그 은혜의 경륜을 너희가 들었을 터이라." 내게 주신 하나님의 은혜의 경륜을 너희가 들었을 것이라는 말씀입니다. 은혜의 경륜, 유명한 말입니다. 또 7절은 말씀합니다. "내게 주신 하나님의 은혜의 선물……" 이 내게 주신 은혜에는 보편적인 은혜가 있고, 또 아주 특별한 은혜가 있습니다. 일반적인 은혜가 있고, 또 내게 주신 개인적인 은혜가 있다, 이것입니다. 개인적인 은혜, 나만의 은혜, 나만의 것입니다. 이걸 잊지 말아야 합니다. 전반적이고 보편적이고 우주적인 은혜도 중요하지만, 가장 능력 있는 것은 주관적이고 개인적인 것입니다. 내게 주신 은혜, 내게만 주신 은혜, 이것을 알고 확증할 때 엄청난 능력이 나타나게 되는 것입니다.

사도 바울은 이 문제를 이렇게 해석합니다. 내게 주신 은혜의 경륜, 아주 중요한 신학적 용어입니다. '경륜'은 헬라말로 '오이코노미아'입니다. '오이코노미아'의 어원은 '오이코스'로, '집'이라는 뜻입니다. 그래서 '오이코노미아'라 하면 이런 뜻입니다. 우리가 집을 지을 때를 생각해보십시오. 집이라고 하는 형체가 있기 전에 집을 짓는 자의 마음속에 지을 집이 먼저 있지 않습니까. 그러니까 그 마음속의 집이 형체로 나타나는 것이 집입니다. 다시 말해 건물을 지을 때 그 집을 짓는 설계사의 마음속에 있는 큰 그림, 이것이 경륜입니다. 영어로는 dispensation인데, 좀 어렵지요? 요새는 쉽게 번역해서 '하나님의 계획(God's plan)'이라고도 합니다. 은혜의 경륜, 아주 놀라운 것입니다. 하나님의 큰 plan, 큰 섭리 속에 내가 있다는 것입니다. 그 안에 내 과거도 있고, 내 미래도 있다는 것입니다. 나라는 존재가 거기에 있는 것입니다.

그래서 사도 바울은 갈라디아서 1장에서 이렇게 고백합니다. '어머니의 태로부터 택정함을 받아 이방인의 사도가 되었노라.' 내가 세상에 태어날 때부터 그것은 우연한 일이 아니라, 하나님의 큰 경륜 속에 있었다는 것입니다. 그런 맥락에서 그가 길리기아 다소에서 태어났다는 사실은 더욱 중요한 의미가 있습니다. 'By culture, By language'입니다. 그는 길리기아 다소에서 디아스포라로 태어납니다. 이방사람으로 이방인의 문화에서 태어난 것입니다. 그래서 헬라 철학에 능통하고, 히브리 종교에 정통합니다. 그는 이 두 가지를 다 갖추었습니다. 헬라 문화와 히브리 문화를 함께 지니게 된 것입니다. 그러기 때문에 그는 온 세계를 두루 다니면서 복음을 전할 수 있는 특별한 체질이 되었던 것입니다. 그런데 그것이 하나님의 경륜이었다, 이것입니다. 가령 사도 바울이 예루살렘에서 태어났다면 그렇게 역사할 수 없었을 것입니다. 그가 디아스포라로 태어났기 때문에 할 수 있었던 일입니다. 그런가하면 그는 가말리엘 문하에서 공부한 사람입니다. 훌륭한 학자일 뿐만 아니라, 유대교의 엄한 율법을 지키기 위해서 스데반을 처형하는 일에 가담한 사람입니다. 그만큼 그는 극렬분자였습니다. 확실하게 스데반 같은 사람은 죽어 마땅하다고 생각한 것입니다. 그리고 예수 믿는 사람을 체포하기 위해 다메섹을 향해서 가고 있었던 사람 아닙니까. 그런 그가 그 다메섹 도상에서 주의 음성을 듣습니다. "사울아, 네가 어찌하여 나를 핍박하느냐?" 이 음성을 듣고 그는 예수께 붙잡혀서 예수의 포로가 됩니다. 예수를 핍박하던 사람이 도리어 예수를 전하고, 예수를 위하여 순교까지 하는 철저한 그리스도의 사람이 된 것입니다. 그리고 수많은 곳에 교회를 세우고, 선교에 앞장섭니다. 그 과정에서 그는 많은 핍박도 받습니다. 여기저기서 매를 맞고, 온갖 고생을 다하고, 수많은 죽을 고비들을 넘깁니다. 빌립보 감옥에서는 죽은 줄 알고 그를 내다버리는 일까지 생깁니다. 그야말로 별의 별 경험을 다 합니다. 그리고 마침내 그는 이 모든 것을 종합해서 한마디로 말합니다. "내게 주신 은혜를 알므로!" 놀라운 말씀입니다. 사도 바울은 이 모든 일이 우연한 일이 아니고, 작은 일이나 큰일이나 다 하나님의 경륜 속에 있다는 걸 알고 있습니다. 여러분이 오늘 하루를 살든, 앞으로 얼마를 살든, 내게 주신 경륜을 알아야 합니다. 우연은 없습니다. 필연이 있을 뿐입니다. 하나님의 경륜이 있을 뿐입니다. 그 큰 경륜 속에 내가 있다는 것을 알아야 합니다.

뿐만 아니라, 이 사실을 다른 사람이 알아야 합니다. 바울이 알고, 예루살렘 교회가 알았습니다. 그에게 주신 하나님의 은혜의 경륜을 예루살렘 교회가 알았습니다. 그럼 어떻게 되겠습니까? 사실 예루살렘 교회 입장에서 사도 바울은 원수입니다. 그는 교회를 핍박한 사람입니다. 그러나 지금은 하나님의 큰 경륜 속에서 자신의 모든 것을 이해합니다. 하나님의 경륜 속에서 자신이 교회를 핍박했고, 하나님의 경륜 속에서 오늘은 자신이 복음을 전하는 자가 되었다는 것을 이해합니다. 그래서 그는 예루살렘 교회와 교제의 악수를 나누고 하나가 될 수 있었습니다. 요샛말로 서로 타협하고, 협상하고, 무슨 토론을 하는 이야기가 아닙니다. 가장 중요한 것은 신앙적 판단입니다. 하나님의 경륜을 알 때에만 하나가 될 수 있습니다. 오늘 본문을 보면 베드로는 유대인들에게, 사도 바울은 이방인들에게 선교사역을 하게 하려 함이라고 합니다. 이것이 결국은 하나님의 경륜 안에서 이루어진 일이라는 것이지요. 내게 주신 하나님의 경륜을 내가 알고, 당신에게 주신 하나님의 경륜을 당신이 알 때 서로가 화해하고, 이해하게 된다는 것입니다. 그래서 베드로와 바울, 바울과 예루살렘 교회는 하나님의 큰 경륜 안에서 서로를 이해하고 한마음이 되어서 교회와 선교를 위해 큰 역사를 이루게 되었다는 것입니다. 특별히 사도 바울에게는 더 중요한 것이 있습니다. 그에게는 육체의 가시가 있었습니다. 이것도 그는 하나님의 경륜 속에서 해석합니다. '이것으로 말미암아 내게 은혜가 주어졌다. 육체의 가시, 사탄의 사자로 말미암아 내가 하나님의 사람이 되고, 겸손한 사람이 되었다.' 그는 그 자신과 모든 것을 하나님의 큰 경륜 속에서 이해했던 것입니다.

유명한 선교사 리빙스턴은 아프리카에서 한평생 선교를 하면서 보낸, 세계 선교 역사에서 아주 귀중한 분입니다. 그 리빙스턴이 어느 날 휴가를 얻어서 영국의 각 대학을 다니면서 강연을 하게 되었습니다. 그때 사람들은 눈물 없이 그를 바라볼 수가 없었습니다. 그의 몸무게가 고작 37킬로그램 밖에 되지 않았기 때문입니다. 전염

병의 후유증으로 온몸이 비쩍 말랐던 것입니다. 게다가 그의 팔 하나는 사자에게 물려서 겨우 대롱대롱 매달려 있는 상태였습니다. 그야말로 온몸이 만신창이였습니다. 그런 그에게 어떤 젊은 사람이 다가와서 말했습니다. "저도 선교사님처럼 살고 싶습니다. 선교사님과 함께 가서 봉사하고 싶습니다." 그랬더니 그때 그가 한 유명한 말이 있습니다. "하나님의 선교를 하는 사람은 이 모든 일을 은혜로 받아들일 수 있어야 합니다. 핍박도, 고난도, 질병도 은혜라고 하는 하나님의 큰 경륜 속에 있다는 것을 아는 사람만이 이 모든 일을 할 수 있습니다." 사도 바울이 말합니다. '내게 주신 은혜, 내게 주신 은혜의 경륜……' 오직 은혜, 그 은혜로운 경륜 속에 자신이 있다는 것입니다.

여러분, 여러 가지로 생각하는 바가 많을 수 있겠지만, 다 잊어버리고, 더 크고 위대한 하나님의 경륜을 깨닫고, 그 속에 내가 있음을 알고, 그 속에 내가 당하는 오늘의 사건이 있음을 잊지 말아야 하겠습니다. '이 모든 것은 은혜다.' 바로 이 은혜의 경륜을 알 때 우리 마음에는 평안함이 있고, 새로운 능력과 지혜도 있습니다. 은혜의 경륜을 알 때 내가 저 사람을 이해할 수 있습니다. 그리고 저 사람도 나를 이해할 수 있습니다. 이 큰 은혜의 경륜 속에 비로소 하나 됨의 역사가 있었습니다. 놀라운 일 아니겠습니까. 내게 주신 은혜를 내가 먼저 알아야 합니다. 또한 저희에게 주신 은혜도 내가 알아야 합니다. 내게 주신 은혜가 있는가하면, 저 사람에게 주시는 은혜도 있고, 오늘 당하는 이 모든 사건 속에도 하나님의 은혜의 경륜이 있음을 알아야 합니다. 그 깊은 뜻을 알 때 낙심할 것 없습니다. 하나님께서는 위대한 역사를 오늘도 이 경륜 속에서 창조해가고 계시기 때문입니다. 은혜의 경륜에 대한 믿음을 다시 확인하면서 오늘 나의 삶의 소중한 의미를 재확인하는 축복이 있기를 바랍니다. 은혜를 은혜로 아는 은혜, 은혜 속에 하나님의 섭리와 경륜이 있음을 아는 은혜, 이보다 더 큰 축복은 없다고 생각합니다. △

고독한 선지자가 들은 복음

아합이 엘리야가 행한 모든 일과 그가 어떻게 모든 선지자를 칼로 죽였는지를 이세벨에게 말하니 이세벨이 사신을 엘리야에게 보내어 이르되 내가 내일 이맘때에는 반드시 네 생명을 저 사람들 중 한 사람의 생명과 같게 하리라 그렇게 하지 아니하면 신들이 내게 벌 위에 벌을 내림이 마땅하니라 한지라 그가 이 형편을 보고 일어나 자기의 생명을 위해 도망하여 유다에 속한 브엘세바에 이르러 자기의 사환을 그 곳에 머물게 하고 자기 자신은 광야로 들어가 하룻길쯤 가서 한 로뎀 나무 아래에 앉아서 자기가 죽기를 원하여 이르되 여호와여 넉넉하오니 지금 내 생명을 거두시옵소서 나는 내 조상들보다 낫지 못하니이다 하고 로뎀 나무 아래에 누워 자더니 천사가 그를 어루만지며 그에게 이르되 일어나서 먹으라 하는지라 본즉 머리맡에 숯불에 구운 떡과 한 병 물이 있더라 이에 먹고 마시고 다시 누웠더니 여호와의 천사가 또 다시 와서 어루만지며 이르되 일어나 먹으라 네가 갈 길을 다 가지 못할까 하노라 하는지라 이에 일어나 먹고 마시고 그 음식물의 힘을 의지하여 사십 주 사십 야를 가서 하나님의 산 호렙에 이르니라 엘리야가 그 곳 굴에 들어가 거기서 머물더니 여호와의 말씀이 그에게 임하여 이르시되 엘리야야 네가 어찌하여 여기 있느냐 그가 대답하되 내가 만군의 하나님 여호와께 열심이 유별하오니 이는 이스라엘 자손이 주의 언약을 버리고 주의 제단을 헐며 칼로 주의 선지자들을 죽였음이오며 오직 나만 남았거늘 그들이 내 생명을 찾아 빼앗으려 하나이다

(열왕기상 19 : 1 - 10)

고독한 선지자가 들은 복음

며칠 전 일간신문에 영국의 메이 총리가 '외로움 장관'을 임명했다는 기사가 났습니다. 국민의 외로움을 달래주는 일을 하는 장관입니다. 요새 노인들 다섯 명 가운데 한 명이 외로움을 느낀다고 합니다. 외로움이 왜 무서운 것입니까? 외로움은 치매로 연결되기 때문이라는 것입니다. 그러니까 치매의 전조, 그 증상이 바로 외로움인 것입니다. 외로움은 무서운 정신적 질병입니다. 이걸 우리는 알아야 합니다. 의학적으로 보면 외로움은 담배를 15개비 피우는 것만큼이나 해롭다고 합니다. 또 외로움은 비만보다도 건강에 더 위험하다고 합니다. 흔히들 비만은 만병의 근원이니 피해야 한다고 하지만, 이보다 더 무서운 것이 외로움입니다. 외로움은 현대사회의 전염병이 되고 있습니다. 심지어는 전화를 걸어주는 비즈니스까지 생겼다고 합니다. 외로운 사람에게 하루에 한 번씩 전화를 걸어주는 것입니다.

일본에서는 네 사람 가운데 한 사람이 독신이라고 합니다. 많은 사람들이 결혼하지 않은 단신으로 사회를 살아가고 있는 것입니다. 특별히 일본 사람들은 어렸을 때부터 무슨 일로든 다른 사람에게 피해를 끼치면 안 된다고 교육을 받고 자랍니다. 예전에 제가 일본에 갔을 때 깜짝 놀란 게 하나 있습니다. 일본의 목욕문화는 유명한데, 그때 제가 아주 특별한 장면을 하나 보았습니다. 우리나라에서는 좀처럼 볼 수 없는 장면입니다. 여러 사람이 나란히 앉아서 목욕을 하는데, 저마다 물 한 바가지를 떠서 자기 몸에 끼얹는데, 옆에 앉은 사람에게 물이 한 방울도 튀기지 않게 아주 조심해서 물을 끼얹으면서 목욕을 하는 것입니다. 절대 다른 사람을 불편하게 하면 안 된다고 교육을 받은 것입니다. 아무튼 그렇게 목욕을 하는 것을 보고 참 재미로운 풍경이라고 생각했습니다. 하지만 바로 이런 것이 사람을 외롭게 합니다. 다른 사람에게 절대 폐를 끼치지 않겠다, 다른 사람에게 절대 신세를 지지 않겠다…… 그래서 몸은 점점 약해지고, 모든 것들이 불편해지는 것입니다. '나는 그 누구에게도 폐를 끼치지 않겠다.' 그러니 혼자 살다 죽는 수밖에 다른 도리가 없는 것이지요. 그래서 고독이 깊어가는 '단신(單身) 사회'가 된다, 하는 이야기입니다.

미국의 심리학자인 칼 로저스(Carl Rogers)가 「현대인의 고독」이라는 유명한 책을 썼습니다. 이 책에서 그는 고독의 원인을 딱 두 가지로 정의합니다. 첫째는 자기 자신으로부터의 소외가 고독의 원인이라는 것입니다. 그러니까 내가 나를 미워하는 것입니다. 내가 나를 사랑하고, 나아가서는 스스로를 사랑받는 존재라고 생각해야 하지만, 나는 불필요한 존재라고 생각할 뿐만 아니라, 자기 자신도 스스로를 미워하는 것입니다. 거울을 보면서 자기를 미워하고, 자기의 생을 보면서 스스로를 미워하고, 자기 자신에 대해서 실망합니다. 이래서 문제가 되는 것입니다. 예수님께서 말씀하십니다. '이웃을 사랑하기를 네 몸과 같이 하라.' 이 말씀의 깊은 의도를 음미해보면, 자기를 사랑하지 않는 사람은 남을 사랑하지 않는다는 것입니다. 자기 사랑이 기본입니다. 내가 나를 사랑하고야 이웃을 내 몸 같이 사랑하는 그 다음의 사랑이 있는 것이지, 내가 나를 사랑하지 않는데 그 누구를 사랑할 수 있겠습니까. 그래서 그는 '자기 실망이 고독의 근본'이라고 말합니다.

둘째는 자기 자신을 내어줄 만한 상대를 발견하지 못했다는 것입니다. 그래서 불안합니다. 사랑할 만한 대상이 없는 것입니다. 너무나 많은 시간 배신을 당해왔기 때문에 내가 사랑할 만한 가치가 있는 사람이 없다는 것입니다. 예수님 앞에 왔던 제자들까지도 예수님께 질문을 합니다. "누가 우리의 이웃이 되겠습니까?" 다시 말하면, 이웃을 사랑하라고 했는데, 이웃이 누구냐, 내가 사랑할 만한 사람, 사랑할 만한 가치가 있는 사람이 누구냐, 이것입니다. 이때 예수님께서는 여러분도 잘 아시는 '선한 사마리아 사람의 비유'를 들어 답하십니다. 내가 사랑할 만한 가치, 내가 몸과 마음을 다 바쳐서 정성을 들일 만한 가치 있는 대상이 없다, 이것입니다. 사랑의 대상을 잃어버리고 나니까 나 자신도 잃어버리게 된다, 이것입니다.

오늘본문에서 우리는 가장 고독한 한 사람의 선지자를 만나게 됩니다. 그의 고독은 아주 특별하고 절절합니다. 그는 하나님 앞에 당당하게 죽기를 소원합니다. "저를 죽여주십시오. 제 생이 넉넉합니다. 여기서 끝났으면 좋겠습니다." 이렇게 하나님 앞에 죽기를 소원합니다. 이 선지자 엘리야는 확실히 하나님의 사람이요, 믿음의 사람입니다. 특별히 하나님을 향한 열심이 있는 사람입니다. 관념적인 믿음이 아니라, 행동적인 믿음의 사람입니다. 그래서 그는 행동적으로 신앙을 실천했고, 믿음의 사람으로서 사역을 이루어갑니다.

오늘본문을 보면 그는 아주 절절하게 고독을 느끼고 있습니다. 첫째로는 능력의 한계가 왔기 때문입니다. 실패해서 고독한 것이 아닙니다. 성공하고 고독한 것입니다. 그는 하고 싶은 일을 마음껏 했습니다. 그러고 나서 지금 고독한 것입니다. 여러분, 내 뜻대로 못해서 고독한 것이 아닙니다. 내 뜻대로 할 수 있는 일을 다 하고도 고독한 것입니다. 깊은 허탈감에 빠진 것입니다. 아주 절박한 고독입니다. 왜냐하면 그는 바알의 제사장들과 대결하면서 그들에게 경쟁을 붙입니다. 갈멜 산에 올라가서 재물을 놓고 말합니다. "너희는 바알 신에게 제사를 드리고, 나는 하나님께 제사를 드려서 어느 신이 응답하나 시험해보자." 이렇게 경쟁을 붙여서 큰 승리를 거두게 됩니다. 바알 신의 선지자들은 하루 종일 부르짖었지만, 하늘에서 불이 내려오지 않았습니다. 엘리야는 홀로 나가서 하나님 앞에 기도했는데, 하늘에서 응답의 불이 내려옵니다. 이것을 계기로 엘리야는 무려 850명이나 되는 바알과 아세라 선지자들을 죽이라고 명령합니다. 통쾌하게 큰 승리를 거둔 것입니다.

오래전에 제가 이 엘리야가 제사를 드렸다고 하는 갈멜 산의 제단이 있는 곳에 한번 가본 적이 있습니다. '바로 여기서 제사를 지냈겠구나!' 하고 생각하니까 아주 감회가 특별했습니다. 엘리야는 이렇게 큰 승리를 거두었고, 하나님께로부터 불이 내려오는 응답도 받았고, 보기 싫은 바알의 선지자 850명을 죽여버렸습니다. 이보다 더 통쾌한 승리가 어디 있습니까. 그러나 이 승리를 거두어놓고 그는 고독해합니다. 외로워합니다. 왜요? 아합 왕의 부인인 이세벨이 원한을 품고 엘리야를 꼭 죽이겠다고 맹세를 했기 때문입니다. 그래서 그는 광야로 도망칩니다. 그리고 그 거친 광야에서 하룻길을 헤매다가 로뎀나무 밑에 앉아서 하나님께 부르짖습니다. "하나님, 넉넉합니다! 저를 죽여주세요!" 고독에 찬 부르짖음입니다. 승리한 뒤에 오는 고독입니다. 자기가 하고 싶은 대로 다 하고 나서 허탈감에 빠진 것입니다. 바로 그런 시간입니다. 그는 피곤해졌습니다. 배가 고팠습니다. 여러분, 배고프면 배만 아픈 것이 아니라 마음이 슬퍼집니다. 그것이 인간입니다. 배고프면 오만 가지 슬픈 생각이 다 납니다. 그래서 그는 배고픈 가운데 피곤하고 지쳐서 지금 외로움을 느끼고 있는 것입니다. 또, 그는 무기력을 절감했습니다. 하고 싶은 대로 다 해보았는데, 결과는 이렇습니다. 동지를 다 잃어버렸고, 이제는 자기 혼자만 남았습니다. 초라한 자기 자신을 알게 되는 것입니다.

유명한 헬라의 철학자 탈레스는 이런 명언을 남겼습니다. '사람이 일생을 통해서 제일 알기 어려운 게 무엇인가? 그것은 바로 자기 자신이다. 자기 자신이 어떤 사람이라는 것을 아는 것이 제일 어렵다.' 누가 물었습니다. "그럼 제일 쉬운 것은 무엇입니까?" 이때 그는 유명한 말을 했습니다. "남에게 충고하는 게 제일 쉽습니다." 여러분, 깊이 생각해야 합니다. 그는 지금 무기력해졌습니다. 원하는 것을 이루고 나서 엄청난 고독에 시달리며 죽기를 소원하고 있습니다. 나아가서는 조상만 같지 못하다고 말합니다. 그는 믿음의 사람이니까 아브라함도 생각하고, 모세도 생각합니다. 그 믿음의 조상들을 자기와 비교해보니 자기는 그들만 못하다는 생각이 드는 것입니다. 이에 마음속에 깊이 자리 잡고 있던 공명심이 그대로 무너져 내립니다. 그리고 자기만 홀로 남았다고 고독해합니다.

이 고독해하는 자에게 하나님께서 복음을 들려주십니다. 그리고 그의 연약함을 위해서 떡을 주시고, 물을 주시고, 천사를 보내주시어 그를 어루만져주시고 용기를 주십니다. 이 하나님의 위로하심 가운데 몇 마디 중요한 말씀이 있습니다. 엘리야는 말합니다. "나는 할 일이 없습니다. 그런고로 쓸모가 없습니다." 그러나 하나님께서는 말씀하십니다. "아니다. 할 일이 있다. 네가 할 일이 있다. 네 일은 끝나도 하나님의 일은 계속되어야 한다. 네가 하는 일이 끝난 것처럼 생각하지만, 내가 하는 일은 끝난 것이 아니다. 네가 할 일이 있다." 참으로 그렇습니다. 여러분, 할 일이 있습니다. 어디에나 있습니다.

저는 오래전에 마더 테레사에 대한 책을 읽다가 깊은 감명을 받은 적이 있습니다. '할 일'이라고 하면 돈 버는 일, 공부하는 일, 무슨 인재를 키우는 일, 큰일, 작은일…… 많이 있겠습니다마는, 그래도 내가 한 일이 쓸모가 있어야 되지 않겠습니까. 병자를 고친다, 젊은 사람을 가르친다, 넘어진 사람을 일으킨다…… 대개 이런 것 아닙니까. 그러나 마더 테레사의 생각은 조금 다릅니다. 가장 소외된 사람, 지금 당장 죽어가는 사람을 위해서 자기 남은 시간을 그들과 함께하며 위로하겠다고 생각합니다. 그는 그런 일에 봉사하며 한평생을 살았고, 노벨평화상도 받은 바 있습니다. 그 마더 테레사가 하는 일을 듣고 그 본을 따서 자기도 조금이나마 해보겠다고 호스피스미션에서 일했던 한 권사님이 계십니다. 정말 3개월 이내에 돌아가실 만한 분을 호스피스 병동으로 찾아가 봉사를 했습니다. 이것은 살아나게 하는 일이 아닙니다. 병을 낫게 하는 일도 아닙니다. 환자는 이제 곧 죽을 것입니다. 그런 사람의 남은 시간을 위해서 정성껏 봉사한 것입니다. 그리고 그 환자분이 예수를 믿고 세상을 떠나면서 마지막에 말합니다. "하나님께서 당신 같은 천사를 보내주셔서 제가 예수 믿고 구원받게 되었습니다. 감사합니다." 이렇게 말하고 세상을 떠났습니다. 그 뒤에 이 권사님이 한 고백을 한번 들어봅시다. 아주 중요한 말씀입니다. "저는 연애도 해봤고, 결혼도 해봤고, 자식도 낳아서 키워봤습니다만, 지난 3개월 동안 그 환자분의 마지막 가는 길을 위해서 봉사한 시간이 세상을 사는 동안 제일 행복한 시간이었습니다." 여러분, 할 일은 많습니다. 이제 3개월 내에 세상을 떠날 그분을 위해서 정성껏 봉사했는데, 그 봉사와 섬기는 가운데 나는 나대로의 삶의 보람을 얻더라는 말입니다. "그 3개월이 없었더라면 저는 세상을 잘못 살 뻔했습니다." 이것이 그분의 간증입니다. 여러분, 할 일은 어디에나 있습니다. 내가 해야 할 일이 있습니다. 내가 찾아 만나야 할 사람이 있습니다.

그뿐 아니라, 오늘본문에는 신비로운 말씀이 이어집니다. 하나님께서 말씀하십니다. "바알에게 무릎을 꿇지 아니한 자가 7천 명이 있느니라." 엘리야가 말합니다. "저만 홀로 남았습니다. 다 배신하고 죽고, 저만 홀로 남았습니다." 그러나 하나님께서는 말씀하십니다. "아니다. 네가 모르는 7천 명이 남아 있다." 신비로운 말씀입니다. 내 눈에는 보이지 않습니다. 그러나 하나님의 깊은 역사는 이루어져가고 있다는 것입니다. 이걸 잊지 말아야 합니다.

저는 북한 교회를 생각할 때마다 '그 지하 교회에서 고생하는 분들은 어떻게 지낼까?' 하고 걱정이 됩니다. 더구나 이렇게 추위가 심할 때면 '이번에도 수많은 사람들이 또 얼어 죽겠구나!' 하는 생각도 합니다. 정말 그 강제노동수용소에서 고생하는 분들은 이런 추위, 못 견딥니다. 그런 사람들을 자꾸 생각하게 됩니다. 그러나 하나님의 뜻은 놀랍습니다. 중국이 1950년에 완전히 교회 문을 닫습니다. 교회의 집회를 완전히 금지합니다. 숫제 교회가 없는 것처럼 변했습니다. 그렇게 30년이 지나면서 중국 공산당은 이제 중국에는 기독교인이 없다고 생각했습니다. 나중에 중국이 개방을 하면서 교회

문도 열어야 한다는 압박이 있었습니다. 교회 문을 닫고서 국제무대에서 외교할 수는 없다, 이것이지요. 미국의 카터 대통령을 비롯한 서방의 압박 때문에 마침내 교회 문을 열게 되었습니다. 그런데 깜짝 놀란 것은 중국에 무려 6천만 명의 교인이 있었더라는 사실입니다. 1950년의 통계로 중국의 기독교인은 3백만 명이었습니다. 그런데 1982년에 교회 문을 열고 보니 지하 교회를 통해서 교인이 6천만 명으로 불어나 있었던 것입니다. 현재는 중국 전체 인구의 무려 10퍼센트가 기독교인이라는 통계도 있습니다. 여러분, 지하 교회, 이게 무엇입니까? 눈에 보이지 않는 교회입니다. 우리처럼 드러내놓고 예배를 드리거나 찬송을 부르지는 못했지만, 환란과 핍박 속에서 하나님의 선교의 역사는 조용히 자라고 있었던 것입니다. 오늘 하나님께서 엘리야에게 말씀하십니다. "네가 모르는 7천 명이 있다. 고독해하지 마라." 이것이 하나님의 말씀입니다. 신비로운 역사 아닙니까.

그런가하면 또 말씀하십니다. "너의 뒤에 이어질 후계자가 있다. 네가 선지자로 수고했느냐? 엘리사에게 기름을 부으라. 그가 너를 대신할 것이다. 예후에게 기름을 부어 왕을 삼으라." 계속 18절, 19절에 말씀이 이어집니다. 다시 말하면 사명이 있다는 것입니다. 아우구스티누스의 유명한 간증을 여러분은 잘 아실 것입니다. '하나님을 만나기까지 인간은 누구나 고독한 존재다.' 그렇습니다. 요한복음 16장에서 예수님께서는 십자가를 앞에 놓고 말씀하십니다. "너희가 다 나를 떠날 때가 온다. 그러나 나는 혼자 있는 것이 아니다. 아버지께서 나와 함께 계시느니라. 내가 세상을 이겼노라." 위대한 말씀입니다. 여러분, 나의 일은 끝나더라도 하나님의 일은 계속됩니다. 어딘가에서, 내 눈에 보이지는 않아도, 하나님의 신비로운 역사는 계속 이루어지고 있습니다. 또한 내가 만나보지는 못했어도 그 누군가를 통해서 계속 이루어지고 있습니다.

저는 늘 스데반을 생각합니다. 그는 고독하게 순교했습니다. 그러나 하늘 위에서는 주님께서 그를 지켜보고 계셨습니다. "주님께서 하나님 우편에 서 계신다!" 하고 스데반은 순교하면서 말합니다. 그런고로 그는 고독하지 않았고, 외롭지 않았던 것입니다. 그의 얼굴은 천사의 얼굴과 같았다고 성경은 말씀합니다. 그런데 스데반이 모르고 있는 것이 하나 있습니다. 저 앞에 사울이라는 청년이 서 있습니다. 지금은 스데반을 죽이는 일에 가담하고 있지만, 머지않아 그를 통해서 구원의 복음이 온 세계에 전해질 것입니다. 위에서는 예수 그리스도께서 보시고, 밑에서는 자기가 모르는 사도 바울이 있는 것입니다. 이걸 잊지 말아야 합니다.

제가 신학대학에서 한 10년 동안 사도 바울의 신학을 강의해본 일이 있습니다. 소위 '바울 신학'이라는 것을 잘 상고해보면, 바울의 신학은 스데반으로부터 나옵니다. 스데반의 마지막 설교에서 신학적 답을 얻었고, 그것을 위하여 살아갑니다. 다시 말하면 바울은 스데반의 제자입니다. 위에는 주님께서 계시고, 밑에는 바울이 있습니다. 이것이 스데반의 순교입니다. 이 놀랍고 신비로운 역사를 생각해야 됩니다. 여러분, 고독은 죄입니다. 기도하는 자에게는 고독이 없습니다. 사랑하는 자에게는 고독이 없습니다. 할 일이 있는 자에게는 고독이 없습니다. 고독을 물리치고, 위대한 주님의 역사에 감사 감격하는, 그런 승리하는 생이 되어야 할 것입니다. △

강팍케 됨을 면하라

그러므로 성령이 이르신 바와 같이 오늘 너희가 그의 음성을 듣거든 광야에서 시험하던 날에 거역하던 것 같이 너희 마음을 완고하게 하지 말라 거기서 너희 열조가 나를 시험하여 증험하고 사십 년 동안 나의 행사를 보았느니라 그러므로 내가 이 세대에게 노하여 이르기를 그들이 항상 마음이 미혹되어 내 길을 알지 못하는도다 하였고 내가 노하여 맹세한 바와 같이 그들은 내 안식에 들어오지 못하리라 하였다 하였느니라 형제들아 너희는 삼가 혹 너희 중에 누가 믿지 아니하는 악한 마음을 품고 살아 계신 하나님에게서 떨어질까 조심할 것이요 오직 오늘이라 일컫는 동안에 매일 피차 권면하여 너희 중에 누구든지 죄의 유혹으로 완고하게 되지 않도록 하라

(히브리서 3 : 7 - 13)

강퍅케 됨을 면하라

　현대를 사는 우리에게 가장 심각한 심리학적 문제가 바로 중독(addiction)의 문제입니다. 몰두, 탐닉, 중독…… 여러분, 자신이 무엇엔가 중독이 되어 있지는 않는지 한번 점검해보시기를 바랍니다. 내 마음이 무엇엔가 중독이 되어서 그대로 끌려가고 있는 상태에 있지는 않은가 하는 것입니다. 중독은 한 곳에 너무 깊이 빠져서 그것이 습관화되는 것입니다. 쉽게 말하면 미쳐 있는 상태라 할 수 있습니다. 그래서 중독의 상태가 되면 한계를 넘어가게 됩니다. 다시 회복하기가 어렵습니다. 이렇게 사람이 폐인 되는 모습을 여러분도 많이 보셨을 것입니다. 똑똑해서 공부도 잘하고, 경험도 많아서 참 쓸 만한 사람인데, 그만 중독상태에 빠지는 모습, 흔히 봅니다. 돈이라는 것도 마찬가지입니다. 하루에 세 끼 먹고, 추운 날씨에 따뜻한 곳에서 잠을 잤으면 됐지, 왜 그렇게 돈을 탐내다가 인생 말년에 초라한 지경이 되는 것입니까? 어떤 사람은 돈에 미치지만, 또 어떤 사람은 자기 지식에 미칩니다. 그래서 교만에 빠집니다. 심지어는 자기 스스로의 판단에 깊이 빠져서 올바른 의식을 잃어버리는 것을 볼 때 참으로 안타깝습니다.
　사람이란 무엇을 행동하든지 생각이 먼저 갑니다. 우선 생각하고, 그 다음에 생각한 대로 행동하는 것입니다. 그리고 이 행동이 반복됩니다. 그러고 나면 습관이 됩니다. 몸만 습관이 되는 것이 아니라, 생각도 습관이 되어버립니다. 그러면 어느 순간에 무의식에 빠집니다. 거기서 조금 더 나가면 변명을 하기 시작합니다. 여기까지

오면 벌써 깊이 빠져든 것입니다. 처음에는 선택할 수 있었습니다. 이렇게도 갈 수 있었고, 저렇게도 판단하며 선택할 수 있었습니다. 버릴 수도 있었고, 취할 수도 있었습니다. 하지만 어느 한계를 딱 넘어가면 거기에서 헤어나지 못하게 됩니다. 그런 불쌍한 심령들이 우리 주위에 너무나 많습니다.

이 중독상태란 현상적으로 보면 세 가지로 나누어집니다. 첫째가 초창기로서, 학술적으로는 'Honeymoon Period'라고도 합니다. 신혼여행처럼 달콤한 때를 말합니다. 당시는 매력이 있고, 즐거움을 줍니다. 재미가 있습니다. 한마디로 끌리는 단계입니다. 예전에 제가 라스베이거스에 부흥회를 갔을 때 호텔에 있는 카지노를 한번 구경해보았습니다. 그래 슬롯머신을 저도 한번 해봤습니다. 운 좋게도 그 자리에서 3백 불을 땄습니다. 그래 그 돈을 자유롭게 썼습니다. 나중에 이 이야기를 다른 분들한테 했더니 다들 묻더라고요. "목사님, 그 돈 따는 법 좀 가르쳐주세요." 그래서 제가 그랬습니다. "동전을 딱 넣고 돌려서 돈이 쏟아져 나오면 그 자리에서 일어나면 된다. 돈이 와르르 쏟아지는 걸 보고 한 번만 더, 한 번만 더, 하면 안 된다. 잘 됐을 때 그것으로 만족하면 된다." 왜냐하면 그게 확률적으로 27대 1이라고 하거든요. 더 따겠다고 앉았다가는 집을 팔아도 모자라게 됩니다. 그러니까 한 번 잘 됐을 때 딱 끊는 것이 비결입니다. 유혹이라는 것이 그렇지 않습니까. 성공하고 달콤할 때 그 매력에서 빠져나와야 되는 것입니다. 그 달콤함에 계속 빠져들면 헤어날 수 없게 됩니다. 그러니까 Exodus, 출애굽의 용기가 필요한 것입니다.

이렇게 중독은 우선 허니문 단계가 있고, 그 다음에는 발전의 단계, 발전기가 있습니다. 중독과정은 서서히 이루어집니다. 때로는 이성적 비판이 갈등을 일으킵니다. '그러면 안 되지!' 하고 생각합니다. '여기서 끊어야지!' 하고 판단하지만, 그 갈등을 넘어서서 깊은 매력에 빠지면 두 번 다시 헤어나지 못합니다. 그렇게 이성적으로 판단을 하다가 나중에는 합리화하고 변명하는 단계에 이릅니다. '이럴 수도 있다. 이럴 수밖에 없다.' 이렇게 스스로를 합리화하고 변명하게 됩니다. 하지만 이것이 함정입니다. 자기변명이나 자기 정당화를 하게 되면 어려워지는 것입니다. 사람들이 운명이라고들 하지 않습니까. 여러분, 운명이 어디 있습니까? '이렇게 된 것은 어쩔 수 없는 운명이었다.' 아닙니다. 이것은 변명에 지나지 않습니다. 자신이 선택한 것입니다.

세 번째 단계가 중독기입니다. 이것은 의지를 상실한 단계입니다. 빠져나오지 못합니다. 노예화되어버린 것입니다. 육체적, 경제적, 사회적으로, 그리고 양심까지도 노예화되는 것을 말합니다. 모든 것이 노예화되어서 자유가 없습니다. 그냥 끌려가는 상태인 것입니다. 비근한 예로 옛날 어른들이 하는 말이 있습니다. 술을 조심하라고 주의를 줄 때 꼭 하는 말입니다. '처음에는 사람이 술을 먹고, 그 다음에는 술이 술을 먹고, 마지막에는 술이 사람을 먹는다.' 어디까지 가야겠습니까? 사람이 술을 먹어야지, 술이 사람을 먹으면 되겠습니까. 요새도 보면 수많은 복잡한 문제들이 있지만, 속으로 들어가 보면 결국 그 근본은 술에 있습니다. 술이 원인입니다. 사람이 술을 먹어야지, 술이 사람을 먹어서는 안 됩니다. 이것이 바로 중독상태입니다. 그렇게 중독상태에 빠진 사람들을 보면 너무나 안타깝고 아쉽습니다.

성경에 나오는 신앙의 위인들을 보십시오. 실수가 없었던 것이 아닙니다. 그들도 시험에 빠졌고, 그들도 많은 어려움을 겪었습니다. 그러나 한 가지 다른 점이 있습니다. 다윗은 왕의 지위에 있으면서 남의 아내를, 그것도 자기 신하의 아내인 밧세바를 취하였습니다. 엄청난 죄입니다. 용서받을 수 없는 죄입니다. 다윗은 그렇게 여자의 유혹이라는 시험에 빠졌습니다. 그래 정신을 못 차렸습니다. 그런 그에게 나단 선지자가 와서 그를 책망합니다. 나단 선지자가 다윗을 책망할 때 다윗은 그대로 무릎을 꿇습니다. 다윗은 단 한 마디의 변명도 하지 않습니다. 시편에는 다윗의 참회시편이 일곱 편 있습니다. 저는 그 시편들을 읽을 때마다 놀랍니다. 다윗은 누구도 원망하지 않았습니다. 단 한마디의 변명도 하지 않았습니다. 이스라엘 사람들의 전통적 해석은 밧세바가 다윗을 유혹했다고들 합니다. 유부녀가 되어서 왕을 유혹해서야 되겠는가. 어떻게 왕이 바라보는 앞에서 목욕을 할 수 있는가. 왕을 시험에 빠뜨린 것이 밧세바다, 이것입니다. 하지만 다윗은 밧세바를 걸고넘어지지 않습니다. 오히려 이렇게 고백합니다. '저 여인이 아니라, 내가 죄를 지었다.' 다윗 왕은 어떤 변명도 하지 않습니다. '아마 그때 제가 좀 정신이 없었던가 봅니다. 그때 제가 그만 술이 좀 취했던 것 같습니다.' 이런 변명을 하지 않습니다. 오히려 이렇게 회개합니다. '내가 죄를 지었나이다. 하나님 앞에서 내가 죄인입니다.' 하나님께서는 그런 다윗을 사랑하십니다. 용서하시고, 사랑하시되, 모든 사람 가운데서 다윗을 제일 사랑하십니다. 신구약성경에 다윗이라는 이름이 무려 8백 번이나 나옵니다. 말끝마다 하나님께서는 말씀하십니다. '내 종 다윗처럼……' 여러분, 생각해보십시오. 그는 의인이 아닙니다. 그는 회개한 죄인이었습니다. 그는 그렇게 회개하고 하나님 앞에 돌아옵니다.

여러분이 잘 아시는 대로, 모세도 때때로 시험을 받았습니다. 모세는 혈기의 사람이었습니다. 하나님께서 주신 비석을 감히 내던지지 않았습니까. 혈기를 주체하지 못한 것입니다. 그러나 그는 하나님 앞에 곧 무릎을 꿇습니다. 우리가 잘 아는 베드로도 예수님을 세 번이나 모른다고 합니다. Three fold denial, 3중 부인입니다. 부인하고, 맹세하고, 저주하고…… 이렇게 세 번입니다. 그러나 닭이 울 때 그는 예수님의 말씀을 떠올리고 크게 회개합니다. "네가 닭이 울기 전에 세 번 나를 부인하리라." 그 말씀을 떠올리면서 통곡합니다. 베드로도 시험에 깊이 빠졌다가 구원을 받은 것입니다. 이것을 잊지 말아야 합니다. 사도 바울은 말합니다. '나는 그리스도와 함께 십자가에 못 박혔다(I am crucified with Christ).' 자기는 그리스도와 함께 죽었다, 옛 사람은 죽었다, 하고 못박아놓고 새사람으로 살아갑니다. 얼마나 중요한 말씀입니까.

오늘본문은 말씀합니다. "죄의 유혹으로 완고하게 되지 않도록 하라(13절)." 예전 번역으로는 '강퍅케 됨을 면하라'입니다. 야고보서는 말씀합니다. '욕심이 잉태해서 죄를 낳고, 죄가 장성한즉 사망을 낳는다.' 심리학적으로도 중요한 말씀입니다. 욕심이 잉태하는 것입니다. 이것이 그냥 흘러가야 되는데, 마음속에 자리를 잡게 됩니다. 백화점에서 좋은 물건을 보고 '좋구나! 예쁘구나!' 하고 지나가면 될 텐데, 그 앞에 딱 서 있는 사람이 있습니다. 발이 안 떨어진다고들 합니다. 그러면 사고에 빠지는 것입니다. 그래서 이스라엘 랍비의 재미있는 교훈이 있습니다. 누가 물었습니다. "길을 가다가 예쁜 여자를 만나면 어떻게 할까요?" 랍비가 답합니다. "그때는 그냥 보고 감상을 해라." 그냥 '참으로 아름답구나! 예쁘구나! 창조주께서는 솜씨가 참 훌륭하시구나!' 하고 감상을 하라는 것입니다. "하지만 한 번 보고 돌아선 다음에는 두 번 다시 보지 말라." 한 번 보고 돌아섰으면 그만이지, 다시 보고 거기에 끌려가면 안 된다, 이것입니다. 그래서 마르틴 루터는 이렇게 말합니다. '새가 머리 위로 지나가는 것을 막을 수는 없지만, 새가 내 머리 위에 둥지를 트는 것은 막아야 된다.' 이 얼마나 근사한 표현입니까. 욕심도 있고, 화려함도 있고, 유혹도 있습니다. 하지만 그냥 지나가면 되는 것입니다. 그러나 자리를 잡으면 안 되는 것이고, 잉태한 욕심을 가만히 방치하면 그것이 자라고 성장해서 나중에 사망에 이른다고 하는 것입니다. 이걸 잊지 말아야 합니다.

완고하게 되지 않도록 하라, 강퍅케 됨을 면하라…… 이 말은 헬라어로 '스켈레뤼네테'입니다. 굳어진다는 뜻입니다. 과학적으로 표현하면 화석화되는 것입니다. 딱딱하게 굳어서 빠져나올 수 없는 상태를 가리키는 말입니다. 신학적으로 말하면 버림받은 것입니다. 은총에서 버림받은 것입니다. 은총 안에 있는 사람이 있습니다. 그는 가능성이 있는 사람입니다. 하지만 버림받은 사람은 강퍅하게 됩니다. 다시 말하면 심판을 받은 것입니다. 그러므로 완고하게 되지 않도록 하라, 강퍅케 됨을 면하라고 우리에게 가르쳐줍니다.

오늘본문은 우리가 완고하게 되지 않는, 강퍅케 됨을 면하는 방법 몇 가지를 말씀해줍니다. 첫째는 음성을 듣거든 응답하라는 것입니다. 하나님의 음성이 들려옵니다. 회개하라는 음성, 겸손하라는 음성, 참으라는 음성이 들려옵니다. 그때 그 하나님의 음성에 순종해야 된다는 것입니다. 그 음성에 응답해야 되는 것입니다. 양심의 소리가 들려올 때, 성령의 말씀이 들려올 때, 내 마음에 들려오는 그 말씀에 마음을 열고 응답해야 된다, 이것입니다. 물리치지 말고, 거절하지 말고, 음성을 듣거든 응답하라는 것입니다. 여러분 가정에서도 어머니의 말씀을 들어야 됩니다. 아버지의 교훈이 생각나거든 그 말씀에 응답해야 됩니다. 말씀과의 관계, 이 인격적 관계를 벗어나면 안 됩니다. 그리고 음성이 들려오거든 오늘 무릎을 꿇고, 오늘 돌아서라고 말씀합니다. 그리고 매일 점검하고, 계속해서 점검해야 합니다. 한마디로 자기 성찰이 필요한 것입니다. 하루도 게을러서는 안 됩니다. 기도에 게을러서도 안 되고, 말씀 상고하는 일에 게을러서도 안 됩니다. 주님의 음성이 가까이 들려오도록 날마다 점검해야 됩니다.

마가복음 9장에 특별한 말씀이 있습니다. 예수님과 제자들이 변화산에 올라가 있을 때 남은 아홉 제자는 그 산 밑에 남아 있지 않았습니까. 그때 한 아버지가 귀신들린 아이를 데리고 제자들을 찾아와 아이를 고쳐달라고 합니다. 그러자 이 아홉 제자가 전부 그 귀신을 내쫓으려고 시도합니다. "나가라! 나가라! 나사렛 예수의 이름으로 명하노니, 나가라!" 아무리 애를 써도 귀신이 나가지 않습니다. 예수님께서 내려 오셔서 그걸 보시고 조용히 이르십니다. "믿음이 없는 세대여." 그리고 귀신더러 나가라고 꾸짖으십니다. 귀신이 나가고, 아이가 깨끗해집니다. 제자들이 놀라서 예수님께 여쭈어봅니다. "왜 저희는 귀신을 나가게 하지 못한 것입니까?" 실은 여기에 주를 좀 달아야 합니다. 제자들의 말은 이것입니다. "며칠 전에는 귀신에게 나가라고 할 때 나갔는데, 왜 오늘은 안 나간 것입니까? 며칠 전에는 능력이 있었는데, 왜 오늘은 능력이 없는 것입니까? 왜 저희는 귀신을 내쫓지 못한 것입니까?" 이에 예수님께서 중요한 대답을 하십니다. "기도 외에는 이런 유가 나갈 수 없느니라." 무슨 말씀입니까? '어제 기도했다면 어제 할 수 있었지만, 오늘 기도하지 않았기 때문에 오늘 무능해진 것이다.' 이런 말씀인 것입니다. 여러분, 하루도 기도를 쉬면 안 됩니다. 한 시간도 기도를 쉬면 안 됩니다. 오늘 기도하고야 오늘 시험을 이길 수 있습니다. 조그마한 일이라도 돌아서서 기도하십시오. 무릎을 꿇고 기도하고서야 시험을 물리칠 수 있습니다.

그런가 하면 오늘본문에 나오는 '피차 권면하여'라는 말씀이 아주 인상적입니다. 피차 권면하여…… 여러분, 우리가 잘못되려고 할 때 우리를 권면하는 자가 있습니다. 친구를 통해서든지, 옆에 있는 교우를 통해서든지, 반드시 권면하는 사람이 나섭니다. 문제는 이 권면을 받아들여야 한다는 것입니다. 조용하게 받아들이는 마음이 있어야 되는 것입니다. 친구의 권면, 교인들의 권면, 목사님의 권면…… 권면을 받아들이는 것이 중요합니다. 그래서 교회라는 공동체 속에서 피차 권면함으로 나약함으로부터 벗어나고, 시험으로부터 벗어나야 한다는 말씀입니다. 여러분, 깊이 생각해보십시오. 아직 양심의 소리가 들리십니까? 양심의 소리를 확대해야겠습니다. 하나님의 음성이 들리십니까? 그대로 무릎을 꿇어야 되겠습니다. 우리가 공동체 속에 있습니까? 모든 사람을 반갑게 대하며, 서로 존경하면서 그 속에서 나의 정체를 바로 찾아나가는 겸손이 필요합니다. 오늘 여러분의 신앙적 인격의 현주소가 어디에 있습니까?

마르틴 루터에게 누가 물었습니다. "술에 취한 친구를 말에 태워 보내야 하는데, 태우기 힘들다면 어떻게 하면 좋을까요?" 그때 루터는 이렇게 답합니다. "내가 술 취한 친구와 함께 말안장에 올라가야 한다. 술에 취한 친구를 구원하기 위해서는 내가 함께 가는 길 밖에는 방법이 없다." 그렇습니다. 한 사람을 구원하기가 이렇게 어려운 일입니다. 나의 신앙적 인격의 현주소를 물어봅시다. 그리고 항상 자기 성찰을 하면서 하나님 앞에서 내가 어디까지 가 있는지를 점검해야 합니다. 지금 내 말과, 내 마음과, 내 생활 속에 어떤 시험이 있는가를 잘 점검하면서 돌이킬 수 있을 때 돌이켜야 하겠습니다. 회개할 수 있을 때 급히 회개하고, 용서할 수 있을 때 용서해야 하는 것입니다. 여러분, 마음속 깊이 생각하십시다. 강퍅케 됨을 면하라! △

그 목자의 기쁨

모든 세리와 죄인들이 말씀을 들으러 가까이 나아오니 바리새인과 서기관들이 수군거려 이르되 이 사람이 죄인을 영접하고 음식을 같이 먹는다 하더라 예수께서 그들에게 이 비유로 이르시되 너희 중에 어떤 사람이 양 백 마리가 있는데 그 중의 하나를 잃으면 아흔아홉 마리를 들에 두고 그 잃은 것을 찾아내기까지 찾아다니지 아니하겠느냐 또 찾아낸즉 즐거워 어깨에 메고 집에 와서 그 벗과 이웃을 불러 모으고 말하되 나와 함께 즐기자 나의 잃은 양을 찾아내었노라 하리라 내가 너희에게 이르노니 이와 같이 죄인 한 사람이 회개하면 하늘에서는 회개할 것 없는 의인 아흔아홉으로 말미암아 기뻐하는 것보다 더하리라
(누가복음 15 : 1 - 7)

그 목자의 기쁨

　제2차 세계대전 때 독일의 히틀러가 유대인 6백만 명을 죽였다는 사실을 우리가 잘 알고 있습니다. 참으로 의심할 수밖에 없는 엄청난 숫자입니다. 한국전쟁을 3년 동안 치르면서 민간인까지 다 포함해서 3백만 명이 죽었다고 하는데, 히틀러는 유대인들을 여기저기서 마구잡이로 체포를 해다가 무려 6백만 명이나 죽인 것입니다. 역사상 유례를 찾을 수 없는 끔찍한 사건입니다. 이 히틀러가 온 세계를 전쟁 속으로 몰아넣고 있을 때 보란 듯이 담대하게 설교했던 신학자가 있습니다. 바로 본회퍼 목사님입니다. 그는 설교에서 늘 이런 이야기를 했다고 합니다. "여러분, 어느 미친 운전기사가 술에 만취한 상태에서 버스를 운전하고 있다고 칩시다. 버스가 방향을 못 잡고 좌충우돌하면서 지금 많은 사람들이 다치고 있습니다. 만일 당신이 그 현장에 있다면 어떻게 하겠습니까? 다친 사람들을 뛰어다니면서 치료하겠습니까? 아니면 손을 모으고 기도만 하겠습니까? 또 아니면 죽은 사람을 모아다가 장례식을 치르겠습니까? 이도저도 아니면 이 미친 운전기사를 버스에서 끌어내리겠습니까?" 이렇게 그는 우리 그리스도인들이 할 일이 무엇이냐고 외치며 설교했습니다. 이 젊은 신학자의 한마디가 '해방신학'이라고 하는 신학의 계기를 만들어내기도 했습니다.
　결국 그는 히틀러 정권에 붙들려가서 투옥되고 옥고를 치르다가 처형을 당하게 됩니다. 그리고 그는 처형되기 직전 기도하는 중에 환상을 보았다고 합니다. 기록을 보면 대단히 심각한 것입니다.

그 환상의 내용은 이렇습니다. 그가 하늘나라에 올라갔는데, 히틀러가 잡혀 와 하나님의 심판대 앞에서 재판을 받고 있었답니다. 하나님께서 히틀러에게 이르십니다. "너는 그동안 많은 사람들을 괴롭히고, 피를 흘리게 하고, 온갖 못할 짓을 했으므로 지옥에 떨어져라!" 그러자 히틀러가 벌벌 떨면서 변명을 합니다. "하나님, 저는 죽어서 이러한 세계가 있다는 것을 알지 못했습니다. 만약 알았다면 저는 그 같은 범죄를 저지르지 않았을 것입니다. 누구 한 사람 제게 알려주지도 않았고, 천국과 지옥이 있다는 복음을 전해준 적도 없습니다." 그 순간 본회퍼는 가슴을 치며 회개했다고 합니다. '주님, 저는 이 영혼을 불쌍히 여겨 전도할 생각은 전혀 없었습니다. 그저 이 못된 놈을 끌어내릴 생각만 했습니다. 아니, 끌어내려달라고 기도했습니다. 하나님, 이 사람을 위해서 기도하지 못한 죄를 용서해주십시오.' 이것이 본회퍼가 보았던 환상입니다. 그리고 여기에서 사회주의와 복음주의가 갈라집니다. 대단히 중요한 장면입니다.

오늘본문은 우리가 너무나 잘 알고, 또 우리에게 아주 익숙한 말씀입니다. 오늘본문에 나타난 목자의 관심이 무엇입니까? 이 목자는 말합니다. "나와 함께 기뻐하자." 자신이 기쁠 뿐만 아니라, 모든 사람들을 불러서 함께 기뻐하자고 잔치를 엽니다. 이 기쁨의 깊은 곳에 있는 요소는 무엇이고, 근본은 뭐겠습니까? 우리가 잘 아는 바와 같이 잃어버린 양 한 마리를 찾아냈다고 하는 기쁨인 것입니다. 그런데 여기서 한 번쯤 생각해보아야 합니다. '한 마리의 양'입니다. 여기에 백 마리의 양이 있습니다. 하지만 편안하게 지내는 양들에 대해서는 큰 관심이 없습니다. 잃어버린 양 한 마리가 중요합니다. 사회학적으로나 경제학적으로나 참 중요한 말씀입니다. 한마디로 양보다 질입니다. 아흔아홉 마리가 여기에 있는데, 그까짓 한 마리가 어디를 가든 말든 그게 무슨 상관이냐고 할 수도 있을 것입니다. 그러나 오늘본문은 이 '한 마리 양'에 집중하고 있습니다.

이런 맥락에서 현대인의 큰 과오라고 한다면 목적보다 결과에 치중한다는 것입니다. 어떤 목적으로 했는지, 어떤 과정이 있었는지를 생각하지 않고, 결과물만 가지고 평가합니다. 이것이 이른 바 '성과주의'라고 하는 것입니다. 그런가하면 질보다 양을 추구하는 경우가 있습니다. 여러분, 큰 집에 살고 계십니까? 이런 것이 다 양을 추구하는 것입니다. 큰 집에 살고서도 행복하지 못한 사람이 있습니다. 우리가 질에는 관심이 없고, 물량적인 것, 양적인 것에만 치중한다면 문제입니다. 그런가하면 함께하는 기쁨보다 이기적인 기쁨이 있습니다. 남의 것을 빼앗고서 내가 기뻐할 수는 없습니다. 잘못된 방법으로 부자가 되었다면 단잠을 잘 수 없는 것입니다. 기쁨은 함께 나누게 되어 있습니다. 남을 기쁘게 하고야 내가 기뻐할 수 있는 것입니다. 나와 관계하는 모든 주변사람들이 편안해야 나도 편안할 수 있는 것입니다. 다른 사람에게 눈물을 흘리게 하면서 어찌 내가 기뻐할 수 있겠습니까. 이것이 바로 현대인의 큰 잘못입니다.

오늘본문에서 이 목자는 양 한 마리를 사랑했습니다. 그리고 양의 아픔을 생각합니다. 하찮은 양입니다. '양 한 마리, 그까짓 것!' 하고 생각할 수도 있습니다. 여기 백 마리나 있는데, 그 한 마리쯤 죽든 말든, 뭐 그리 대단하겠습니까. 그 양 한 마리 때문에 잠을 못 잔다고 하면 그건 말이 안 되는 일일 수도 있습니다. 하지만 이 목자는 그렇지 않습니다. 그는 양의 아픔을 생각합니다. 마치 자기가 아픈 것처럼 말입니다. '이 잃어버린 양, 이 길 잃은 양이 얼마나 고통스러울까? 바위틈에 끼어 있나? 벼랑에 굴러 떨어졌나? 넝쿨에 걸렸나? 가시에 찔렸나? 맹수에 물렸나?' 이렇게 여러 가지로 불길한 상상을 해봅니다. 양의 아픔을 목자도 느끼고 있는 것입니다. '양이 지금 얼마나 고통을 당하고 있을까? 어딘가에서 울면서 나를 기다리고 있을 텐데……' 하면서 말입니다. 그래서 양이 고통을 당하는 동안은 목자도 절대로 편할 수가 없는 것입니다. 자기가 사랑하는 양의 아픔을 함께 느끼고 있는 것입니다. 양의 아픔이 곧 나의 아픔입니다. 아마도 양을 잃어버리고 나서 목자는 잠을 잘 수도 없고, 식사를 할 수도 없었을 것입니다. 그렇게 목자는 양의 고통을 온몸으로 느끼면서 양을 사랑했습니다.

뿐만 아니라, 오늘본문을 자세히 보면 목자는 양에게 책임을 묻지 않습니다. 가령 이렇게 말하면 어떻겠습니까? "그놈이 이리저리 뛰고 돌아다니면서 말을 안 듣고 말썽을 부리더니 기어이 혼자 멀리 떨어져버렸구먼." 이렇게 양에게 책임을 물을 수도 있습니다. 어찌 보면 양이 잘못한 것이지요. 대열에서 떠났기 때문입니다. 이렇게 여러 가지로 양에게 책임을 물을 수 있지만, 목자는 절대로 양에게 책임을 묻지 않습니다. 목자는 양을 비판하지도 않았습니다. "네 책임이다!" 묻지 않습니다. 이 본문 바로 뒤에 탕자의 비유가 나옵니다. 잃은 양의 비유와 탕자의 비유 사이에는 서로 다른 점이 있습니다. 탕자의 비유에서 아버지는 탕자가 집을 나간 다음 끝까지 기다렸지만, 잃은 양의 비유에서 목자는 양이 돌아오기를 그냥 앉아서 기다리지 않고 몸소 찾아 나섰다는 점입니다. 이야기가 다르지요? 더 적극적입니다. 이 탕자의 비유에서 또 하나 중요한 점은 탕자가 돌아왔을 때 그 아버지가 탕자의 과거를 묻지 않았다는 점입니다. 이 얼마나 중요합니까. "왜 집을 나갔느냐? 그동안 어떻게 살았느냐? 그러니 나가지 말라고 하지 않더냐? 왜 기어 들어왔느냐?" 할 말이 많습니다. 하지만 이 아버지를 보십시오. 어쩌면 그렇게도 아무 말이 없습니까. 말 없는 그것이 아버지의 마음이요, 아버지의 사랑입니다. 아무 비판도 하지 않습니다. "살아 돌아왔으니 나는 기쁘다. 죽었다 살았고, 잃었다 얻었노라." 이것이 아버지의 마음입니다. 오늘 이 목자도 전혀 양한테 책임을 묻지 않습니다. 좀 더 나아가서는 이런 생각도 해봅니다. 물론 성경에는 없는 내용입니다. 목자는 지금 양을 잃어버린 것이 자기 책임이라고 생각하고 있습니다. '아마 내가 잘못했기 때문일 것이다.' 이것이 사랑이요, 사랑의 본질입니다. 사랑은 책임을 남에게 묻지 않습니다. 모든 책임을 내가 지고, 남의 책임까지도 내가 지는 것입니다. 이걸 잊지 말아야 합니다.

저는 종종 교인들과 상담을 합니다. 그때 보면 흔한 고충 가운데 하나가 자녀의 가출입니다. 아이들이 가출했을 때 그 부모가 얼마나 마음이 아프겠습니까. 그 어머니 마음이 얼마나 답답하겠습니까. 그래 제게 와서 하소연합니다. 지금 아이가 어디에 있는지도 모르겠고, 아버지가 못되어가지고 아이가 나간 것 같다는 둥 하면서 별의 별 이야기를 다 합니다. 그러면 제가 딱 한마디 물어봅니다. "아이가 집을 나갔는데, 그 책임이 어디에 있다고 생각하십니까? 아이가 나가기 전에 무슨 말을 했습니까?" 이렇게 물으면 한결같이 이렇게들 답합니다. 아이가 속을 썩이고 말썽부릴 때 "나가 죽어라!" 했다는 것입니다. 그러면 제가 이렇게 말합니다. "나가 죽으라고 했는데, 아직 죽지 않았으니까 그 아이는 효자요." 여러분, 자녀가 집을 나간 이유가 어디에 있습니까? 자식에게 물을 겁니까? 그건 사랑이 아닙니다. 자식이 가출했다면 이렇게 생각해야 합니다. '어딘가 모르게 내가 아이를 섭섭하게 했구나! 내가 잘못했구나!' 바로 이것입니다. 이것이 사랑입니다. 어떤 분은 남편이 밖으로만 돈다고 제게 와가지고 자기가 시집을 잘못 왔는지 못된 남편 만나가지고 이렇다고 말합니다. 그런데 좀 더 자세하고 깊이 이야기하다 보면 이런 말을 합니다. "제가 생각하더라도 남편이 집에 들어올 마음이 없을 거예요." 여러분, 집에 들어올 마음이 들도록 해야지, 분위기를 엉망으로 만들어놓은 책임은 내게 있는데, 나간 사람만 비판하고 있으면 되겠습니까.

오늘본문의 목자는 말이 없습니다. 그가 잃어버린 양을 그토록 애타게 찾는 이유는 책임이 자기한테 있다고 생각하기 때문입니다. 내가 양을 잘 돌보지 못했고, 어딘가 모르게 말썽부리는 양에게 특별히 관심을 기울이지 못했다고 생각하는 것입니다. 그래서 양이 집을 나갔고, 우리를 떠났다, 이것입니다. 양을 잃어버린 책임이 자기한테 있다는 것입니다. 여러분, 어떤 큰일이라도 책임이 내게 있다는 것을 잊지 말아야 합니다. 스데반이 순교당할 때 참으로 뜻 깊은 기도를 드립니다. "하나님이시여, 이 허물을 저들에게 돌리지 말아주십시오." 무슨 기도입니까? 그 깊은 뜻을 누가 알겠습니까마는, 짐작해볼 수는 있습니다. 저들이 저렇게 포악해지고, 마침내 자기한테 돌을 던지게까지 되었는데, 그것은 무엇인가 자신이 저들을 화나게 하고, 격분하게 했는지도 모른다, 이것입니다. 그들이 분노하게 된 책임이 자기한테 있다고 하는 것이지요. "주여, 이 허물을 저들에게 돌리지 말아주십시오." 이것이 책임지는 마음이요, 사랑입니다.

오늘본문에서 가장 감동적인 것은 찾아내도록 찾았다는 것입니다. 찾을 때까지 찾았다, 이것입니다. 참으로 행동적입니다. 멀리서 마음 아파하고 눈물만 흘리고 있지 않았습니다. 수동적으로 감상에 빠져 있는 것이 아니라, 행동으로 자기가 희생을 하고 있습니다. 목자 자신이 직접 험한 길을 다니면서 찾았다는 것입니다. 너무나도 귀한 말씀입니다. 주님께서 몸소 우리를 찾아오셨습니다. 높은 보좌에 계시면서 말씀만 하시는 것이 아니라, 찾아내기까지 찾아다니셨습니다. 그러시기 위해서 이 땅에 오신 주님의 모습입니다. 이 목자는 양을 찾은 다음에는 그 양으로 말미암아 기뻐합니다. "내가 잃었던 양을 찾았노라. 나와 함께 기뻐하자." 이 양이 얼마짜리인가를 물을 것이 아닙니다. 이 양이 얼마나 건강하고, 얼마나 쓸 만한가는 중요하지 않습니다. 이 양을 위해서 지불된 희생이 너무나 많습니다. 양 한 마리를 위해서 너무나 많은 수고를 했기 때문에 찾고서 기뻐하는 것입니다. 수고한 만큼 행복한 것이고, 수고한 만큼 소중한 것입니다. 그래서 목자는 "나와 함께 기뻐하자!" 하면서 온 동네 사람들을 청해서 잔치를 엽니다. 함께 기뻐하는 마음, 이것이 천국의 기쁨입니다.

　오늘본문에서 예수님께서는 마지막에 이렇게 말씀하십니다. "내가 너희에게 이르노니 이와 같이 죄인 한 사람이 회개하면 하늘에서는 회개할 것 없는 의인 아흔아홉으로 말미암아 기뻐하는 것보다 더하리라(7절)." 잃었다가 되찾았다는 것입니다. 여러분, 무엇을 잃었다가 되찾아본 일이 있습니까? 얼마나 소중합니까. 나의 나 된 가치는 지불된 가치입니다. 주께서 십자가에 돌아가심으로 엄청난 값을 이미 지불하셨습니다. 그 지불된 만큼 나의 값은 소중한 것입니다. 주께서 나를 위하여 십자가를 지셨기 때문에 그만큼 나는 소중한 존재입니다. 이걸 잊지 말아야 합니다.

여러분, 한 영혼을 위해서 기도해보셨습니까? 이제는 이웃만이 아니라, 형제만이 아니라, 우리 눈에 거슬리는 모든 사람들까지도 생각하면서, 그 이름을 불러가며 기도하는 희생도 할 수 있어야 하겠습니다. 그렇습니다. 희생하면서 기도해야 합니다. 그의 아픔을 함께하며 기도해야 합니다. 여기에 다시 찾는 기적이 있습니다. 잃었던 양을 다시 찾은 자의 기쁨과 감격이 그 속에 있는 것입니다.
△

지금 내가 기뻐하는 이유

형제들아 내가 당한 일이 도리어 복음 전파에 진전이 된 줄을 너희가 알기를 원하노라 이러므로 나의 매임이 그리스도 안에서 모든 시위대 안과 그 밖의 모든 사람에게 나타났으니 형제 중 다수가 나의 매임으로 말미암아 주 안에서 신뢰함으로 겁 없이 하나님의 말씀을 더욱 담대히 전하게 되었느니라 어떤 이들은 투기와 분쟁으로, 어떤 이들은 착한 뜻으로 그리스도를 전파하나니 이들은 내가 복음을 변증하기 위하여 세우심을 받은 줄 알고 사랑으로 하나 그들은 나의 매임에 괴로움을 더하게 할 줄로 생각하여 순수하지 못하게 다툼으로 그리스도를 전파하느니라 그러면 무엇이냐 겉치레로 하나 참으로 하나 무슨 방도로 하든지 전파되는 것은 그리스도니 이로써 나는 기뻐하고 또한 기뻐하리라

(빌립보서 1 : 12 - 18)

지금 내가 기뻐하는 이유

여러분이 너무나도 잘 아시는 아브라함 링컨 대통령에게 누군가가 이렇게 물었다고 합니다. "대통령께서 이렇게 크게 성공할 수 있었던 비결이 무엇입니까?" 이 질문에 링컨은 껄껄 웃으면서 그것은 '실패'라고 대답했습니다. 많은 실패가 성공의 비결이었다는 것입니다. 링컨은 적어도 열다섯 번이나 낙선하는 실패를 맛보았습니다. 그 많은 실패들 가운데에서 겸손을 배우고, 그 많은 실패들 속에서 기도하면서 그는 성공의 길을 찾았다, 이것입니다.

심리학자인 스콧 펙이 쓴 「끝나지 않은 여행(The Road Less Traveled)」이라는 명저가 있습니다. 그는 이 책에서 몇 가지 진리를 우리에게 설명해줍니다. 첫째, 삶 속에는 고통과 즐거움이 공존한다는 것입니다. 여러분, 생각해보십시오. 아무리 고통스러운 일이라도 그 속에는 기쁨이 있고, 아무리 좋은 일이라도 그 속에는 문제가 있습니다. 크고 작은 많은 문제와 고통을 함께 가지고 지내는 것입니다. 그러니까 고통과 즐거움은 서로 공존한다, 이것입니다. 이 진리 하나만 잊지 않아도 이 세상을 넉넉히 바르게 살아갈 수 있다, 이것입니다. 고통스러운 일이라고 해서 정말 고통스러운 일만 있는 것은 아닙니다. 또 즐거운 일이라고 해서 정말 즐거운 일만 있는 것도 아닙니다. 이 모든 것에 대한 깊은 의미를 알아야합니다.

아프리카 선교사로서 엄청난 희생과 수고로 한평생을 보낸 리빙스턴이 영국을 방문하여 많은 대학을 다니며 강연하고 있을 때 어떤 사람이 그에게 이렇게 물었습니다. "당신은 아프리카에서 사자에게 물리고, 뱀에게 물리고, 전염병에 걸려서 투병도 하셨습니다. 그 많은 희생과 고통 속에서 얼마나 힘드셨습니까?" 그때 리빙스턴이 대답한 말입니다. "희생이라는 말은 쓰지 말아주십시오. 제게는 희생이 없었습니다." 여러분, 남 보기에는 정말 극단적인 많은 희생이 있었습니다. 하지만 이렇게만 보는 것은 잘못된 생각입니다. 그 희생과 고통 속에도 엄청난 즐거움이 있었고, 엄청난 보람이 있었다, 이것입니다. 그래서 리빙스턴은 함부로 희생이라는 말을 하지 말라고 했던 것입니다. 명언입니다.

둘째, 일에 대한 가치와 의미를 아는 것이 중요하다는 것입니다. 요새 와서 흔히들 양적 인생이냐, 질적 인생이냐 하는 말을 합니다. 오늘 우리는 양적으로는 이만하면 살 만합니다. 하지만 질적으로는 옛날만 못하다는 느낌을 지울 수 없습니다. 옛날 가난하고 어려울 때가 지금보다 더 행복하지 않았나, 하는 생각을 합니다. 옛날 그 가난하고 어려울 때에는 정말 밥 한 그릇을 나누어 먹으면서도 그렇게나 따뜻하게 살아갈 수 있었는데, 요새 와서는 그렇지 못한 것을 너무나 흔히 봅니다. 근래 들어 사람들이 '어떻게 하면 치매를 예방할 수 있을까?' 하고 많이들 연구를 하고 있는데, 이 치매의 가장 큰 원인이 고독이라고 합니다. 그럼 고독은 어디에서 오는 것입니까? 바로 가정을 떠난 데에서 온다는 것입니다. 가정의 개념을 잃어버린 것입니다. 고독은 무서운 병입니다. 고독은 우울증으로 가고, 우울증은 파멸로 가는 것입니다. 그렇기 때문에 삶이 물량적으로 커졌고, 집도 좋은 집이 됐고, 우리가 타는 차도 좋은 차가 됐지만, 결국 가정을 잃어버리면 안 된다는 것입니다. 가정의 유대관계, 그 뜨거운 일체감이 있어야 질적으로 높아지는 삶이지, 나만 행복할 수는 없습니다. 그런고로 삶의 의미, 삶의 질을 찾아 나가야 한다는 것입니다.

셋째, 진실에 충실해야 한다는 것입니다. 사람은 얼마만큼 행복한가, 할 때 진실한 만큼 행복하다, 이것입니다. 마찬가지로 얼마만큼 불행한가, 할 때 거짓말 한 만큼 불행하다, 이것입니다. 이 얼마나 절절한 얘기입니까. 거짓말을 많이 하고 살면 그것은 그만큼 완전히 불행한 삶이다, 이것입니다. 비록 우리가 혼란한 가운데 살아도 자기 나름의 진실을 찾아서 살면 그것이 바로 질적으로 성공하는 인생이다, 이것입니다.

넷째, 균형 잡힌 가치관을 가지고 살아야 한다는 것입니다. 어차피 우리는 모든 것을 다 가지지 못합니다. 포기하고 선택하고, 선택하고 포기합니다. 선택하기 위해서 포기해야하는 것입니다. 다 가지려고 하면 안 됩니다. 어차피 하나를 얻기 위해서는 다른 하나를 과감하게 버려야 됩니다. 이것을 바로 하지 못하면 그의 인생은 무너집니다. 이것이 스콧 펙의 이론입니다.

오늘본문에서 사도 바울은 로마 감옥에 갇혀 있습니다. 제가 이 로마 감옥을 오래전에 몇 번 가 본 적이 있습니다. 지하에 있는 돌로 된 감옥입니다. 창문도 잘 보이지 않고, 그나마 멀리 있어서 햇빛도 잘 안 들어옵니다. 그런 감옥에 지금 바울이 갇혀 있는 것입니다. 언제 죽을는지 모릅니다. 그런 절박한 상황에서 어찌 이런 말을 할 수 있었는지 참 놀랍습니다. "이로써 나는 기뻐하고 또한 기뻐하리라(18절)." 이 빌립보서를 가리켜서 '희락의 복음'이라고 합니다. '내가 다시 말하노니 기뻐하라. 주 안에서 기뻐하라. 항상 기뻐하라. 계속 기뻐하라.' 이런 말이 많기 때문에 빌립보서를 우리가 희락의 복음이라고 하는 것입니다. 오늘본문에서도 말씀합니다. "이로써 나는 기뻐하고 또한 기뻐하리라." 그 고난의 감옥 속에서 사도 바울만이 누리는 행복이 있었더라, 이것입니다. 그 행복이 참으로 우러러보입니다. 훌륭합니다. 존경스럽습니다. 바울에게 어떻게 그런 일이 있을 수 있었을까요? 참 신비롭지 않습니까. 오늘본문의 내용을 잘 들여다보면 그는 이렇게 말합니다. "알기를 원하노라(12절)." 내가 기뻐할 뿐만 아니라, 내 기쁨을 너희가 알기를 원하노라, 이것입니다. 엄청나지 않습니까. 내가 행복할 뿐만 아니라, 이 행복을 다른 사람들도 알기를 원한다, 이것입니다. 이 얼마나 중요합니까.

우리가 사도 바울을 생각해보면 그는 철저하게 복음만 생각하는 신조를 가지고 있었습니다. 그는 그야말로 교회만 생각하는 사도였습니다. 그의 생활철학 중심에는 복음만이 있었습니다. 오직 복음입니다. 복음이 전해질 수만 있다면 더 바랄 것이 없다, 이것입니다. 이대로 사라져도 좋고, 오늘 끝나도 좋다, 이것입니다. 이런 복음 중심의 세계관, 오직 복음만 확장되고, 세계적으로 복음이 전파될 수만 있다면 무슨 대가를 치러도 나는 기쁘고, 이 기쁨을 너희가 또한 알기를 바란다, 이것입니다. 그래서 그는 갈라디아서 1장에서 이렇게 말합니다. 유명한 말입니다. '내 어머니의 태로부터 택정함을 받아 이방인의 사도가 되었노라.' 그가 처음부터 그랬던 것은 아닙니다. 예수로 말미암아 구원받고, 하나님의 사람이 되고, 하나님의 사역자가 되고 나서 하루하루 생각해보니까 자신이 세상에 태어난 것부터가 특별하다는 것입니다. 그것부터가 선택적이라는 것을 알게 되었습니다. 그래서 그가 하는 말입니다. '어머니의 태로부터 택정함을 받아 이방인의 사도가 되었노라.' 그렇게 그는 예수 그리스도의 사도가 된 다음에 본질적으로 돌아가서 생각하게 됩니다. '나는 길리기아 다소에서 태어났고, 어머니가 나한테 성경을 가르쳐주셨고……' 그 모든 일을 죽 생각하면서 어머니의 태로부터 택정함을 받아 이방인의 사도가 되었노라고 말합니다. 그는 이렇게 세상에서 자신의 존재이유를 확실하게 알고 있었습니다. 그리고 지금 말합니다. 지금의 현실 상황, 환경은 상관이 없다고요. 왜요? 자신은 복음 전파를 위해 태어났으니까요. 복음만 전파되면 되는 것입니다. 복음 전파를 위해 살아왔으니까 복음 전파를 위해서 죽어도 그것은 조금도 잘못된 일이 아니라는 것입니다. 그는 그렇게 철저한 복음 중심의 세계관으로 오늘본문을 기록하고 있는 것입니다. 이렇게 사도 바울은 하나님의 큰 섭리를 생각하고, 그 하나님의 경륜 속에서 자기 현실을 이해하고 있습니다.

오늘본문말씀에는 몇 가지 특별한 교훈이 있습니다. 첫째는 '시위대 안'이라는 말입니다. 사도 바울은 지금 로마 감옥에 들어가 있습니다. 그 덕분에 로마의 고관들을 만나게 되었습니다. 역사적 배경을 보면 더 재미있습니다. 왜냐하면 사도 바울이 로마로 향하는 동안 276명이 타고 가던 배가 파손되지 않습니까. 그래서 많은 고생을 하게 되는데, 그 로마까지 가는 배의 총 지휘관이 백부장이고, 그 다음이 선장입니다. 그런데 풍랑을 만나 배가 파손되는 난리를 치르다보니 죄수로 있던 사도 바울이 위대해집니다. 그는 이 배는 파손되겠지만, 우리는 다 죽지 않을 것이라고 말합니다. 고난은 받겠지만, 죽지는 않을 것이라고 목소리를 높인 것입니다. 이 키 작은 사도 바울의 권세 있는 말 앞에 3백 명이나 되는 사람들이 무릎을 꿇습니다. 그리고 이 상황이 그대로 로마로 전해집니다. 이 소식을 듣고 로마 황제를 비롯한 모든 고관들이 이상하게 생각하여 서로 묻습니다. "이번에 잡혀온 죄수들 가운데 바울이라는 사람이 있다며? 그들이 오는 중에 신기한 사건이 있었다는데?" 이러면서 바울에게 관심을 기울입니다. 요즘도 청와대 비서실이 최고 아닙니까. 옛날 로마시대에는 황제의 시위대가 최고 권세를 쥔 사람들입니다. 이들이 몰래 사도 바울을 찾아와 한 사람 한 사람 일대일로 인터뷰를 합니다. "당신이 그 사람이요? 당신이 그 신비로운 사람이요?" 이렇게 사도 바울이 그들을 일대일로 만난 자리이니, 그 얼마나 전도하기 좋은 기회입니까. 더욱이 사도 바울이 만난 이 시위대 사람들은 지도력이 있는 사람들입니다. 그들이 예수를 믿게 되면 수만 명의 사람들이 그들의 뒤를 따라 예수를 믿게 될 것입니다. 그런 사람들입니다. 지도자 한 사람이 예수를 믿는다는 것, 권력자가 주께로 돌아온다는 것, 사회의 지도층에 있는 사람 하나가 하나님께 돌아온다는 것은 정말 중요한 일입니다. 왜요? 그들에게는 영향력이 있으니까요. 그 한 사람을 통해서 많은 사람들이 구원받을 수 있거든요. 그래서 그 한 사람, 그 지성인 한 사람, 그 지도자 한 사람이 중요한 것입니다. 그래서 하나님께서는 바로 이 지도자에게 복음을 전하시기 위해서 사도 바울을 감옥으로 보내신 것입니다. 참 오묘하지 않습니까.

그래서 교회사를 보면 사도 바울을 통하여 로마 황제가 예수를 믿게 됨으로써 불과 2백 년도 못 가서 대 로마제국이 기독교 국가가 됩니다. 놀랍지 않습니까. 사도 바울이 광장에 수만 명을 모아놓고 전도를 하거나, 대규모 집회를 해서 그렇게 된 것이 아닙니다. 로마가 복음화 되기까지는 사도 바울이 로마의 시위대 사람들, 그 고관들을 한 명 한 명 만났던 사건이 먼저 있었던 것입니다. 그것도 감옥에서 말입니다. 여러분, 이 사실을 아십니까? 건강한 사람이 병든 사람에게 전도 못합니다. 오히려 병든 사람이 건강한 사람에게 전도합니다. 부자가 가난한 사람에게 하는 전도는 잘 안 됩니다. 받아주지를 않습니다. 그렇지만 가난한 사람이 부한 사람에게 전도할 수는 있습니다. 바울도 감옥에 있는 죄수로서 고관들에게 복음을 전하게 되었다는 말입니다. 그래서 로마제국에 복음의 큰 역사가 나타나게 된 것입니다. 아주 중요한 선교전략입니다. 이 얼마나 오묘한 하나님의 섭리입니까.

　구약성경을 보십시오. 요셉이 어떻게 되었습니까? 억울하게 감옥에 들어가지 않습니까. 그 일로 말미암아 요셉이 그곳 친위대 사람들을 만나게 되고, 뒷날 마침내 애굽의 총리대신이 되기까지 이른 것입니다. 어떻습니까? 그때 요셉이 감옥에 들어가지 않았다면 총리대신이 될 수 있었을까요? 그 과정을 가만히 볼 때 오늘본문의 '시위대 사람들'이라는 말에 굉장히 중요한 의미가 있는 것입니다. 사도 바울이 감옥에 들어가서 로마의 고관들을 하나하나 만나게 되어 그 로마의 고관들이 예수를 믿게 되고, 나아가 황제가 교회를 핍박할 때 그 황제의 어머니와 황제의 딸이 예수를 믿게 되었다는 이야기가 전해져오고 있습니다.

　특별히 오늘본문에 재미있는 말씀이 있습니다. "겁 없이 하나님의 말씀을 더욱 담대히 전하게 되었느니라(14절)." 사도 바울 자신이 감옥에 있으니까 감옥 밖에 있는 사람들이 겁 없이 복음을 전하게 되었다는 것입니다. 참으로 의미심장한 말씀입니다. 저는 이것을 피부로 경험해보았습니다. 8·15 해방 전에 많은 목사님들, 장로님들이 감옥에 갇혔습니다. 신사참배 문제로 옥고를 치르게 된 것입니다. 그런데 목사님, 장로님 들이 감옥에 들어가 있는 동안 그분들이 없는 교회가 오히려 더욱 부흥이 됩니다. 감옥에 가 있는 분들을 생각하면서 사람들이 더욱 열심히 모인 것입니다. 6·25전쟁이 일어났을 때에도 마찬가지였습니다. 많은 목사님들이 감옥에 갇혀 있었는데도 새벽이면 교회에 사람들이 미어터지도록 모였습니다. 오묘하지요? 그때는 아직 정식으로 새벽기도회라는 것이 없던 시절입니다. 그래 교회에 불도 켜놓지 않았습니다. 그런데도 깜깜한 새벽에 교회에 나가서 보면 발 디딜 자리가 없을 지경이었습니다. 그렇게 교인들이 옹기종기 끼어 앉아 울면서 하나님 앞에 기도했습니다. 무엇이겠습니까? 사도 바울의 말처럼 우리 목사님이 겁 없이 감옥에 갇혀 있다는 것입니다. 사도 바울도 겁 없이 감옥에 있었습니다. 이걸 알기에 모두가 담대히 복음을 전하게 되었다는 말입니다. 비록 사도 바울은 감옥에 갇혀 고생을 하고 있지만, 복음의 역사는 오히려 더욱 놀랍게 확장되더라는 것입니다.

다음 말씀이 조금 더 신비롭습니다. 복음을 전하는 일에 뜻밖에도 경쟁이 생기게 되었다는 것입니다. 왜냐하면 어떤 사람들은 사도 바울을 괴롭히려고 전도를 했거든요. '그토록 열심히 복음을 전하던 사도 바울이 감옥에 갇혀 꼼짝도 못하고 있으니, 이때 우리가 밖에서 복음을 전하면 사도 바울이 얼마나 배가 아플까?' 참 못된 생각이지요? 이런 생각으로 전도를 했다는 것입니다. 그런가하면 사도 바울이 감옥에 갇혀 있는 이때에 더욱 열심을 내어야 하겠다는 마음으로 전도한 사람들도 있었습니다. 참 좋은 생각이지요? 그래서 사도 바울은 이렇게 기록합니다. "어떤 이들은 투기와 분쟁으로, 어떤 이들은 착한 뜻으로 그리스도를 전파하나니(15절)." 하지만 이어 말합니다. "무슨 방도로 하든지 전파되는 것은 그리스도니 이로써 나는 기뻐하고 또한 기뻐하리라." 역시 바울은 바울입니다. 이렇게 되나 저렇게 되나 바울은 기뻐합니다. 그는 경쟁, 시기, 질투 따위 상관하지 않습니다. 복음만 전해지면 된다, 이것입니다. 이것 하나로 그는 감사하고 기뻐하고 있습니다.

여러분, 오늘 우리는 깊이 생각해야 됩니다. 특별히 3·1절을 맞이하여 우리 다함께 생각합시다. 많은 사람들이 순교를 당합니다. 그들은 순교하면서 이걸 복음적으로 소화했습니다. 순교와 순국을 하나로 본 것입니다. 나를 위하는 것이 곧 그리스도를 위하는 것이고, 그리스도를 위하는 것이 곧 나라를 위하는 것이다, 이것입니다. 애국하는 것이 바로 믿음의 길이라고 생각한 것입니다. 우리 조상들은 정말 훌륭했습니다. 예전 찬송가에는 14장이 애국가였습니다. 교회에서 찬송가로 애국가를 부르며 나라를 위해서 그토록 많이 수고를 했습니다. 여러분, 우리 장로님이 돌아가시고, 우리 집사님이 돌아가시고, 우리 목사님이 감옥에 있다고 생각해보십시오. 얼마나 열심이 나겠습니까. 좌우간 그 당시에는 교회에 그렇게들 모여서 기도하고 찬송을 했는데, 설교할 사람이 없어서 제가 19살의 나이로 설교를 했습니다. 장로님들이 "네가 해라!" 그래서 제가 성가대 지휘도 하고, 설교도 하고 많은 봉사를 했었습니다. 이 얼마나 귀한 일입니까.

사도 바울이 지금 감옥에 있으면서 자기가 감옥에 있음으로 말미암아 이루어지는 놀라운 복음적 사역을 바라보며 고백합니다. '나는 기뻐하노라. 내 기쁨을 너희가 알기를 바란다.' 우리 믿음의 조상들이 그렇게 많은 희생을 당했습니다. 그로 인하여 오늘의 우리 교회가 있는 것입니다. 다시 한 번 깊이 생각하면서 환난과 고난을 통해서 역사하시는 하나님의 신비로운 경륜을 생각하고, 이 말씀을 깊이 새길 수 있기를 바랍니다. '내가 기뻐하노라. 이 기쁨을 너희가 알기를 바라노라.' △

하나님이 찾으시는 예배자

여자가 이르되 주여 내가 보니 선지자로소이다 우리 조상들은 이 산에서 예배하였는데 당신들의 말은 예배할 곳이 예루살렘에 있다 하더이다 예수께서 이르시되 여자여 내 말을 믿으라 이 산에서도 말고 예루살렘에서도 말고 너희가 아버지께 예배할 때가 이르리라 너희는 알지 못하는 것을 예배하고 우리는 아는 것을 예배하노니 이는 구원이 유대인에게서 남이라 아버지께 참되게 예배하는 자들은 영과 진리로 예배할 때가 오나니 곧 이 때라 아버지께서는 자기에게 이렇게 예배하는 자들을 찾으시느니라 하나님은 영이시니 예배하는 자가 영과 진리로 예배할지니라 여자가 이르되 메시야 곧 그리스도라 하는 이가 오실 줄을 내가 아노니 그가 오시면 모든 것을 우리에게 알려 주시리이다 예수께서 이르시되 네게 말하는 내가 그라 하시니라

(요한복음 4 : 19 - 26)

하나님이 찾으시는 예배자

저는 1960년부터 14년 동안 인천제일교회에서 목회했습니다. 그동안 기억에 남는 아주 인상 깊은 사건 하나가 있습니다. 그곳 장로님들 가운데 아주 착하고 진실한 분이 있었습니다. 그분 별명이 '예수님 동생'이었습니다. 왜 사람들이 그분을 '예수님 동생'이라고 부르게 되었느냐 하면, 그럴 만한 사연이 있습니다. 이분의 집에 가보면 안방에서 제일 밝고 잘 보이는 곳에 아주 낡은 커다란 배낭이 하나 걸려 있습니다. 그 배낭 밑에는 총구멍이 두 개가 나 있습니다. 장로님은 늘 그 배낭을 쳐다봅니다. 6·25 전쟁 때 북에서 남으로 피난을 오는데, 인민군이 뒤에서 장로님을 향해 총을 쏘았다는 것입니다. 그 총성이 울리는 순간 장로님은 저도 모르게 반사적으로 얼른 땅에 엎드렸지요. 한데 이상합니다. 분명히 총에 맞은 것 같기는 한데, 아픈 데가 없는 것입니다. 나중에 일어나서 살펴보니 배낭에 총구멍 두 개가 나 있는데, 정작 자신은 무사했더라, 이것입니다. 그래서 그 배낭을 기념으로 안방에다가 걸어놓고, 늘 그걸 쳐다본다는 것입니다. 그러면 그때마다 마음이 경건해지고, 그 옛날 전쟁 때 총을 피해 땅에 엎드려 '하나님 아버지!' 하고 기도했던 그 순간을 기억하면서 예배하는 마음으로 돌아간다는 것입니다. 또 사업이 잘 안 되고 어려울 때에라도 그 배낭만 한번 쳐다보면 근심이 다 사라지고, 아무 두려움도 없는 평화로운 마음이 된다는 것입니다. 여러분에게 결정적으로 예배하는 경건한 마음이 있었던 때는 언제였습니까? 꼭 한번 생각해보아야겠습니다.

오늘 본문에는 놀랍게도 예배라는 말이 열 번이나 나옵니다. 이 짧은 본문 속에 예배, 예배, 예배, 예배…… '프로스퀴네테스', '프로스퀴네오'라는 말이 계속 나오는 것입니다. 이것은 신앙의 자세에 대한 귀중한 말씀입니다. 예배, 예배하는 자, 예배하는 마음…… 아주 중요합니다. 우리가 하나님께로 나아갈 때 더러는 내 소원, 내 정욕, 내 욕심, 내 편리함을 위해서 나아가기도 합니다. 하지만 이 내 소원을 이루겠다는 마음이 더 나아가 하나님의 소원을 이루겠다는 마음으로 바뀌기도 합니다. 그래서 순종하는 마음으로 하나님의 말씀을 듣기도 합니다. 하지만 가장 중요한 자세는 예배하는 마음입니다. 그것은 바로 경배를 의미합니다.

예배는 먼저 신앙고백입니다. 하나님께서 살아계시고, 하나님께서 그분을 찾는 자에게 복 주시는 것을 믿고, 그분의 용서를 믿고, 그분의 사랑을 믿고, 그분의 긍휼을 믿고, 그분의 은총을 믿는 확실한 믿음, 그리고 그 믿음 안에서 감사와 찬송을 드리는 것입니다. 내 잡된 소원은 다 물러가고, 하나님 앞에 깨끗이 헌신하는 마음입니다. 하나님께로 가는 최고의 귀한 마음이 바로 예배입니다. 저는 이 예배하는 마음에서 가장 클라이맥스인 예배는 누가 드렸을까, 하고 생각해보았습니다. 그러다가 예수님의 어머니 마리아를 생각했습니다. 누가복음 1장 31절에 보면 천사가 와서 마리아에게 말합니다. "네가 잉태하여 아들을 낳으리라." 그때 마리아가 말합니다. "저는 남자를 모릅니다." 그러는 천사가 다시 말합니다. "하나님의 능력이 너를 덮어 네가 아들을 낳으리라." 이제 마리아가 말합니다. "주의 여종이오니 말씀대로 이루어지이다." 마리아는 전체를 맡긴 것입니다. 그 말씀에 모든 것을 맡겼습니다. 앞으로 어떻게 될 것인지 상관하지 않고 경배합니다. "주여, 말씀대로 이루어지이다." 이것이 예배하는 마음의 극치가 아니겠는가, 하고 생각해봅니다.

 하나님께서는 하나님의 백성들이 돌아오기를 기다리십니다. 아니, 기다리기만 하지 않으시고 당신이 몸소 찾아가십니다. 그래서 오늘본문을 자세히 보면 찾아오시는 분, 찾아가시는 분과 만나는 시간입니다. 그래 여기에서 예배가 이루어집니다. 예배의 극치가 이루어집니다. 이 얼마나 귀한 예수님의 말씀입니까. "네게 말하는 이가 곧 그니라." 너와 나와의 만남이 예배다, 예배의 극치다, 하는 말씀입니다. 그런데 그 만나는 장소가 중요합니다. 수도원이 아닙니다. 하나님을 만나기 위해서 많은 사람들이 수천 년 동안 그렇게나 애쓰던 곳이 수도원 아닙니까. 산속에 있는 거룩한 집, 기도하는 집인 그 수도원이 아닌 것입니다. 또 고행을 하면서 하나님을 만나려고 애쓰는 광야도 아닙니다. 에세네파 사람들이 그렇게 광야에 살았습니다. 제가 성지순례를 할 때 일부러 그쪽으로 가봤습니다. 광야의 굴 같은 곳에 허름한 집을 지어놓고 거기서 주님을 만나고 기도하며 일평생 살아갑니다. 제가 언젠가는 너무 멀어서 직접 가보지는 못하고 안내자에게 물었습니다. "저기에 지금 수도사가 몇 사람이나 있습니까?" 그랬더니 안내자가 대답을 이렇게 하더라고요. "원래 수도사라는 건 한번 들어가면 나오질 않기 때문에 저 속에 지금 정확히 몇 사람이 있는지 아무도 모릅니다." 맞습니다. 거기에 들어가면 기도하다가 거기서 생을 마감하기 때문에 지금 수도원에 몇 사람이 있는지를 모르는 것입니다. 여러분, 수도원도 아니고, 넓은 광야도 아닙니다. 생활의 현장입니다. 절박한 생활의 현장에서 예수님께서 이 여인을 만나고 계십니다. 바로 이 현장이 예배 장소요, 만남의 관계가 바로 예배였다는 것입니다.

 오늘본문에는 사마리아 여인의 이야기가 나옵니다. 이 여인이 물을 길어가려고 나왔습니다. 예수님께서 우물가에 홀로 계실 때 나온 것입니다. 성경은 말씀합니다. '뜨거운 햇볕이 내리쬐는 정오에 혼자서 물을 길러 나왔다.' 특별한 의미가 있습니다. 거기는 뜨거운 곳이기 때문에 아침저녁으로 서늘할 때 다니는 것입니다. 정오에는 다니지 않습니다. 뿐만 아니라, 많은 사람들이 모여서 집단적으로 서로 이야기를 나누며 물을 길으러 가는데, 이 여인은 혼자서 뜨거운 햇볕이 내리쬐는 시간에 나왔습니다. 필유곡절(必有曲折)입니다. 왜 그러한가를 충분히 알 만합니다. 이 여자는 부끄러운 여자입니다. 그래서 다른 사람과 만나기 싫은 것입니다. 다른 사람과 어울리는 것이 아주 불편한 사람입니다. 그래서 혼자서 이 뜨거운 햇볕 속에 나온 것입니다. 이 여인의 신분에 대해서 성경은 이렇게 말씀합니다. '이 여인은 남편 다섯이 있었다.' 본인도 말합니다. 지금 있는 남편은 자기 남편이 아니라고요. 그러니까 남의 남편하고 사는 것입니다. 그래서 남편이 다섯입니다.

 여러분, 상상해보십시오. 많은 사람들이 상상합니다. 한 사람은 죽었고, 한 사람하고는 이혼했고, 한 사람은 도망갔고…… 어쨌든 남편이 다섯입니다. 운명이 참 기구한 여자입니다. 게다가 지금 있는 남편도 자기 남편이 아닙니다. 남의 집 소실로 살아가는 사람입니다. 부끄러운 사람입니다. 아마도 우물에 오고 싶지도 않았던 것 같습니다. 그래서 예수님께서 "내가 주는 물을 마시는 자는 영원히 목마르지 아니하리니……" 하시니 이 여자가 대뜸 하는 말이 이렇습니다. "주여, 그런 물을 제게 주사 목마르지도 않고, 또 여기 물 길으러 오지도 않게 하시옵소서." 이 말 속에 깊은 의미가 있지 않습니까. 이 여인은 물 길으러 오기가 아주 싫은 것입니다. 짜증스러운 것입니다. 원망스럽습니다. 불만이 많습니다. 도대체가 살고 싶지 않은 여자입니다. 그런데 오늘 예수님을 딱 만납니다. 이 여자의 마음속에 갈등이 있어서, 예수님께서 물 좀 달라고 하실 때 선뜻 한 그릇 떠주면 될 텐데, 대뜸 거절합니다. 유대 남자가 왜 이방 여자인 자기한테 물을 달라고 하느냐, 이것입니다. 불만과 짜증으로 가득 찬 사람입니다. 그런데 예수님께서 말씀하십시다. "네게 물 좀 달라 하는 이가 누구인 줄 알았더라면 네가 그에게 물을 구하였을 것이요……" 어떻게 물을 구합니까? "내가 주는 물은 영원히 목마르지 않다." 이 때 이 여인이 하는 말을 들어보십시오. "그런 물을 주시어서 제가 물을 길으러 오지 않게 해주십시오." 얼마나 마음의 갈등이 있고, 불편이 있고, 삶에 대한 피곤함에 찌들어 있는 사람입니까. 이 여인은 살고 싶지도 않고, 지금 하고 싶지 않은 일을 하고 있는 것입니다.

그러나 여러분, 잘 생각해보십시오. 이 사람이 예수님을 만나는 그 순간, 딱 한마디 합니다. "예배할 곳이 어디입니까?" 이 사람의 마음속에는 예배가 있었습니다. 불편하고, 괴롭고, 살고 싶지 않은 이 세상을 억지로 살아가고 있지마는, 그래도 하나님을 향한 마음이 있었습니다. "어디서 예배해야 됩니까? 우리 조상들은 그리심 산에서 예배한다고 하는데, 유대 사람들인 당신들은 예루살렘에서 해야 한다고 합니다. 어디서 예배하면 주님을 만나겠습니까? 어떻게 예배하면 주님을 만나겠습니까? 어떻게 예배드려야 하나님을 만날 수 있겠습니까?" 이 여인은 아주 짜증스럽고, 살고 싶지 않은 세상을 살아가고 있지마는, 한 가닥 희망, 바로 예배하는 마음이 있었습니다. 하나님께서 기뻐하시는 마음입니다. 예수님께서는 그것을 알아차리시고 이런 귀중한 말씀을 하십니다. "내가 곧 그로라. 네가 찾은 메시아가 바로 나다. 지금 이 시간 이 현장이 예배 장소요, 나와 만나는 것이 바로 예배다."

　예수님께서 제자들을 많이 부르셨습니다. 그런데 이상한 것은 제자들을 부르셨는데, 그 사람들을 전부다 생활현장에서 부르셨습니다. 성전에서가 아닙니다. 수도원에서가 아닙니다. 몸소 생활현장에 나가시어 물고기를 잡고 있는 사람들을 향해서 "나를 따르라!" 하셨습니다. 그 가운데 가장 특별한 사례는 바로 마태입니다. 그는 모든 사람들이 멸시하는 세리였습니다. 그가 세관에 앉아서 지금 세금을 받고 있습니다. 예수님께서 그곳을 지나가시다가 이르십니다. "마태야, 나를 따르라!" 그때 마태가 직업을 버리고 예수님을 따르게 됩니다. 그가 바로 마태복음을 쓴 그 마태, 세리 마태입니다. 바로 현장에서 부르셨습니다. 어떻게 부르셨을까요? 마구잡이로 부르셨을까요? 아무나 그저 부르면 됩니까? 아니지요. 중심을 보고 계셨던 것입니다. 저 사람이 비록 지금은 세리로 있고, 세관에 앉아 세금을 받고 있지마는, 그 마음속에는 메시아를 기다리는 마음이 있었던 것입니다. 하나님께 예배하는 마음이 있었습니다. 하나님을 찾는 마음이 그 중심에 있었던 것입니다. 그 눈빛을 딱 보시고 예수님께서 말씀하십니다. "마태야!" "예!" "나를 따르라!" "예!" 따릅니다. 일생을 말이지요. 이런 관계입니다. 여러분, 언제라도 우리가 주님께로 가는 마음, 주님께로 향하는 그 마음이 중요합니다. 예배자의 마음이 준비되어 있어야 됩니다. 세상 욕심 다 버리고, 세상에 대한 미련도 다 버리고, 주님께로 가는 마음, 주님을 만나고자 하는 마음,

오직 그 주님을 경배하는 마음 말입니다.

모세도 수도원에서 하나님을 만난 것이 아닙니다. 수도원에서 기도하는 모세를 하나님께서 부르신 것이 아닙니다. 모세는 미디안 광야에서 40년 동안 목자로 지내고 있었습니다. 하나님께서는 바로 그 목자인 모세를 부르시어 이스라엘의 지도자로 삼으셨습니다. 그도 양을 치면서 예배자의 마음을 간직하고 있었습니다. 특별히 다윗은 목장에서 양을 치는 소년이었습니다. 그러나 사무엘상 16절 7절에서 하나님께서는 그를 부르실 때 이렇게 말씀하십니다. "사람은 외모를 보거니와 나 여호와는 중심을 보느니라." 참 귀한 말씀입니다. 하나님께서는 그 중심을 보십니다. 정말입니다. 외모를 보지 않으시고 중심을 보십시다. 중심이 예배하는 마음일 때, 예배하는 자세가 되었을 때 주께서 그를 부르십니다. 예배자를 찾으시는 하나님이십니다. 예배자를 찾아 만나시고 말씀하십니다. "내가 그로라. 내가 너와 만나는 이것이 예배다."

사도 바울은 교회를 핍박하다가 다메섹 도상에서 예수님을 만납니다. 바울이 예수님을 찾은 것이 아닙니다. 예수께서 사울을 찾으시어 이르십니다. "사울아, 어찌하여 네가 나를 핍박하느냐?" 직접 개인적으로 부르신 것입니다. 예배자를 찾으시는 하나님이십니다. 여러분, 오늘도 우리는 여러 가지 사건들을 당합니다. 성공할 때도 있고, 실패할 때도 있고, 슬퍼할 때도 있고, 기뻐할 때도 있습니다. 그 어느 순간이든지 우리가 하나님을 향한 깨끗한 예배, 예배자의 자세를 가질 때 주님께서는 내게 말씀하십니다.

전에는 우리 교회의 모든 행사에서 가장 우선이 경건한 예배였습니다. 여러분, 어디에서나 다 경건하고, 어디에서나 예배자의 마음으로 살아야겠지만, 교회에 나올 때마다 예배하는 것, 아주 중요합니다. 전에 소망교회에 이한빈 장로님이라고 계셨는데, 언제나 꼭 이 앞에 앉으십니다. 성가대 바로 앞자리입니다. 거기에 앉아 예배드리고, 예배가 끝난 다음에는 또 급하게 나가서 교인들과 인사도 하고 그랬습니다. 그 모습을 늘 보면서 왜 그러는지 제가 짐작하면서도 그냥 두었다가 언젠가 한번 물어보았습니다. "장로님, 왜 하필이면 거기 꼭 그 자리에 앉으십니까?" 그랬더니 장로님이 이렇게 대답했습니다. "거기는 누구도 앉고 싶어 하지 않는 자리입니다. 잘 보이지도 않고, 잘 들리지도 않지요. 그래서 제가 그 자리에 앉는 것입니다." 그러면서 한평생 그 자리에 앉았습니다. 맨 앞자리에서 예배하는 자세, 아주 중요합니다. 어떤 마음으로 예배하느냐? 하나님께서는 오늘도 예배자를 찾으십니다.

오늘본문의 사마리아 여인은 의인이 아닙니다. 남편이 다섯이나 있었습니다. 오늘본문에서 주고받는 말들을 가만히 보면 다 시원치 않습니다. 마땅치 않습니다. 하지만 딱 한마디가 마음에 듭니다. "예배할 곳이 어디입니까? 어디서 예배하면 되겠습니까?" 이 한마디가 너무나 귀합니다. 이 파란만장한 생을 살고 천대 받는 인간으로서 하나님을 예배하고자 하는 간절한 마음이 있었습니다. 그래서 예수님께서는 말씀하십니다. "하나님께서는 오늘도 신령과 진정으로 예배하는 자를 찾으시느니라." 만나주신다는 말씀입니다. 바로 이 자리에서, 바로 이 현장에서 만나주시는 그리스도이십니다. 가까이 들려주시는 주의 음성을 들어보십시오. Here and now. '신령과 진정으로 예배할지니라.' 영과 진리로 예배하는 자를 오늘도 찾고 계십니다. 그런 예배자의 마음이 준비되었을 때 주께서 우리에게 말쏨해주실 것입니다. 그 영광을 보여주실 것입니다. "예수께서 이르시되 네게 말하는 내가 그라 하시니라. 하나님은 영이시니 예배하는 자가 영광 진리로 예배할지니라." 예배자의 마음, 어디서든지, 어느 직장에서든지, 어느 순간에나 항상 바른 예배자로 살아가는 그곳에 주님께서 함께하실 것입니다.   △

내 인생의 현주소

여호와 우리 주여 주의 이름이 온 땅에 어찌 그리 아름다운지요 주의 영광이 하늘을 덮었나이다 주의 대적으로 말미암아 어린 아이들과 젖먹이들의 입으로 권능을 세우심이여 이는 원수들과 보복자들을 잠잠하게 하려 하심이니이다 주의 손가락으로 만드신 주의 하늘과 주께서 베풀어 두신 달과 별들을 내가 보오니 사람이 무엇이기에 주께서 그를 생각하시며 인자가 무엇이기에 주께서 그를 돌보시나이까 그를 하나님보다 조금 못하게 하시고 영화와 존귀로 관을 씌우셨나이다 주의 손으로 만드신 것을 다스리게 하시고 만물을 그의 발 아래 두셨으니 곧 모든 소와 양과 들짐승이며 공중의 새와 바다의 물고기와 바닷길에 다니는 것이니이다 여호와 우리 주여 주의 이름이 온 땅에 어찌 그리 아름다운지요

(시편 8 : 1 - 9)

내 인생의 현주소

저는 아주 오래전에 개인적으로 가슴 아픈 경험을 한번 한 적이 있습니다. 제가 신학대학에서 가르친 한 젊은 제자 목사가 개척교회를 세워 목회를 했는데, 교도소를 찾아가 죄수들에게 전도하는 일을 시작했습니다. 그러다가 언젠가 죄수 한 사람이 예수를 믿겠다고 해서 감사히 여기고 그에게 세례를 베풀었습니다. 그러고 난 다음 그 죄수가 하는 말입니다. "사실은 곽선희 목사가 제 친구입니다." 그 말을 듣고 이 제자 목사가 깜짝 놀라서 제게 연락을 해왔습니다. 가만히 있을 수 있나요? 제가 그 교도소를 방문했습니다. 가서 보니 정말 지난 20년 동안 소식이 끊겼던 제 친구였습니다. 어렵사리 만난 그 친구가 제게 이렇게 말했습니다. "이런 곳에서 만나게 돼서 참으로 부끄럽구먼. 나는 예수를 믿지 않고 그저 내 마음대로 살았는데, 그래도 예수 믿는 친구, 더구나 목사 친구가 있다는 걸 늘 자랑스럽게 생각하고 있었다네." 아주 건강하고 능력도 있는 친구였습니다. 그런데 어느 날 좀 속상한 일이 있어서 술을 많이 먹고 집에 들어갔답니다. 그때 부인이 이걸 이해 못하고 잔소리를 좀 했나봅니다. 그래 부부싸움이 시작됐고, 이게 심해져서 그 친구가 어떻게 부인을 한번 때렸는데, 그만 부인이 죽었다는 것입니다. 물론 본인 말입니다. 그래서 상해치사로 감옥에 들어가서 지금 고생을 하고 있다는 것입니다. 그 친구가 하소연합니다. "내가 이렇게 여기 들어와 있고 보니, 딱 한 번 실수인데 돌이킬 수가 없네. 특별히 아이들이 보고 싶은데도 면회 한번 와주지 않는다네." 그러면서 눈물을 흘립니다. 여러분, 이 얼마나 가슴 아픈 이야기입니까. 딱 한 번 실수로 그의 일생이 무참하게 허물어지고 만 것입니다.

야고보서 3장 4절에 이런 말씀이 있습니다. "또 배를 보라 그렇게 크고 광풍에 밀려가는 것들을 지극히 작은 키로써 사공의 뜻대로 운행하나니." 여러분, 배가 얼마나 큽니까. 그러나 그 배를 움직이는 것은 조그마한 키입니다. 뒤에 있는 그 작은 키 하나로 그 큰 배를 움직이는 것입니다. 또 키를 움직이는 것은 사람입니다. 그 조그마한 사람 하나가 그 큰 배의 운전대를 쥐고 돌리는 대로 배가 간다는 것입니다.

정신분석학자 프리츠 펄스(Fritz Perls)는 건강한 사람에게는 네 가지 특징이 있다고 말합니다. 첫째, 건강한 사람은 자기가 누구인지를 아는 사람입니다. 허풍을 떨지 않고, 쓸데없이 교만하지 않습니다. 진실하게 자신이 누구인지를 정직하게 봅니다. 이런 사람이 건강하다, 이것입니다. 참 어렵지만, 자기가 자기를 아는 그 사람이 건강한 사람입니다. 둘째, 건강한 사람은 자기 삶에 대해서 책임을 지는 사람입니다. 남에게 책임을 물어서는 안 됩니다. 부부 사이에서도 '너 때문'이라는 말은 안 됩니다. '나 때문'이라는 말은 좋지만, '누구 때문에'라고 하면서 책임을 남에게 전가하는 사람은 건강하지 못한 사람입니다. 모든 책임은 내가 지는 것입니다. 내 책임을 내가 지고, 나아가 남의 책임까지도 내가 질 줄 아는 사람이 건강한 사람입니다. 셋째, 건강한 사람은 현실에 대해서 도전의지가 있는 사람입니다. 무슨 일을 당할 때마다 자꾸 뒤로 물러서고, 부정적으로 세상을 생각하는 소극적인 사람은 건강하지 못합니다. 모든 환경에는 기회가 있습니다. 그런고로 항상 긍정적으로 생각하고, 미래를 향하여 도전적으로 사는 사람이 건강한 사람입니다. 넷째, 건강한 사람은 솔직하고 건강한 분노가 있는 사람입니다. 이것이 가장 중요합니다. 다시 말하면, 자기 마음을 자기가 다스릴 줄 아는 사람입니다. 자기 마음을 자기가 다스리지 못하는 사람은 건강하지 못한 사람입니다.

분석해보면 인간은 다음과 같은 세 가지 요소가 복합되어 있는 존재입니다. 첫째, 동물성입니다. 인간에게는 동물성이 있습니다. 확실히 인간은 동물적입니다. 그러니까 배가 고프면 먹어야 되고, 졸리면 자야 됩니다. 둘째, 이성 또는 정신성입니다. 인간에게는 이성이 있습니다. 동물성을 지배하는 이성입니다. 양심도 있습니다. 이렇게 인간에게는 정신세계가 있는 것입니다. 윤리규범이 있다, 이것입니다. 셋째, 영성입니다. 인간에게는 영성이 있습니다. 이성을 지배하는 영성입니다. 이렇게 동물성, 이성이라고 하는 정신성, 그리고 영성의 세 가지 복합체가 바로 인간입니다. 분명히 이 세 가지가 합쳐져서 인간인 것입니다.

한데, 중요한 것은 누가 주도하느냐, 하는 것입니다. 주도권을 누가 쥐었느냐, 이것입니다. 동물 주도적 인간에게도 양심이 있습니다. 이성도 있습니다. 하지만 양심과 이성은 다 죽고 오직 동물성만 남았습니다. 동물적 본능이 주도하는 인격, 사람이 아닙니다. 이걸 잊지 말아야 합니다. 그런가 하면 이성 주도적 인간이 있습니다. 아주 철학적인 인간입니다. 모든 것을 사리에 맞게 생각하고, 거기에 매여서 헤어나지 못하는, 이데올로기적 인간입니다. 또 하나는 신앙 주도적 인간, 신학적 인간입니다. 동물성도 있고, 이성도 있고, 도덕성도 있습니다마는, 신앙이 그 위에 있습니다. 영성이 있는 것입니다. 영 주도적 인간, 이것이 바른 인간의 모습입니다. 이것이 성경이 말씀하는 인간입니다.

　종교개혁자 칼뱅은 그의 책에서 아주 누누이 강조합니다. '하나님에 대한 지식이 없이는 사람에 대한 지식도 없다.' 그가 한평생 가장 즐겨 읽고, 귀하게 여겼던 성경이 오늘본문말씀입니다. 이 시편 8편을 그는 아주 중요하게 여겼습니다. '사람이 무엇이기에 주께서 저를 생각하시나이까.' 하나님 앞에 있는 자기 모습, 하나님 앞에 있는 인간의 모습을 생각하며 그는 이 시편 8편을 아주 좋아했던 것입니다. "사람이 무엇이기에……(4절)" 사람이 무엇이관대…… 그렇습니다. 오늘성경말씀대로 먼저 대자연을 보고 나를 보아야 합니다.

　유명한 과학자 아인슈타인은 과학을 하는 사람의 자세에 대해서 세 가지를 가르쳐줍니다. 첫째, 진실과 겸손입니다. 과학자는 겸손해야 한다고 그는 말합니다. 대우주, 모든 우주적 진리 앞에 인간이 얼마나 초라한 존재인지를 알아야 한다는 것입니다. 그는 비유해서 말하기를, 마치 어린아이가 바닷가에서 조개껍질을 줍는 것과 같다고 했습니다. 그렇습니다. 여러분, 하늘을 보십니까? 태양계를 보십니까? 저는 잘 모릅니다마는, 전문가의 말을 빌리면 우리가 지금 사는 곳이 태양계입니다. 저 멀고먼 별들의 세계가 아닙니다. 태양을 중심으로 빙글빙글 돌아가는 이 태양계의 지름이 2광년 정도라고 합니다. 광년이라는 것은 빛의 속도로 1년 동안 쉬지 않고 달려가야 도달할 수 있는 거리를 말합니다. 이 빛의 속도로 꼬박 2년이나 가야 할 만큼 큰 것이 바로 태양계입니다. 이 태양계 같은 엄청난 덩어리가 우주에 2백만 개나 있다는 것입니다. 상상하기 어렵지요? 그리고 저 멀리 건너편에는 블랙홀이 있다고 합니다. 이 우주는 그야말로 생각으로도 미칠 수 없는 광활한 공간입니다. 이 광활한 우주 한가운데에서 빙빙 돌아가는 조그마한 흙덩어리, 이것이 지구입니다. 그 지구 안에서 또 꿈틀꿈틀하는 버러지 같은 존재가 바로 인간입니다. 여러분, 대자연을 보고 나를 보십시오. 얼마나 초라한 존재입니까. 그저 아무것도 아닌 것을 가지고 서로 잘났느니 못났느니 할 게 뭐가 있습니까. 대자연을 보고 나를 보십시오. 그래서 오늘본문 1절은 말씀합니다. "여호와 우리 주여 주의 이름이 온 땅에 어찌 그리 아름다운지요 주의 영광이 하늘을 덮었나이다."

그리고 이제 하나님을 보고 나를 보십시오. 이런 고백이 나오지 않습니까. '사람이 무엇이기에, 내가 무엇이관대 주께서 나를 돌아보십니까? 이 아무것도 아닌 인간을 어째서 사랑의 대상으로 여기시고, 말씀의 대상으로 여기십니까? 어째서 나 하나 사는 모습을 이리 감찰하고 계시는 것입니까?' 그래서 오늘본문 5절은 말씀합니다. "존귀로 관을 씌우셨나이다." 사람을 존귀하게 만드셨습니다. 이걸 잊지 말아야 합니다. 여러분, 길을 가다가 보면 개가 짖을 때가 있지요? 그럴 때면 왜 저것이 나를 보고 짖나 싶지 않습니까? 심리학적으로 보면 개가 사람이 무서워서 그런답니다. 사람은 존귀합니다. 모든 동물이 사람 앞에 무릎을 꿇습니다. 사람이 존귀하다는 것을 잊지 말아야 합니다.

모든 사상을 딱 둘로 나누는 사람이 있습니다. 양분해서 생각해 보면 간단합니다. 창조론과 진화론입니다. 하나님께서 창조하신 세계, 하나님께서 창조하신 인간, 이것이 창조론입니다. 진화론은 하나님이 없습니다. 그저 땅덩어리고 흙덩어리입니다. 그래서 미생물로부터 진화가 되어 어느 단계에 와 있는 존재가 인간이다, 이것입니다. 모든 동물이 이런 진화의 단계에 있는 것입니다. 이렇게 생각을 하고 보니까 진화론적 입장에서 보면 모든 것이 동물입니다. 그러니까 여자와 남자를 보아도 여자와 남자가 아니고, 암컷과 수컷입니다. 여기에 문제가 있는 것입니다. 진화론의 원리는 힘입니다. 강자의 원리입니다. 강자가 진리입니다. 강자가 정의가 되는 것입니다. 바로 오늘 이 사회를 어지럽히는 사람들이 다 진화론자들입니다. 유물사관입니다.

하지만 성경이 말씀하는 것은 창조론입니다. 인간은 하나님의 형상입니다. 인간은 동물 같으나 동물이 아닙니다. 사람입니다. 몸은 흙으로 만들었지만, 그 존재는 Image of God, 하나님의 형상입니다. 하나님을 닮은 형상으로 만들어주셨다, 이것입니다. 그래서 오늘본문은 말씀합니다. "존귀로 관을 씌우셨나이다." 하나님의 형상된 인간의 모습을 말씀하는 것입니다. 우리는 그 실체를 바로 이해해야 됩니다. 너무나 귀한 것입니다. 시편 49편 20절에 특별한 말씀이 있습니다. "존귀하나 깨닫지 못하는 사람은 멸망하는 짐승 같도다." 사람은 존귀하지만, 깨달음이 없는 자는 짐승 같다, 이것입니다. 여러분, 이걸 잊지 말아야 합니다. 그런고로 하나님을 보고 나를 보십시오. 존귀합니다. 십자가를 보고 나를 보십시오. 나도 소중하고, 남도 너무나 소중합니다. 이것이 그리스도인의 모습입니다.

그리고 하나님께서 우리에게 맡기신 사명을 보고, 그 속에서 영광을 보아야 합니다. "주의 손으로 만드신 것을 다스리게 하시고 만물을 그의 발 아래 두셨으니(6절)." 하나님께서 우리에게 통치권을 주셨습니다. 다스리는 책임을 주셨고, 다스리는 기쁨도 주셨습니다. 다스린다는 것, 이 얼마나 중요합니까. 여러분, 예쁘게 아이를 낳아서 다 키워보셨지요? 하지만, 그 가운데 제일 중요한 것이 무엇입니까? 아이들이 어렸을 때에는 내 마음대로 할 수 있다는 것, 나를 따른다는 것, 나한테 의존한다는 것, 나 없이는 못살 것처럼 운다는 것, 이게 즐거운 것입니다. 내가 도와야 하고, 내가 돌보아야 하고, 내 사랑으로 감싸야 하고, 그렇게 아이를 돌보면서 행복을 느끼는 것 아닙니까. 인간다운 행복이 그 속에 있습니다. '만물을 다스리게 하시고……' 아주 중요합니다. 하나님의 형상, 만물을 다스리는 특권을 가진 존재입니다. 이걸 잊지 말아야 합니다. 그래서 나 자신을 다스려야 합니다. 뿐만이 아닙니다. 내 몸을 다스려야 합니다. 내 몸의 건강도 내가 다스려야 합니다. 우리가 병 때문에 고생들을 합니다마는, 의학적으로는 병의 85퍼센트가 나 스스로 만든 병이랍니다. 정신없이 먹어가지고 잘못된 것입니다. 몸을 잘못 관리한 것입니다. 내 몸을 내가 관리할 책임이 있습니다. 그런가하면 내 마음도 내가 관리해야 됩니다. 내 마음에 허망한 생각이 들어오지 않도록 지켜야 하는 것입니다.

예전에 제가 어느 잡지에서 술을 심리학적으로 연구한 글을 읽은 적이 있습니다. 술을 마시는데, 아가씨들이 나오는 술집이 있지 않습니까. 그 술집 아가씨들이 들어오면 처음에는 그들이 예쁘게 보이지 않고 추하게 보인답니다. 뭇 남자들 앞에서 아양이나 떠는 것들, 어쩌고 하는 생각이 든다는 것입니다. 그런데 술이 몇 잔 들어가고 나면 그 아가씨들이 예뻐 보이기 시작한다고 합니다. 심지어 천사처럼 보인다는 것입니다. 그래가지고 망가진다는 것입니다. 여러분 가운데에도 그런 경험 있는 분들 있으시지요? 멀쩡한 정신이 흐려지면서 술독에 풍덩 빠져들어 가는 것입니다. 내가 내 몸을 잘못 다스린 것입니다. 또 내 마음을 잘못 다스린 것입니다. 뿐만 아니라, 내 이웃도 다스려야 됩니다. 나로 말미암아 내 이웃사람들이 다 행복해야 합니다. 화평해야 합니다. 내가 있는 곳에 사랑이 넘치는, 그런 다스림이 필요합니다. 이것이 하나님께서 우리에게 맡겨주신 책임입니다. 마음을 다스리고, 인격을 다스리고, 이웃과의 관계를 다스려야 합니다.

윌리 데이비스라고 하는 미식축구의 영웅이 있습니다. 그가 언젠가 경기를 앞두고 열심히 연습하고 준비하는 중에 자기를 옛날에 도와주었던 룸바르디라는 코치가 위독하다는 전보를 받았습니다. 그는 그 바쁜 시간에 득달같이 비행기를 타고 가서 룸바르디 코치를 딱 2분 동안 만나고 다시 비행기를 타고 돌아와 경기를 했습니다. 나중에 친구가 그에게 그 바쁜 중에 왜 그렇게 멀리까지 가서 그 옛날의 코치를 만나고 왔느냐고 묻자 그는 이렇게 대답했습니다. "그 코치와 같이 있으면 언제든지 내가 소중한 사람인 것을 느끼게 되거든. 그 코치하고만 같이 있으면 내가 소중한 사람이라는 걸 느끼게 돼. 그래서 돌아가시기 전에 한 번 더 만나고 싶었다네." 여러분, 이것이 바로 인간의 모습입니다.

내가 누구입니까? 하나님 앞에 있는 나입니다. 여러분, 잊지 마십시오. 하나님 앞에 있으니 내가 소중합니다. 십자가 앞에 있으니 내가 소중합니다. 그래서 구원 받은 사람으로 사는 사람은 내 주변에 있는 사람들도 자신의 존재가 소중함을 느끼게 해야 합니다. 이것이 행복입니다. 내가 행복해서 주변사람들까지 행복해질 수 있어야 그것이 존귀와 영화로 관을 씌운 인간의 모습입니다. 이것이 참 인간의 모습입니다. 우리는 내가 누구인지 다시 한 번 물어야 합니다. 나의 나 됨의 현주소가 어디에 있습니까? 우리는 하나님 앞에 존귀와 영화로움을 입은 존재입니다. 내가 존귀한 존재임을 다시 확인하고, 소중하게 그 귀한 존재성을 지켜가야 할 것입니다.　△

예수님의 거룩한 결심

　예수께서 승천하실 기약이 차가매 예루살렘을 향하여 올라가기로 굳게 결심하시고 사자들을 앞서 보내시매 그들이 가서 예수를 위하여 준비하려고 사마리아인의 한 마을에 들어갔더니 예수께서 예루살렘을 향하여 가시기 때문에 그들이 받아들이지 아니 하는지라 제자 야고보와 요한이 이를 보고 이르되 주여 우리가 불을 명하여 하늘로부터 내려 저들을 멸하라 하기를 원하시나이까 예수께서 돌아보시며 꾸짖으시고 함께 다른 마을로 가시니라
　　　　　　(누가복음 9 : 51 - 56)

예수님의 거룩한 결심

우리가 너무나 잘 아는 철학자 파스칼은 이렇게 말했습니다. '인간은 생각하는 갈대다.' 여기서 갈대는 약하다는 말인 줄 압니다. 이리저리 흔들리고, 또 쉽게 부러지는 존재를 말하는 것이지요. 생각한다는 것, 이것이 바로 인간의 본질입니다. 생각은 곧 이성을 가리킵니다. 그래서 생각 없는 인간은 홍수에 밀려가는 뗏목과 같은 것입니다. 동물적 본성에 끌려 사는 인간 이하의 인간입니다. 우리는 흔히 속물이라는 말을 합니다. 사람이라면 사람처럼 생각해야 되고, 사람처럼 느껴야 되고, 사람처럼 행동해야 되며, 사람처럼 깨달아야 됩니다. 그래야 사람이라고 할 수 있을 것입니다. 만사가 깊은 생각 속에서 주도되어야만 한다는 말씀입니다. 그 생각이 얼마나 깨끗한가, 얼마나 바른가에 따라서 인간의 가치가 평가 되는 것이라고 생각합니다.

때때로 우리는 그런 일들을 많이 당하고, 또 우리 자신도 그렇게 느끼고 경험할 때가 많습니다. 하나는 몰랐다는 것입니다. 그리고 또 하나는 속았다는 것입니다. 몰랐다, 속았다…… 정말 몰랐을까요? 몰랐다면 모르는 죄까지 있는 것입니다. 왜 모르게 되었을까요? 또 속았다고 합니다마는, 결국 깊이 생각해보면 속은 것이 아니라, 나를 속인 것이지요. 내 마음속에 그 무언가 어두운 그림자가 있었던 것이 분명합니다. 문제는 이성이, 그 생각이 얼마나 깨끗한가, 투명한가에 따라서 인간의 가치가 평가된다고 생각합니다. 그런데 종종 보면 우리는 이런 말을 합니다. '우연이다. 만사가 우연이다.'

그럴까요? 자세히 생각해보면 우연은 없습니다. 필연이 있을 뿐입니다. 또 몰랐다, 무지했다…… 그렇습니다. 알 수 있는 기회가 있었습니다. 앎에도 불구하고 아는 대로 행하지 않았습니다. 무지는 참으로 무서운 죄입니다. 예수님께서 십자가에 달리실 때에도 말씀하십니다. "하나님이여, 저들의 죄를 사하소서. 자기들이 하는 것을 모르기 때문입니다." 그렇습니다. 자기들은 안다고 하지만, 사실은 몰랐습니다. 결국은 무지가 모든 불의의 근본이 될 때가 많습니다. 그뿐 아니라, 좀 더 나아가서는 무능함입니다. 무지도 중요하지만, 알고 있더라도 거기서 헤어날 능력이 없습니다. 그걸 극복할 능력이 없습니다. 그래서 무능하다는 말을 합니다. 그 다음에 우리가 넓게 생각하고 변명할 때에는 필연이었다고 말합니다. 그러나 깊이 생각해보면 인생은 선택입니다. 순간순간 모든 문제에서 선택을 해야 합니다. 나 스스로 결정하고, 스스로 책임지는 그것이 인간의 본질이요, 고상하고 제대로 된 인간의 모습이라고 생각합니다. 우리는 아무에게도 책임을 전가할 생각은 하지 말아야 합니다. 아무 핑계도 대지 말아야 합니다. 모든 책임은 내가 지는 것입니다. 모든 것이 내가 선택한 것이기 때문입니다. 그리고 오늘도 작은 일이나 큰 일이나 내가 선택하고, 내가 갈 길을 가는 것입니다. 여기에 중요한 인간의 존엄성이 있는 것입니다.

저는 오늘본문에 나타난 이 말씀을 신구약 전체를 통틀어 교리적으로 가장 중요한 말씀이라고 늘 생각하고 있습니다. 그래서 누가복음 9장 51절을 언제나 마음속에 두고 기억하고 있습니다. 왜냐하면 예수님의 십자가를 볼 때 문제는 이것이기 때문입니다. 우연이냐, 무지냐, 무능이냐…… 이걸 묻는 것입니다. 어쩌다가 그만 음모에 걸리셔서 가룟 유다와 가야바에게 당하시고, 그만 원치 않는 십자가를 지게 되신 것이냐. 다시 말하면 우연이냐, 무지냐, 십자가가 있다는 걸 몰르셨던 것이냐, 아니면 예루살렘에 올라가셨다가 그렇듯 무능하게 십자가에 죽게 되신 것이냐, 하는 것입니다.

저는 이 고난주간을 당할 때마다 생각나는 것이 있습니다. 예수님의 십자가 앞에 서 있던 사람들, 그들은 예수님의 능력과 이적과 기사를 다 보았던 사람들일 것입니다. 예수님께서 귀신을 내쫓으시는 것도 보았고, 병자를 고치시고 문둥병자를 깨끗케 하시는 것도 다 보았고, 오천 명을 먹이셨다는 소식도 다 들은 사람들입니다. 또 나사로의 부활까지도 알고 있는 사람들입니다. 그런데 지금 예수님의 십자가 앞에 나타나서 소리를 지릅니다. "십자가에서 내려오라! 내려오면 믿겠노라!" 이 한마디가 얼마나 가슴을 찌릅니까. 너무나 신비로운 말씀이기도 하고, 저는 신구약 성경을 통해서 가장 핵심적인 부분에 있는 말씀이라고 생각합니다. "십자가에서 내려오라. 그리하면 믿겠노라." 믿을까요? 여러분, 깊이 생각해봅시다.

우리는 때때로 어떤 소원을 가지고 하나님 앞에 이렇게 기도하곤 합니다. '이거 들어주시면 믿겠습니다.' 우리 교회에 예수를 안 믿는 어떤 시아버지가 있었습니다. 한데 그의 며느리가 점점 눈이 어두워져갑니다. 그래 위하여 열심히 기도하는데, 시아버지 말이 이랬습니다. "네가 눈을 뜨게 되면 내가 예수를 믿으마." 이 사실을 알고 열심히 기도했습니다. 우리 교회 부목사님들까지 다 이 사실을 알고 집중적으로 기도했습니다. 그런데 눈이 어두워져가던 분이 정말로 눈을 뜨게 되었습니다. 제가 교회에서 직접 보았습니다. 이분이 찬송가를 부르는데, 가사가 보이니까 눈물을 줄줄 흘리면서 찬송을 크게 부르는 것입니다. 그래서 이 사건을 보면서 생각했습니다. '아, 굉장하다. 참 이런 기적이 있구나.' 그랬는데, 그 시아버지가 예수를 믿게 되었을까요? 안 믿더라고요. 이것이 인간의 모습입니다. "십자가에서 내려오라! 그러면 믿겠노라!" 이렇게 큰 소리를 치는데, 예수님께서는 마치 내려올 수 없으신 것처럼, 아무 능력이 없으신 것처럼 그냥 십자가에서 돌아가셨습니다. 여기에 엄청난 신비가 있습니다. 이 십자가 사건에 신비가 있는 것입니다. 그런고로 예수님께서 십자가를 지신 것은 우연이냐, 필연이냐, 도대체 그것이 무엇을 의미하느냐, 하는 것입니다.

이 귀중한 문제를 놓고 오늘본문 51절은 이렇게 말씀합니다. "예수께서 승천하실 기약이 차가매 예루살렘을 향하여 올라가기로 굳게 결심하시고." 이 한마디가 너무너무 중요합니다. 굳게 결심하시고! 다시 말하면 선택적으로 예루살렘을 향하여 올라가신 것입니다. '피해 다니다가, 도피해 다니다가 어쩔 수 없이 올무에 걸려서 죽고 싶지 않았는데, 죽었다.' 이것이 아닙니다. 죽어야 할 것이기 때문에 죽었다는 것입니다. 이것이 바로 십자가의 신비입니다. 그래서 이 속에 가장 중요한 의미가 있다고 제가 늘 생각하는 것입니다. 예루살렘! 예수님께서는 잘 아십니다. 이번 유월절에 예루살렘에 올라가시면 어떻게 되실지, 잘 알고 계십니다. 무엇이 기다리는지, 잘 알고 계십니다. '그런데 내가 왜 여기를 가야 하느냐?' 예수님께서는 알고 계십니다. 가시면 어떻게 되리라는 것을 잘 알고 계십니다. 제자들의 배신, 가야바의 위선, 로마 군인들의 폭력…… 이런 엄청난 고난과 기가 막힌 사건이 앞에 놓여 있음을 알고 있습니다. 다 알고 계시지만, 예수님께서는 결심하십니다. "예루살렘을 향하여 올라가기로 굳게 결심하시고."

요한복음 16장 28절은 말씀합니다. "내가 아버지에게서 나와 세상에 왔고 다시 세상을 떠나 아버지께로 가노라 하시니." 모든 잡다한 사건들을 다 아시고 "나는 아버지께로 가노라!" 말씀하십니다. 무엇이 기다리고 있는지도 아십니다. 내가 어떻게 해야 되는지, 그것도 아십니다. 그야말로 대단하신 영적 통찰력(Spiritual Insight)입니다. 아주 달관하신 것입니다. 그리고 예루살렘을 향하여 올라가시기로 굳게 결심하십니다. 이 굳게 결심하셨다는 말이 무슨 뜻일까 하고 제가 늘 생각해봅니다. 깊은 뜻이 있습니다. 사실은 예루살렘을 향하여 올라가시기로 얼굴을 굳게 하셨다는 것입니다. 보통 결심이 아닙니다. 얼굴을 굳게 하셨다! 헬라어로 '프로소폰 에스테리센'이라고 하는 재미있는 말입니다. '프로소폰'은 얼굴입니다. 얼굴을 굳게 하신 것입니다. 바로 그 모습을 우리는 결심이라고 번역합니다. 예루살렘을 바라보시며 굳게 결심하신 것입니다. 십자가를 결심하셨습니다.

그 예수님의 마음속에는 무슨 생각이 있었을까요? 오늘본문 51절은 말씀합니다. "기약이 차가매……" 기약이라는 말로 번역했습니다마는, '헤메라스테스 아날렘프세오스'는 '승천할 날'을 뜻합니다. 기약이 아닙니다. 그날을 말합니다. 약속된 날, 그날입니다. 곧 예수님 생애의 마지막 클라이맥스인 승천하시는 날에 초점을 맞춘 것입니다. 승천하시는 날이 차가매 예수께서 굳게 결심하셨다, 이것입니다. 얼마나 놀라운 말씀입니까. 승천하시는 날! 이 승천, 어디에서 온 것입니까? 예수님께서는 이 땅에 오실 때에 말씀이 육신이 되어 우리 가운데 오셨습니다. '로고스 사륵스 에게네토'입니다. 말씀이 우리 가운데 육체를 입고 오셨고, 사람이 되어 오셨고, 종과 같은 모습으로 오셔서 십자가까지 가십니다. 이 모든 고난의 길을 다 가십니다. 그래 십자가에 돌아가시고, 그 다음에 부활하시고, 그 다음에 승천하십니다. 그러니까 베들레헴에서부터 승천까지 그 일생을 한눈으로 볼 수 있습니다. 하나로 연결이 된 것입니다. 예수님께서 승천하실 기약이 차가매, 승천하실 날이 다가오매 예루살렘을 바라보시며 굳게 결심하시고…… 얼마나 굉장한 말씀입니까. 그리고 이제 그 영광의 날을 향해 가십니다. 그 과정에 고난이 있고, 십자가가 있습니다. 십자가 저편에 있는 부활을 보십니다. 부활 다음에 있는 승천을 보십니다. 보시면서 기다리지 아니하시고 올라가셨습니다. 운명을 기다리신 것이 아닙니다. 운명을 향하여 도전적으로 올라가셨습니다.

이렇게 예수님께서는 예루살렘을 향하여 올라가시기로 굳게 결심하시고 올라가십니다. 십자가를 향해 가셨습니다. 십자가가 무엇인지를 예수님께서는 다 알고 계십니다. 그리고 예루살렘을 향하여 올라가고 계십니다. 확고한 결심입니다. 불변한 결심입니다. 이 결심 뒤에 담대함이 있습니다. 결심이 없으니까 담력이 없는 것입니다. 흔들흔들하는 것입니다. 하나님의 약속, 하나님의 말씀, 하나님의 기약, 이것을 믿고 내가 거기에 함께할 때에 당당한 것입니다. 조금도 주저할 것이 없습니다. 이것이 예수님의 모습입니다. 여기서부터 예루살렘으로 올라가시면서 여러 가지 질문을 받으시고, 여러 가지 말씀을 하시지만, 전부가 이 결심을 따라서 된 일들입니다. 담대하셨습니다.

히브리서 12장은 예수님에 대해서 이렇게 말씀합니다. "십자가를 참으사……(2절)" 그렇습니다. 이것도 인내입니다. 이 인내 속에는 결심이 있습니다. 결심을 따라서 인내하시는 것입니다. 저 승천의 날을 소망하시면서 인내하시는 것입니다. 소망이 없는 인내는 고역입니다. 하지만 소망이 있는 인내는 그 자체가 생명력입니다. 또 여유 만만합니다. 큰 뜻을 바라보며 확실한 길을 가기 때문에 여유 만만한 것입니다. 그래서 오늘본문에 재미있는 말씀이 있지 않습니까. 예수님께서 이렇게 결심하고 가시는 첫길에 사마리아를 지나가게 되셨는데, 사마리아 사람들이 그 예수님을 배척했습니다. 뭐 대단한 이유가 아닙니다. 예수님의 능력을 못 믿어서도 아니고, 예수님께서 메시아가 아니시라고 생각해서도 아닙니다. 이 사람들은 질투심이 많습니다. 예루살렘을 향해서 가시기 때문에 싫다는 것입니다. 이 사마리아 땅을 위해서 역사하셔야지, 왜 예루살렘으로 가시느냐, 이것입니다. 그게 마음에 안 든다는 것이지요. 그래서 그 동리를 지나가는 길을 막았습니다. 생각하면 참 어리석기도 하고, 미련하기도 합니다. 오늘본문을 보면 재미있잖아요? 야고보와 요한이 뭐라고 합니까? "주여 우리가 불을 명하여 하늘로부터 내려 저들을 멸하라 하기를 원하시나이까(54절)." 꼭 내 마음과 같습니다. 생각해 보십시오. '이 못된 것들이 우리가 예루살렘으로 간다고 하는 그것 때문에 이 동네를 지나가지도 못하게 만들어?' 이렇게 된 것이지요. 그런데 예수님께서 조금 길게 설명하셨으면 좋겠는데, 너무 짧습니다. 55절, 56절입니다. "예수께서 돌아보시며 꾸짖으시고 함께 다른 마을로 가시니라." 예수님께서는 그럴 것 없다고 하십니다. 얼마나 여유 있으십니까. 여유 만만하십니다. 승천의 날을 바라보고 가시는 분의 여유입니다. 십자가의 모든 것을 결심하고 가시는 그 길에 담대함이 있습니다. 인내함이 있습니다.

요한복음 10장 18절에서 예수님 말씀하십니다. "내가 스스로 버리노라." 누가 빼앗는 것이 아니라, 스스로 버리시는 것입니다. 빼앗기신 것처럼, 죽임을 당하신 것처럼 되어 있지만, 아닙니다. 그 신비로운 진리의 말씀은 그것이 아닙니다. "스스로 버리노라." 그리고 마태복음 26장에 보면 예수님께서 겟세마네 동산에서 졸고 있는 제자들을 꾸짖으시며 이렇게 말씀하십니다. "일어나라 함께 가자 보라 나를 파는 자가 가까이 왔느니라(46절)." 일어나 함께 가자! 하지만 제자들은 함께 가지 못했습니다. 오늘 여기에 앉아 계신 여러분들은 "일어나 함께 가자!" 하시면 "예!" 하고 골고다 언덕까지 함께 갈 수 있는, 그리고 부활의 아침까지도, 더 나아가 승천하시는 감람산까지도 함께 갈 수 있는 귀한 제자들이 되시기를 바랍니다.   △

찬미를 온전케 하셨나이다

　예수께서 성전에 들어가사 성전 안에서 매매하는 모든 사람들을 내쫓으시며 돈 바꾸는 사람들의 상과 비둘기 파는 사람들의 의자를 둘러 엎으시고 그들에게 이르시되 기록된 바 내 집은 기도하는 집이라 일컬음을 받으리라 하였거늘 너희는 강도의 소굴을 만드는도다 하시니라 맹인과 저는 자들이 성전에서 예수께 나아오매 고쳐주시니 대제사장들과 서기관들이 예수께서 하시는 이상한 일과 또 성전에서 소리 질러 호산나 다윗의 자손이여 하는 어린이들을 보고 노하여 예수께 말하되 그들이 하는 말을 듣느냐 예수께서 이르시되 그렇다 어린 아기와 젖먹이들의 입에서 나오는 찬미를 온전하게 하셨나이다 함을 너희가 읽어 본 일이 없느냐 하시고 그들을 떠나 성 밖으로 베다니에 가서 거기서 유하시니라
　　　　　　　(마태복음 21 : 12 - 17)

찬미를 온전케 하셨나이다

　제가 오래전에 어떤 한 교인의 장례식을 인도한 적이 있습니다. 그때도 장례식은 찬송을 부르고, 기도하고, 설교하고, 축도하고…… 이렇게 늘 하던 전통적인 순서대로 진행되었습니다. 장례식이 끝난 다음에 점잖게 생긴 신사 한 분이 제게 가까이 다가왔습니다. 전혀 모르는 사람입니다. 그분이 제게 이렇게 물어봅니다. "기독교인들은 장례식에서도 노래를 부르는군요?" '찬송'이라는 말을 잘 모르니까 기독교인들은 장례식에서도 '노래'를 부른다고 말한 것입니다. 그래서 제가 말했습니다. "그럼요, 찬송을 부르지요." 그랬더니 그분이 점잖고 진지하게 말합니다. "저는 기독교인의 장례식에 오늘 처음 참석했는데, 깊은 충격을 받았습니다. 내세의 부활을 진짜로 믿고 있구먼요. 그저 관념적인 말로만 생각했는데, 부활을 사실로 믿고 있다는 게 너무나 충격적이었습니다." 그분, 바로 다음 주일에 교회에 나왔습니다. 그리고 세례 받고 신실한 교인이 된 것을 제가 알고 있습니다.

　제가 어렸을 때에는 부흥회가 참 많았습니다. 그 당시에는 부흥사경회로 월요일부터 주일까지 일주일 동안 큰 집회를 하는데, 온 동네 사람들이 다 모여서 믿건 믿지 않건 큰 행사처럼 부흥회를 했습니다. 그런데 그때 부흥사 목사님들이 마치 무슨 비사(比辭)처럼 늘 하시는 말씀이 있었습니다. 불교, 유교, 기독교를 서로 비교해서 하시는 말씀이었습니다. 그러니까 이런 것입니다. "불교란 뭐냐? 불교는 상갓집과 같다. 항상 인생무상을 말하면서 슬퍼한다. 그렇게 세상을 비관하면서 부정적으로 보는 종교다." 또 이런 것입니다. "유교란 뭐냐? 유교는 제삿집과 같다. 항상 죽은 조상만 생각한다. 그들에게 효도는 제사를 열심히 드리는 것이다. 이것이 유교의 기본이다." 그러면 기독교는 무엇입니까? 기독교는 잔칫집과 같다는 것입니다. 항상 축제요, 찬양과 감사와 찬송, 이것이 기독교다, 이것입니다. 이렇게 세 종교를 비교해서 설명하는 이야기를 제가 수없이 많이 들었습니다.

여러분, 승리가 무엇입니까? 성공이 무엇입니까? 얻었다고 성공도 아니고, 출세했다고 승리도 아닙니다. 특별히 승리란 쟁취가 아닙니다. 승리란 감사입니다. 감사와 찬송이 있어야 성공입니다. 좋은 소리가 나야 됩니다. 소리가 나지 않으면 종이 아닙니다. 마찬가지로 성공이란 감사와 찬송이 우러나야 성공입니다. 가령 성공하고 두려워한다면, 출세하고 불안하다면 그것은 큰 실패입니다. 여러분, 생각해보십시오. 성공하고 잠을 못 잔다면, 권세를 얻고 불안에 떤다면 이것이 어찌 성공입니까. 돈을 벌고 불안하다면 이것이 어떻게 성공입니까. 저는 아주 간단하게 말하고 싶습니다. 잠을 잘 자야 복 받은 사람입니다. 부하건 가난하건, 그저 잠을 잘 자는 사람이 복 받은 사람입니다. 승리는 감사와 찬송으로 마지막 결말이 나는 것입니다. 승리해서 찬송하는 것이 아닙니다. 오늘본문이 말씀하는 귀중한 진리는 감사, 찬송해서 승리한다는 것입니다. 이것이 오늘본문의 주제입니다.

예수님께서 제자들과 함께 마지막 성만찬 예식을 행하십니다. 심각한 것입니다. 예수님께서는 이 만찬을 하시고, 이제 내일 아침에는 십자가에 돌아가십니다. 다 알고 계십니다. 그리고 제자들과 함께 감람산으로 마지막 기도를 하러 올라가십니다. 이에 대해서 성경은 너무나도 엄청난 말씀을 합니다. 마태복음 26장 30절입니다. "이에 그들이 찬미하고 감람산으로 나아가니라." 십자가를 앞에 바라보면서도 찬미하며 감람산으로 갔습니다. 이 자체가 승리요 영광입니다. 이사야서 43장 21절은 말씀합니다. "이 백성은 내가 나를 위하여 지었나니 나를 찬송하게 하려 함이니라." 하나님께서 우리를 창조하시고, 우리에게 기대하시는 바가 무엇인가? 많은 은혜를 베푸시며, 우리에게 마지막으로 바라시는 하나님의 소원이 무엇인가? 찬송입니다. 하나님을 찬송하고, 하나님을 찬양하는 것입니다. 에베소서 1장 14절부터 보면 특별히 강조하는 바가 있습니다. 하나님께서 우리를 구원하신 것, 우리를 예정하신 것, 하나님께서 우리에게 베푸시는 은총의 최종목적은 그 영광을 찬양, 찬송하게 하시려는 것이다, 이것입니다.

오늘본문 16절에는 더 중요한 말씀이 있습니다. "찬미를 온전하게 하셨나이다……" '카테르티소'입니다. '완전하게 한다'는 뜻입니다. 찬미를 완전하게 한다! 이 얼마나 귀한 말씀입니까. 하나님께서 우리로 하여금 찬미하게 하시고, 부족한 찬송, 찬미를 완전하게 하십니다. 이것이 우리를 향한 하나님의 최종은총이라는 것을 잊지 말아야 합니다. 우리는 더러 뜻도 모르고 찬송할 때가 있습니다. 그러나 이제는 알게 될 것이고, 지금까지는 뜻 없이 따라 불렀지만, 이제는 깨닫고 부르는 찬송입니다.

특별히 오늘본문에서 더욱 귀중한 진리는 '미리 부른 찬송'입니다. 미리 부르는 찬송, 그 영원한 찬송을 오늘 여기서 부르는 것입니다. 그것이 오늘본문의 신비로운 말씀입니다. 예수님께서는 세상에 오시어 수많은 병자들을 고치셨습니다. 수많은 이적들을 행하셨습니다. 이것을 보고 사람들은 틀림없이 예수님이 메시아시라고 믿게 됩니다. 예수님께서 메시아로 이 세상에 오셨다, 이것입니다. 그래서 지금 예수님이 나귀를 타고 예루살렘 성전으로 올라가겠노라 하실 때 제자들은 생각했습니다. '바로 이때다! 구약에서 선지자들이 예언한 대로 오늘 예수님이 나귀를 타시고 왕으로서 입성하시는 것이다!' 그리고 옷을 벗어서 나귀 등에 얹고 환호합니다. 드디어 때가 왔다고 생각하고 많은 사람들은 호산나를 불렀습니다. 호산나는 아주 의미 있는 말입니다. 우리가 "만세! 만세!" 하는데, 이 만세라는 말은 말 그대로 만 년 동안 살라는 뜻입니다. 사람이 만 년을 어찌 살겠습니까. 그러니 어찌 보면 다 쓸데없는 말입니다. 하지만 호산나는 우리를 구원해달라는 말입니다. '당신은 우리의 주인이십니다.' 이런 뜻입니다. 그래 호산나, 호산나를 부르며 예수님의 뒤를 따라갑니다. 성전에 올라갔습니다. 그랬더니 대제사장들과 서기관들과 고관들이 매서운 눈으로 노려보면서 호통을 칩니다. "뭐하는 짓들이냐? 이 얼마나 정치적으로 위험한 일이냐?" 그때 이 사람들이 뭐라고 했는지 아십니까? "이스라엘의 왕입니다!" 하고 말하지를 못하고, "갈릴리에서 온 선지자입니다!" 합니다. 너무너무 실망스럽습니다. 이게 무슨 소리입니까? 이렇게 해석할 수 있습니다. "저 갈릴리 촌사람들이 와서 지금 무슨 퍼레이드를 하고 있는 모양인데, 거기에 관심두지 마세요." 정말 복장 터질 노릇 아닙니까. "갈릴리에서 온 선지자입니다. 그 촌사람들이 와서 좀 퍼레이드를 하는 건데, 눈감아주세요." 이런 정도의 말입니다. 그리고 성전에 들어갑니다. 예수님께서 그 성전 안에 어지럽혀진 것들을 보시고 다 청소해버리십니다. "만민의 기도하는 집을 어찌하여 강도의 굴을 만들었느냐?" 하시며 예수님께서는 무서운 얼굴로 저들을 다 몰아내셨습니다. 깨끗하게 청소하셨습니다. 저들도 늘 양심의 가책을 느끼며 성전 뜰에서 장사를 하고 있었는데, 이제 예수님께서 그들을 깨끗하게 몰아내버리신 것입니다.

　　제사장과 서기관들이 몹시 부끄러워졌습니다. 당연히 저들이 해야 될 일을 예수님께서 하신 셈이니까요. 그래 그들은 부끄러운 마음으로 물어봅니다. "누구의 권세로 이 일을 하고 있느냐?" 예수님께서 대답하십니다. "나도 너희에게 묻는다. 대답해라. 세례 요한의 세례가 하늘로부터냐, 땅으로부터냐? 대답해라." 그들은 생각합니다. '하늘로부터라고 하면 왜 세례 요한을 믿지 않았느냐고 할 것이고, 땅으로부터라고 하면 이 많은 사람들이 세례 요한을 선지자로 믿고 있는데, 돌을 던질 것이다. 그런고로 모른다고 하자.' 그래 그들은 적당하게 모른다고 둘러댑니다. 이에 예수님께서도 말씀하십니다. "나도 무슨 권세로 이 일을 행하는지 너희들에게 말하지 아니하리라." 일이 이렇게 되었을 때 어린아이들만 저 마을에서부터 "호산나! 호산나!" 하고 어른들의 뒤를 종려나무가지를 들고 노래하며 따라옵니다. 모든 사람들이 조용해졌지만, 어린아이들만 여전히 소리를 지릅니다. 천진난만한 아이들입니다. 그렇게 순진한 아이들이니까 "호산나! 호산나!" 하고 소리를 지른 것입니다. 제사장들이 참지 못하고 "어린아이들이 저렇게 호산나, 호산나, 부르고 있는데, 그 뜻을 모르느냐? 왜 저들을 말리지 않느냐?" 합니다. 예수님께서 그때 대답하십니다. "어린아이의 찬송을 온전케 하셨다 하는 말씀을 읽어보지 못했느냐?" 어린아이의 찬송은 순진한 것입니다. 깨끗한 것입니다. 그러나 깊은 뜻은 모릅니다. 어린아이의 마음은 깨끗합니다. 호산나를 부르고 있습니다마는, 거기에 어떤 의미가 있는지는 모릅니다. 그러면 '온전하게 한다'는 말은 무엇입니까? 모르고 부르는 찬송을 알게 한다는 것입니다. 감격이 없는 찬송에 감격을 준다는 것입니다. 생각이 없는 찬송, 관례적으로 부르는 찬송에 깊은 감격을 준다, 깨달음을 준다, 하는 말씀입니다.

성전에서 제사장들이 제자들을 협박할 때 어린아이들은 생각 없이 그저 "호산나!" 하고 소리칩니다. 예수님께서는 그 어린아이들의 찬송을 받으십니다. 그 부족한 찬송을 받으신 것입니다. 그 순진한 찬송을 크게 받으시고 기뻐하십니다. 그리고 "어린이의 찬송을 온전케 하신다고 하는 성경말씀을 읽어보지 못했느냐?" 하십니다. 깨닫지 못하고 부른 찬송을 이제 깨닫게 하십니다. 두려움 중에 부른 찬송을 오늘 담대하게 부르게 하십니다. 기쁜 마음으로 부르게 하십니다.

저는 찬송이라고 하면 일생토록 잊지 못하는 중요한 경험이 있습니다. 1951년, 제가 북한의 강제노동수용소에 들어가 있을 때가 제 일생에서 가장 고생스러웠습니다마는, 그 가운데 가장 중요하고 힘들었던 것이 일하는 사람들끼리 서로 말을 못하게 한 것입니다. 누구하고 어떤 말도 해서는 안 됩니다. 그랬다가는 맞아 죽습니다. 그러니 전부 벙어리가 될 수밖에요. 그런데 거기서 일을 하다가 사람들 얼굴을 가만히 보면 어느 교회 목사님 같기도 하고, 장로님 같기도 한 분들이 거기서 강제로 일하고 있었습니다. 이제 무엇으로 소통하겠습니까? 휘파람이었습니다. 그 광산에서 일하면서 조용히 휘파람으로 찬송가를 부르는 것입니다. 제가 찬송가를 부르면 옆에 있던 사람이 따라 부릅니다. 그런 식으로 하다 보면 어느 사이에 여러 사람이 휘파람으로 합창을 합니다. 그렇게 찬송을 부르는 순간 제 눈에서 눈물이 주르륵 흘렸습니다. 그 순간이 제 마음에는 가장 소중한 기억으로 남아 있습니다. 지금 이 순간에도 북한의 강제노동수용소 어느 굴속에서는 휘파람으로 찬송을 부르는 우리의 성도들이 많이 있다는 사실을 잊지 마시기 바랍니다. 입으로는 부르지 못합니다. 우리처럼 이렇게 마음껏 부르지를 못하는 것입니다. 두려움 중에 부르는 찬송이지만, 그래도 부르는 동안에 두려움이 다 사라집니다. 슬픔 가운데 부르는 찬송이 어느 사이에 기쁨으로 바뀝니다. 참 놀랍지 않습니까. 찬송을 온전케 하신다는 의미입니다.

저는 목사이기 때문에 많은 사람들의 임종을 보았습니다. 여러분도 다 경험하시겠지만, 지금 여기 한 분이 세상을 떠나려고 합니다. 벌써 의식이 어두워져서 제가 설교를 하고 무슨 말을 해도 알아듣는지 어떤지 알 수가 없습니다. 의식도 없습니다. 그런 상태에 있는 분을 놓고 우리가 할 수 있는 일이 무엇입니까? 우리 교인들이 할 수 있는 일이 뭐겠습니까? 찬송입니다. 여러분, 이걸 아셔야 됩니다. 사람은 모든 기능 가운데 맨 마지막까지 살아있는 것이 청각입니다. 의식이 없다고 해서 못 들으리라고 생각하면 안 됩니다. 많은 학자들이 말합니다. 마지막까지 청각은 남아 있다고요. 그러니까 죽어가는 사람은 귀로 다 듣고 있으니까 알아서 하십시오. 조심해야 됩니다. 다 들린답니다. 제가 아는 목사님 한 분이 교통사고로 무의식상태에 있었습니다. 그때 제가 그분을 찾아가서 기도했습니다. 그리고 한 열흘 뒤에 그분이 깨어났는데, 그때 제가 했던 기도소리를 다 들었답니다. 그러니까 조심해야 됩니다. 사실 우리가 마지막 가는 분을 위해서 할 수 있는 일이 찬송입니다. 여러분, 다 경험하셨지요? 임종의 자리에서 우리가 찬송을 부릅니다. 계속해서 부릅니다. '만세반석 열리니…… 며칠 후 며칠 후……' 이렇게 계속 찬송을 부르는 동안에 세상을 떠나는 것입니다. 그런데 놀라운 것은 찬송을 부르는 동안에 그 얼굴이 환하게 밝아지는 것을 볼 수 있다는 것입니다. 그 모습을 볼 때 제 마음이 그렇게 기쁠 수가 없습니다. 그런 순간을 한 번 보고나면 며칠 동안 밥을 안 먹어도 행복합니다. '찬송을 온전케 하신다.' 찬송으로 구원의 역사가 이루어지고, 영혼이 밝아지고, 하늘이 열리는 것을 경험하게 되는 것입니다.

여러분은 찬송을 통해서 얼마나 많은 은혜를 경험하셨습니까? 병든 중에, 여행 중에, 고독할 때 조용히 부른 찬송, 두려운 가운데 부른 찬송을 하나님께서 온전케 하십니다. 놀라운 말씀 아닙니까. 우리는 최고의 영광이 순교라고 생각합니다. 그 순교자의 마지막 영광이 무엇입니까? 찬송입니다. 비록 순교하고, 모진 고난을 당한다 하더라도 찬송 속에서 하늘이 열리는 것을 보며, 하나님을 찬양하는 것입니다. 역사의 마지막 목표는 하나님의 영광에 대한 찬양입니다. 마지막 성공도 찬양입니다. 여러분, 그런고로 부탁합니다. 찬송 많이 부르십시오. 그래서 제가 일부러 우리 교회에서 같은 찬송을 여러 번 부르게 하는 것입니다. 왜요? 그래야 죽을 때 부를 것 아닙니까. 자꾸 이것저것 바꿔서 부르면 찬송이 기억되지 않습니다. 같은 찬송을 자꾸 부르고 또 불러서 마음속에 담아났다가 의식이 오락가락 할 때도 저절로 이 찬송을 부를 수 있어야 됩니다. 저는 장례식에 가면 유족들한테 꼭 이렇게 물어봅니다. "고인이 제일 좋아하던 찬송이 무엇입니까?" 그런데 찬송 부르는 걸 본 일이 없다고 하면 실망입니다. 하지만 "고인은 이 찬송을 좋아하셨습니다!" 하면 그걸 같이 부릅니다. 얼마나 좋은지요? '나 같은 죄인 살리신……' '내 주를 가까이 하게 함은……' 참 좋은 찬송들 아닙니까. 이렇게 좋은 찬송들이 많이 있습니다. 그런데 한번은 저를 놀라게 한 일이 있었습니다. "고인이 제일 좋아하던 찬송이 무엇입니까?" 그랬더니 '참 아름다워라'라고 답합니다. 그래서 장례식에서 '참 아름다워라'를 불렀습니다. 그러면서 생각해보니까 '아, 이분의 마음속에는 이 같은 은혜가 있었구나!' 싶었습니다. 감동을 받았습니다.

순교자가 마지막에 취할 자세가 무엇입니까? 바로 하나님을 찬양하는 것입니다. 하나님 찬미를 온전케 하는 것입니다. 아니, 찬미가 온전케 하는 것입니다. 믿음을 주고, 소망을 주고, 영광을 주고, 능력을 줍니다. 찬송을 온전케 하시는 하나님의 그 큰 은혜를 우리 모두가 함께 누려야 할 것입니다. △

부활의 첫 열매

그러나 이제 그리스도께서 죽은 자 가운데서 다시 살아나사 잠자는 자들의 첫 열매가 되셨도다 사망이 한 사람으로 말미암았으니 죽은 자의 부활도 한 사람으로 말미암는도다 아담 안에서 모든 사람이 죽은 것 같이 그리스도 안에서 모든 사람이 삶을 얻으리라 그러나 각각 자기 차례대로 되리니 먼저는 첫 열매인 그리스도요 다음에는 그가 강림하실 때에 그리스도에게 속한 자요 그 후에는 마지막이니 그가 모든 통치와 모든 권세와 능력을 멸하시고 나라를 아버지 하나님께 바칠 때라 그가 모든 원수를 그 발 아래에 둘 때까지 반드시 왕 노릇 하시리니 맨 나중에 멸망 받을 원수는 사망이니라 만물을 그의 발 아래에 두셨다 하셨으니 만물을 아래에 둔다 말씀하실 때에 만물을 그의 아래에 두신 이가 그 중에 들지 아니한 것이 분명하도다 만물을 그에게 복종하게 하실 때에는 아들 자신도 그 때에 만물을 자기에게 복종하게 하신 이에게 복종하게 되리니 이는 하나님이 만유의 주로서 만유 안에 계시려 하심이라

(고린도전서 15 : 20 - 28)

부활의 첫 열매

　몇 해 전에 저는 아주 마음 아픈 특별한 경험을 한 적이 있습니다. 35세의 한 청년 이야기입니다. 아주 유명한 장로님의 아들로, 제가 그의 결혼 주례를 해주었습니다. 이 청년은 한국에서 일류대학을 나왔고, 해외로 유학도 다녀왔고, 마침 길도 잘 열려서 큰 회사에 취직이 되어 열심히 살았습니다. 그야말로 전도유망한 청년이었습니다. 그는 밤낮없이 일했습니다. 그러다가 어느 날 이상하게 몸이 불편해서 병원에 가 진찰을 해보니 급성 간암이라는 것이었습니다. 앞으로 한 달 밖에 살 수 없다는 판정을 받았습니다. 사형선고였습니다. 그때 제가 특별히 요청을 받아서 병원으로 가 그를 만나게 되었습니다. 한 달 시한부 생을 살게 된 이 청년, 나름대로 열심히 살아왔고, 또 신앙적으로 살기도 했습니다. 좋은 가정도 이루었고요. 세상적으로 말하면 부러울 것이 없을 만큼 유망한 청년입니다. 하지만 이제 젊은 나이에 세상을 마감하게 된 것입니다. 정말로 할 말이 없었습니다. 인생으로 말하면 모범생입니다. 그런데 의외로 그는 밝은 마음으로 저를 맞아주었습니다. 예배를 함께 드리고, 성경을 같이 읽고, 찬송도 부르고 하는 모습을 보면서 제가 마음이 몹시 아팠습니다. 그가 딱 한마디 했습니다. "목사님, 이런 시간이 있으리라는 걸 진작 알았더라면 과거처럼 살지는 않았을 겁니다. 생각하면 너무 미련하게 살았습니다. 잘못한 일이 너무 많습니다. 후회되는 일이 너무 많습니다." 그리고 나서 그는 아무 말이 없었습니다. 예배를 마친 다음 제가 일어나서 나오려고 하면서 문을 여는데 "목사님!" 하고 뒤에서 그가 저를 불렀습니다. 그래 제가 문을 열고 나오려다가 주춤하고 돌아보는데, 그때 빙그레 웃으면서 그가 한 말을 제가 잊을 수 없습니다. "목사님, 천국에서 다시 만납시다." 그리고 저는 그 문을 나왔습니다.

여러분, 도대체 성공이라는 것이 무엇입니까? 고린도전서 15장 19절은 말씀합니다. "다만 이 세상의 삶뿐이면……" 우리가 사는 세상이 다만 이 세상뿐이라면, 하는 질문입니다. 그 답이 이 세상뿐이라고 할 때 세상은 말 그대로 허무요 절망입니다. 무슨 의미가 있다고 할 것이 아무것도 없습니다. 그래서 우리는 생각합니다. 가치관, 세계관, 우주관, 성공과 실패, 행복과 불행…… 이 모든 것이 바로 죽음 앞에서 다 물거품처럼 사라진다는 것을 잊어서는 안 됩니다. 그 시간이 우리 누구한테나 다가오고 있기 때문입니다.

여러분, 지혜로운 자가 누구입니까? 지식은 과거에 대한 것이고, 지혜는 미래에 대한 것입니다. 그렇다면 지혜로운 사람이란 누구입니까? 바로 죽음을 생각하고 사는 사람입니다. 세상에 끝이 있다는 걸 알고 사는 사람입니다. 종말을 알고 사는 사람입니다. 젊었습니까? 늙을 때가 있다는 걸 알아야 합니다. 가졌습니까? 다 놓아 버릴 때가 있다는 걸 알아야 합니다. 언젠가는 모든 것이 수포로 돌아가는 시간이 반드시 있다는 것을 알고 사는 것이 지혜입니다. 철학 용어로는 '에스카톤'입니다. 끝을 생각하며 사는 것, 시작이 있으면 끝이 있는 것입니다. 시작했으니 끝은 올 것입니다. 살았으니 죽을 것입니다. 끝을 알고 오늘을 사는 것, 이것을 가리켜 '종말론적 가치관'이라고 합니다. 종말이 아니고 종말론입니다. 종말이 있다는 걸 알고 오늘을 사는 것, 이것이 종말론입니다. 이 종말론적 가치관을 잊어버리고 산다면 그는 참으로 어리석은 사람이요, 미련한 사람이 될 것입니다.

종교는 죽음 다음의 문제를 생각합니다. 도대체 죽음은 무엇이며, 죽음이라는 과정을 통과한 다음의 세계는 무엇입니까? 이걸 생각하고 사는 것이 종교입니다. 모든 종교가 죽음과 죽음 다음의 세계를 나름대로 꿈꾸고 생각하며 그려봅니다. 이것이 바로 종교입니다. 그런가하면 죽음 다음에 부활이 있다는 생각을 하고 사는 것이 그리스도인입니다. 모든 문제의 해답은 예수 그리스도의 부활 사건에 있습니다. 복잡한 문제가 있는 것 같으나, 실은 아무것도 없습니다. 딱 하나, 우리의 절대적 관심, 궁극적 관심사는 오직 예수 부활 하나입니다. 여러분, 더도 덜도 말고 그것만 사실이라면, 그것만 믿을 수 있다면 모든 문제는 다 해결되는 것입니다. 예수의 부활 사건, 그 속에 우리 생명의 근본이 있습니다. 또한 모든 예언과 모든 지식의 결정체, 그리고 말씀의 성취가 예수 부활 사건 속에 있다는 것을 잊지 말아야 합니다.

예수의 부활! 오늘본문은 대단히 중요한 말씀을 우리에게 가르쳐줍니다. 부활의 첫 열매, 다른 말로 바꾸어본다면 부활의 첫 사건, 원초적 사건, 창조적 사건입니다. 이것을 부활의 첫 열매라고 말합니다. 여러분, 생명은 참으로 신비로운 것입니다. 두고두고 생각해야 합니다. 적어도 우리는 네 차원의 생명을 생각합니다. 첫째가 식물학적 생명입니다. 우리가 동식물을 봅니다. 꽃을 봅니다. 지나다니면서 보니까 벌써 개나리가 피었고, 또 벚꽃이 점점 몽우리가 지고 파랗게 올라오는 것을 봅니다. 참 신비롭지 않습니까. 다 죽은 것과 같이 아주 고목나무처럼 되었던 곳에서 싹이 나고 꽃이 핍니다.

개나리가 핍니다. 진달래가 핍니다. 정말 신비롭지 않습니까. 또 이 식물의 세계라는 것도 이상합니다. 대체로 보아서 꽃이 먼저 피고, 그 다음에 잎이 나옵니다. 그래서 더 신비롭습니다. 잎이 나온 다음에 꽃이 피는 것이 아니라, 꽃이 먼저 핀 다음에 잎이 나오는 것을 볼 때 참으로 신비롭습니다. 또 성경에서는 작은 종자를 겨자씨에 비유합니다. 물론 겨자씨보다 더 작은 씨앗도 있습니다. 아주 먼지 같습니다. 씨앗 하나가 그야말로 먼지처럼 눈으로 잘 보이지도 않을 정도로 작지만, 그 씨앗이 땅에 들어가서 그 생명이 점점 커지고, 나무가 되고, 꽃이 피는 것을 보면 너무나 신기합니다. 아무리 생각해도 상상할 수 없는 신비로움이 그 속에 있습니다. 생명의 신비가 그 속에 있는 것입니다. 이것이 식물학적 생명에서 오는 신비입니다.

그런가하면 동물적 생명을 봅니다. 이것은 유전학적으로 연계합니다. 모든 동물이 새끼를 낳고, 이어지고 또 이어지는 동물학적 생명, 유전학적 생명이 있습니다. 이것은 또 다른 차원입니다. 식물과는 다릅니다. 동물의 생명과 식물의 생명은 전혀 다른 차원입니다. 그런가하면 또 인간적 생명이 있습니다. 인간적 생명은 동물과는 또 다른 것입니다. 많은 학자들이 동물과 인간을 연결해보려고 몸부림을 칩니다. 동물이 진화되어서 고등동물이 되고, 그것이 인간이 되었다고들 설명해보려고 하지만, 아닙니다. 제가 언젠가 케냐 탄자니아를 방문했을 때의 일입니다. 시간이 많이 남아서 오후에 안내원에게 물어보았더니 독일에서 온 분들이 여기에 집을 짓고 살면서 몇 해 동안 고고학연구를 하는 데가 있다고 하는 것입니다. 그래서 차를 타고 그 뜨거운 사막을 거쳐서 가보았지요. 그랬더니 정말 독일 사람들 몇이 모여서 유골들을 파놓고 분석하기도 하고, 고고학

연구를 열심히 하더라고요. 그것을 한참 살펴보다가 제가 물었습니다. "나는 이런 데 취미도 없거니와 잘 알지도 못하지만, 딱 한마디만 물어봅시다. 도대체 뭘 연구하고 있는 겁니까?" 그랬더니 그들이 이렇게 답합니다. "동물과 인간의 연계, 인간이 동물로부터 왔느냐, 동물과 인간이 서로 다르냐, 그 둘이 서로 관계가 있느냐, 하는 것을 연구합니다." 그 연구를 지금 3대째 하고 있다는 것입니다. 그래서 결론이 뭐냐고 하니까 아무리 연구를 해봐도 원숭이하고 사람은 서로 다르다는 것입니다. 그래서 제가 그랬습니다. "나는 진작부터 알았는데, 그걸 뭘 연구하고 있소?"

여러분, 이 사실을 아십니까? 어린아이들을 보십시오. 그 어린 꼬마들이 아장아장 걸으면서 다니는 걸 보면 참 신기하잖아요? 넘어질 듯 넘어질 듯 하면서 걸어가는 게 보통 신기한 것이 아닙니다. 왜냐하면 사람은 신경이 발끝하고 발뒤축에 있다는 것입니다. 발뒤축과 발끝에 독립적으로 신경이 있으니까 발이 하나지만 엄밀히 말하면 둘인 것입니다. 우리가 지금 두 발로 서 있는 것 같아도 사실은 네 발로 서있다, 이것입니다. 발끝과 발뒤축으로요. 그런데 동물은 이게 없습니다. 그래서 원숭이 같은 동물들이 재주를 부리고 사람처럼 서서 다니지만, 절대로 오래 서 있지를 못합니다. 왜요? 신경이 하나밖에 없거든요. 그래서 두 발로 서서 걷는 존재는 인간밖에 없다, 이것입니다. 그러니까 동물과 인간은 차원적으로 다르다 하는 것입니다.

또 그런가하면 사람의 생명을 더 들여다보면 영혼이 있고, 양심이 있고, 이성이 있습니다. 이것이 인간입니다. 그런데 우리는 여기까지만 생각하고, 이게 끝인 줄 압니다. 아닙니다. 다음 단계의 더 높은 차원의 생명이 있습니다. 그것이 바로 그리스도적 생명입니다. 대단히 중요합니다. 사도 바울은 오늘본문에서 이것을 딱 한 마디로 '부활의 첫 열매'라고 말합니다. 부활의 첫 열매, 이 귀하고 신비로운 미래적 생명을 우리에게 설명하면서 성경에 있는 내용을 예로 듭니다. 그 예가 아주 소중합니다. 바울은 아담을 설명합니다. 아담을 증거로 들면서 아담 한 사람으로부터 모든 사람이 태어난 것처럼 예수 그리스도로 말미암아 그리스도적 생명의 첫 열매가 나타났다고 말합니다. '그로 말미암아 모든 생명이 구원을 얻게 될 것이고, 그리스도적 생명으로 변화되리라.' 이것을 사도 바울은 재창조라고 말합니다. 이것은 창조의 세계지, 진화의 세계가 아닙니다. 그런고로 그리스도적 생명으로 재창조되는 역사, 이것이 바로 예수 부활입니다. 오랫동안 예언해왔고, 오랫동안 말씀해오던 모든 사건의 최종목적(final goal)을 우리에게 보여줍니다. 그것이 바로 예수 부활입니다.

오늘 우리는 여기에 있습니다. 여기 현재라는 인간적 차원에 있습니다마는, 우리보다 먼저 가신 예수님께서는 부활의 첫 열매가 되시어 거기서 우리를 기다리십니다. 그리고 우리에게 말씀하십니다. '너희도 나 있는 곳에 있으리라. 나와 같이 있으리라. 그리스도적 생명으로 변화되리라.' 그래서 성경에는 부활이라는 단어가 있고, 변화라는 말이 있는 것입니다. 신학적으로 연구해보면 반반입니다. 부활과 변화를 같은 개념으로 사용하고 있습니다. 그리스도적 생명을 빌립보서 3장 21절에서는 이렇게 말씀합니다. "우리의 낮은 몸을 자기 영광의 몸의 형체와 같이 변하게 하시리라." 우리의 낮은 몸을, 이 더러운 죄인의 몸을 구속하시어 그리스도의 영광된 몸과 같은 몸으로 변화하게 하시리라, 이것입니다. 그런고로 여러분, 우리가 지금 예수의 부활을 축하하는 것은 지나간 옛날의 역사를 놓고 축하하는 것이 아닙니다. 그 부활이 내 부활이요, 그 부활이 나에 대한 약속이요, 그 부활 생명이 바로 우리 생명의 미래이기 때문입니다. 그래서 중요한 것입니다.

모든 진리에 대한 우리의 자세는 딱 두 가지입니다. 하나는 반복적인 것이고, 또 하나는 단회적인 것입니다. 단회, 한 번밖에 없는 것입니다. 그것은 경험할 수 없습니다. 반복되는 일은 우리가 경험할 수 있기 때문에 이른 바 증명이라는 것이 있을 수 있습니다. 그래서 증거를 보고서 그런 일이 있었나 없었나, 할 수 있지만, 한 번 있었던 사건은 두 번 다시 증거할 수 없는 것입니다. 그래서 단회적 사건이란 바로 믿음밖에 없습니다. 오직 믿음으로 받아들여야 하는 것입니다. 우리는 부활을 경험하고 싶습니다. 그러나 우리가 죽어서 부활하는 순간 벌써 옛사람이 아닙니다. 두 번 있는 사건이 아닙니다. 모든 기적이란 딱 한 번 있는 단회적 사건입니다. 그런고로 믿음으로 받아들이고, 믿음으로 수용하는 길밖에 없는 것입니다.

제가 미국 LA에 가면 한 번씩 꼭 가보는 곳이 있습니다. 폴 게티(Paul Getty)박물관입니다. 그런데 갈 때마다 자리에 앉아서 오랫동안 감상하고 묵상하는 그림이 하나 있습니다. 루벤스가 그린 〈도마의 의심〉이라는 그림입니다. 5백 년 전에 그린 것인데, 참 잘 그렸습니다. 예수님께서 부활하셨습니다. 도마가 뭐라고 했습니까? 워낙 비참하게 돌아가신 것을 알고 있기 때문에 자기가 직접 예수님의 옆구리에 손가락을 넣어보기 전에는 믿을 수 없다고 했습니다. 그게 도마였습니다. 다른 제자들은 다 믿는다고 했지만, 도마는 믿을 수 없다고 고집을 피웠습니다. 그때 예수님께서 옆구리를 보여주시면서 손가락을 내밀어 넣어보고 믿는 자가 되라고 말씀하십니다. 그러니까 도마가 손가락을 딱 들고 구멍에다 넣을까 말까 하는 장면을 그림으로 그린 것입니다. 참 잘 그렸습니다. 여기에서 생각해봅시다. '저 사람이 바로 나다!' 늘 믿는다고 하면서도 여전히 의심이 많아서 손가락을 넣을까 말까 망설이는 그 모습의 도마가 바로 나라고 하는 것입니다. 예수님께서는 딱 한마디로 말씀하십니다. "믿는 자가 되라. 의심은 끝도 없는 것이다. 믿는 자가 되라."

한 산부인과 의사의 간증을 본 적이 있습니다. 그분은 나름대로 신앙고백을 가지고 있습니다. 어머니의 태에서 아이들이 나옵니다. 출생한 다음에 의사가 하는 일이 무엇입니까? 탯줄을 끊는 것입니다. 탯줄을 딱 끊는 순간, 사실 알고 보면 그거 굉장한 사건 아닙니까. 어머니의 뱃속에 있던 아이의 탯줄을 끊는 순간, 그것은 어머니와 아이 사이의 생명적 단절입니다. 끊어버리는 것입니다. 그러니까 태 안에 있던 아이로 볼 때 이것은 죽음입니다. 하지만 밖에서 볼 때에는 출생입니다. 그 의사는 말합니다. "모태에서 끊어져 새 태에서 사는 것처럼, 새 태에서 끊어져 천국에 들어가는 것이다." 아주 생명적인 이해입니다.

여러분, 큰 생명의 변화, 그리스도적인, 그리스도와 같은 생명의 변화, 진화가 아닌 창조적 변화, 이 그리스도의 부활사건을 보면서 예수 부활이 곧 내 부활이라는 사실이 확실해질 때 우리의 세상적인 모든 문제도 새로운 가치와 새로운 의미를 지니게 되는 것입니다. △

내 증인이 되리라

사도와 함께 모이사 그들에게 분부하여 이르시되 예루살렘을 떠나지 말고 내게서 들은 바 아버지께서 약속하신 것을 기다리라 요한은 물로 세례를 베풀었으나 너희는 몇 날이 못되어 성령으로 세례를 받으리라 하셨느니라 그들이 모였을 때에 예수께 여쭈어 이르되 주께서 이스라엘 나라를 회복하심이 이때니이까 하니 이르시되 때와 시기는 아버지께서 자기의 권한에 두셨으니 너희가 알 바 아니요 오직 성령이 너희에게 임하시면 너희가 권능을 받고 예루살렘과 온 유대와 사마리아와 땅 끝까지 이르러 내 증인이 되리라 하시니라 이 말씀을 마치시고 그들이 보는데 올려져 가시니 구름이 그를 가리어 보이지 않게 하더라 올라가실 때에 제자들이 자세히 하늘을 쳐다보고 있는데 흰 옷 입은 두 사람이 그들 곁에 서서 이르되 갈릴리 사람들아 어찌하여 서서 하늘을 쳐다보느냐 너희 가운데서 하늘로 올려지신 이 예수는 하늘로 가심을 본 그대로 오시리라 하였느니라

(사도행전 1 : 4 - 11)

내 증인이 되리라

우리에게 잘 알려진 C. S. 루이스가 이런 말을 했습니다. '인생 최대의 존엄은 주도권이 아니라 부르심에 응답하는 것이다.' 인생이란 얼마나 주도적으로 사느냐에 달린 것이 아니고, 은총에 대하여 얼마나 바르게 응답하고 사느냐에 달려 있다, 이것이 인생 최대의 본질이다, 하는 말입니다. 또 인도의 간디는 이렇게 말했습니다. '인생이 짓는 죄 가운데 가장 큰 죄가 무엇이냐? 공부를 안 하는 것이다.' 왜냐하면 사람은 공부해서 사람입니다. 공부가 없다면 그건 동물입니다. 그래서 공부하지 않는 사람은 인간이기를 포기한 사람이나 마찬가지라는 것이지요. 그런고로 우리는 항상 공부해야 됩니다. 지금 이 예배도 설교도 다 공부입니다. 이 공부를 통해서, 이 예배를 통해서 우리가 좀 더 거룩하고, 좀 더 신령스럽게, 좀 더 인간답게, 좀 더 바른 하나님의 자녀로 양육되어가는 것입니다.

사람을 개발하는 데에는 몇 가지 길이 있다고 합니다. 다카하시 마코토가 쓴 「창조적 발상의 기술」이라는 책에 보면 우리가 상식적으로 아는 것을 잘 분석해놓았습니다. 첫째는 마음으로 생각하는 '심고(心考)'입니다. 다섯 살짜리 정도의 인간을 말합니다. 많은 호기심이 있고, 느낌으로 결정합니다. 어린아이들은 머리로 판단하지 않고 마음으로 판단합니다. '어머니가 나를 좋아하나? 아버지가 나를 싫어하나? 친구들이 나를 좋아하나?' 이런 생각은 머릿속에서 이루어지는 것이 아닙니다. 가슴으로 하는 것입니다. 이렇게 가슴으로 생각하는 것은 유치할 때의 일입니다. 호기심을 기초로 해서 생각하는 것입니다. 이것이 심고입니다. 둘째는 머리로 생각하는 '사고(思考)'입니다. 지식으로 생각하고, 논리적으로 생각하고, 비판하고, 판단하고, 추리하는 것입니다. 셋째는 손으로 생각하는 '수고(手考)'입니다. 직접 만져보고 경험해보고야 아는 것입니다. 꼭 경험하고 손으로 만져보고야 인정합니다. 그러나 경험에는 한계가 있습니다. 넷째는 발로 생각하는 '족고(足考)'입니다. 이것은 적극적인 차원입니다. 자기에게 닥쳐오는 것만 가지고 생각하는 게 아니고, 내가 찾아가는 것입니다. 진리를 알기 위해 찾아가서 경험하고 아는 것이 족고입니다. 창조적 경험입니다.

오늘본문에는 '지상대명령(The Great Commission)'이 나옵니다. 예수님께서 제자들에게 가장 중요한 명령을 하시는 장면입니다. 역사를 바꾸고, 우주의 운명을 결정하는 귀중한 말씀입니다. 이것이 신학자들이 '지상대명령'이라고 표현하는 것입니다. 그런데 사실은, 여러분이 잘 아시는 대로, 예수님께서는 세상에 오시어 3년밖에 일하지 않으셨습니다. 그 3년 동안만 사역을 하신 것입니다. 그리고 교회는 제자들을 통해서 이루어집니다. 예수님께서 3년을 사역하시고 나서 제자들에게 명령을 하시고, 그 제자들을 통해서 교회가 세워지는 것입니다. 그래서 오늘의 교회가 되고, 또 큰 역사를 이루게 됩니다. 그 제자들을 통해서 이루어지는 계기적 사건이 바로 8절에 나옵니다. 딱 한마디입니다. "내 증인이 되리라." 너희가 내 증인이 되리라! 이 얼마나 중요한 말씀입니까. 어떤 엄연한 사건도 증거가 없으면 땅에 묻힙니다. 여러분도 잘 아시지요? 요새 신문에 나는 사건들을 보십시오. 엄연한 사건인데도 증거가 없답니다. 증인이 없답니다. 증인이 왜 없습니까? 다 도망가니까 없는 것이지요. 손해 볼 것 같으니까 다들 입을 다무는 것입니다. 그래 그만 그 사건이 땅에 묻히고 말잖아요? 그러니까 꼭 증인이 있어야 됩니다. 증거가 있어야 됩니다. 증거가 있어야만 생명력을 가지게 됩니다. 그래야 확장력이 생기고, 재창조의 역사를 이룰 수 있습니다. 증거가 없이는 사건이 사건화되지를 않습니다. 이걸 우리가 알아야 합니다.

이제 예수님께서 부활하셨습니다. 십자가에 돌아가시고 만백성을 위하여 부활하셨습니다. 엄연한 사건입니다. 우주적인 사건입니다. 그런데 지금 예수님께서 말씀하십니다. "너희가 내 증인이 되리라." 조금 더 설명을 붙이면 이것입니다. "너희가 내 증인이 되어야 하겠다. 너희가 내 증인이 되어야 내 죽음이 생명력을 발휘하게 되고, 구속의 역사가 완성되겠다. 너희가 내 증인이 되리라." 이 얼마나 중요한 말씀입니까. 깊이 생각해야 됩니다. 많은 이들이 "증인이 되라!" 합니다. '되라'가 어디 있습니까? 증인은 아무나 되는 것이 아닙니다. 오늘본문말씀을 잘 읽어야 됩니다. "내 증인이 되리라." 사건은 이미 있습니다. 3년 동안 예수님께서 하신 역사가 있고, 십자가에 돌아가신 엄연한 사건이 있습니다. 그리고 사망 권세를 이기시고 부활하셨습니다. 여기까지 왔는데, 이제 이것이 사건화되고, 역사화되고, 현실화되고, 생명력 있게 확장되어 모든 사람들이 이로 말미암아 구원을 얻게 되기 위해서는 사건화되는 계기가 있어야 합니다. 딱 하나, 이것입니다. "너희가 내 증인이 되어야 하겠다." 이 얼마나 중요한 말씀입니까. 너희들이 내 증인이 되어야 내 죽음이 헛된 죽음이 되지 않고, 이 거룩한 역사가 이루어질 수 있겠다, 이것입니다. 예수님 말씀입니다. 대단히 중요한 말씀입니다. 너희가 내 증인이 되리라! 그냥 제자들에게 증인이 되어달라고 사정하신 이야기가 아닙니다. 어디까지나 '되리라'입니다. 주도권은 주님께서 가지고 계십니다. 그리고 확실하게 말씀하십니다. "너희가 내 증인이 되리라." 되어달라는 부탁이 아닙니다.

예수님께서 제자들을 부르셨습니다. 그 부르심에 응답해서 예수님의 열두 제자가 주님을 따르게 됩니다. 갈릴리 바닷가에서 어부를 부르셨고, 가버나움의 세관에서 세리를 부르셨습니다. 현장에서 이렇게 이 사람 저 사람 부르신 것입니다. 어떻게 생각하면 무자격한 사람들을 부르신 것입니다. 예수님께서는 그들을 데리고 다니시면서 "나를 따르라! 내게 배우라!" 하시면서 현장교육을 하신 것입니다. 이렇게 현장을 실제로 다니시면서 제자들에게 다 보여주고 들려주셨습니다. 그리고 십자가에 돌아가시고 부활하셨습니다. 그 놀랍고 신비로운 사건이 이루어졌는데, 제자들은 참으로 부끄러워서 예수님을 대할 수가 없었습니다. 부활하신 것은 확실한데, 스스로 자신이 예수님의 제자라고 나설 수가 없었습니다. 예수님께서 십자가를 지실 때 그들은 다 도망갔거든요. 예수님께서 얼마나 굉장한 능력을 가지신 분인지를 다 알면서도 그랬습니다. 예수님께서 메시아시라는 사실도 믿었고, 또 고백했으면서도 예수님께서 십자가를 지시는 순간 그들의 생각은 흔들렸습니다. '메시아가 왜 죽나? 메시아가 왜 십자가에 죽어야 하나? 어찌 이렇듯 무능하게 죽어야 하나? 이건 아니지 않은가? 우리가 바랐던 메시아는 이게 아닌데?' 이렇게 생각했던 것이지요. 그 낙심은 이루 말할 수가 없습니다. 이것이 사건의 근본입니다. 예수님께서 부활하시고 나서 그들이 이 부활사건을 만났습니다. 그렇게 분명히 예수님을 만나고 났더니 제자들, 이제는 부끄럽기 짝이 없습니다. 예수님께서 얼마나 누누이 십자가에 대해서 말씀하셨습니까. "나와 함께 기도하자. 나와 함께 가자. 자기 십자가를 지지 않고는 내 제자가 될 수가 없다." 이렇게 분명히 말씀하신 것을 다 듣고 배웠는데도 저들은 예수님께서 십자가를 지시는 순간 그 십자가를 따라나서지 못했습니다. 그리고 오늘 말할 수 없는 부끄러움에 빠졌습니다.

　아시는 대로, 예수님의 제자 베드로는 예수를 세 번이나 모른다고 하지 않습니까. 그냥 모른다고나 하고 말 것을, 성경을 자세히 보면 베드로는 부인하고, 맹세하고, 마침내 저주까지 했습니다. 그래서 '삼중 부인'이라고도 합니다. 이렇게 비참하게 베드로가 예수를 부인합니다. 그리고 이제 십자가에 돌아가신 예수님께서 부활하셨습니다. 그 부활하신 예수님을 베드로가 만납니다. 예수님께서 말씀하십니다. "네가 나를 사랑하느냐? 내 양을 먹이라." 이 부활사건 앞에 그는 무릎을 꿇습니다. 너무 부끄러웠습니다. '이렇게 하는 게 아닌데!' 예수님께서는 그렇게 부끄러워하는 제자들을 찾아오셔서 직설적으로 말씀하십니다. "베드로야, 네가 내 증인이 되리라!" 네가 내 증인이 되어야겠다, 되어주기를 부탁한다, 하는 이야기가 아닙니다. "네가 내 증인이 되리라." 무슨 말씀입니까? 부활의 증인, 부활생명이 사건화, 구체화되려면 부활의 증인이 필요합니다. 그게 누구입니까? 순교자입니다. 부활의 증인은 순교입니다. 순교자가 있어야 부활이 부활입니다. 순교자가 있어야 부활생명이 생명으로 나타나게 되는 것입니다. 예수님의 부활은 믿는다고 하면서 순교는 두려워한다면 되겠습니까. 예수님의 부활을 본 사람이 순교를 꺼려한다면 되겠습니까.

　여러분, 증인이라는 말을 많이들 합니다. 예수님의 부활에 대한 증인은 그대로가 순교입니다. 순교뿐만 아니라, 예수님처럼 기쁜 마음과 평안을 가지고 십자가를 지는 것입니다. 예수님께서는 "내 평안을 너희에게 주노라!" 하시면서 십자가를 지셨습니다. "환란을 당하나 담대하라. 내가 세상을 이기었노라." 이렇게 말씀하시고 십자가를 지십니다. 그 예수에 대한 증인은 어떠해야겠습니까? 이제 아무 두려움도 없습니다. 죽음도 두렵지 않습니다. 환란도, 고난도, 핍박도 다 두렵지 않습니다. 그 모든 두려움이 이제는 없습니다. 그 통쾌한 신앙, 그것이 증인입니다. 증인은 자기 의지로 되는 것이 아닙니다. 오늘 예수님께서 말씀하십니다. "너희가 내 증인이 되리라!" 될 것이다, 이것입니다. 이 말씀 속에는 확신과 능력, 순교에 대한 영광이 다 포함되어 있습니다.

증인이 누구입니까? 증인이 되려면 몇 가지 자격이 있어야 됩니다. 그것은 같은 경험입니다. 경험이 없이는 증인이 될 수 없습니다. 우리가 재판에서도 말하잖아요? 가장 중요한 것은 그 자리에 있었느냐 없었느냐, 하는 것입니다. 이것이 중요합니다. 보았느냐, 보지 못했느냐가 중요합니다. 체험하지 못한 자는 증인이 될 수 없습니다. 사적인 의견이 아닙니다. 이것은 철학도 아니고, 이론도 아닙니다. 그대로가 경험입니다. 부활하신 예수를 만났다고 하는 확실한 경험, 이것 없이는 증인이 될 수 없습니다. 예수님을 만났습니다. 만나기는 만났는데, 이 사람의 마음속에 믿음이 없습니다. 그리고 내가 증거를 서게 되는 저 분을 사랑하는 마음이 없습니다. 예수를 사랑해서 예수와 운명을 같이하고자 하는 마음이 있기까지는 증인이 될 수 없는 것입니다. 이걸 잊지 말아야 합니다.

나아가 더욱 중요한 것은 이 증거하는 내용이 너무나 소중하고 위대해서 내 생명의 가치보다 그걸 더 크게 여기는 것입니다. 내가 살고 죽는 것보다 예수의 부활이 더 중요합니다. 그리할 때 순교할 수 있는 것입니다. 내 생명은 아무것도 아닙니다. 예수의 부활 그 자체가 너무나 엄중하고 위대하기 때문에 여기에 흡수되어서 기쁜 마음으로 찬송하며, 하나님께 영광을 돌리며 순교하는 것, 이것을 잊지 말아야 합니다. 부활의 증인은 순교입니다. 그래서 우리가 늘 말하지 않습니까. 우리 신앙생활은 부활신앙을 가지고 사는 것입니다. 다른 말로 하면 순교적으로 사는 것입니다. 그것이 그리스도인의 모습입니다.

예수님께서 분부하십니다. "너희가 내 증인이 되리라. 반드시 될 것이다. 걱정하지 마라. 환란을 당하나 담대하라. 내가 세상을 이기었노라." 또한 마태복음 28장 20절에서도 말씀하십니다. "볼지어다 내가 세상 끝날까지 너희와 항상 함께 있으리라." 그런데 오늘 본문에 조그마한 조건이 있습니다. 예수의 증인이 되기 위해서, 부활의 증인이 되기 위해서는 예루살렘을 떠나지 말아야 한다는 것입니다. "예루살렘을 떠나지 말고……(4절)" 교회 중심적 신앙입니다. "예루살렘을 떠나지 말라. 만민의 기도하는 집을 떠나지 말라." 여기에 신비로운 말씀이 있고, 실제적 교훈이 있습니다. 참으로 순교적인 신앙은 성전 중심의 신앙입니다.

간증을 하나 하겠습니다. 1951년에 저는 북한에서 광산에 끌려가 한 8개월 동안 죽을 고생을 했습니다. 그때의 일입니다. 가서 처음 사흘 동안은 유치장에 갇혀 있었습니다. 한데 갑자기 밤에 이동한다고 하는 것입니다. 그래서 제가 그 책임자에게 말했습니다. "책임자 동무! 미안하지만, 저는 교인인데, 절대 도망가지 않겠습니다.

거짓말 아닙니다. 저를 4시간만 풀어주세요. 제가 교회에 가서 기도하고, 제 발로 걸어올 테니, 걱정 마시고 4시간만 저를 풀어주세요." 그런데 그 공산당원이 또 저를 믿어주더라고요. 참 신비로운 일입니다. 그 길로 제가 산으로 도망가면 그만 아닙니까. 한데도 일단 놓아주더라고요. 참 중요한 경험입니다. 저는 그 길로 집에도 가지 않았습니다. 어머니를 만나지도 않았습니다. 교회로, 그 성전으로 갔습니다. 그리고 4시간 동안 기도하고, 찬송을 불렀습니다. "내 주여 뜻대로 행하시옵소서." 4시간 동안 찬송을 부르고, 그대로 다시 유치장으로 들어갔습니다. 내 발로 걸어 들어간 것입니다. 나를 예수 믿는 사람으로 믿고 놓아주었는데, 내가 도망가면 되겠습니까. 그리고 광산에서 죽을 고생을 하다가 하나님의 은혜로 살아서 여기까지 왔습니다.

여러분, 잊지 마십시오. 중요한 결단은 성전에서 이루어져야 됩니다. "예루살렘을 떠나지 말라. 너희가 내 증인이 되고, 순교하려고 한다면 산으로 갈 것이 아니고, 예루살렘을 떠나지 말라. 성전을 떠나지 말라." 성전 안에서 응답을 받고, 성전에서 용기를 얻고, 성전에서 계시를 받고, 성전에서 은혜를 받아야 됩니다. 그래야 증인이 될 수 있습니다. 오늘본문은 말씀합니다. "약속하신 것을 기다리라(4절)." 약속하신 성령을 기다리라! 이 기다리는 마음이 참 중요합니다. 초조해하지 말고, 불안해하지 말고, 꾸준히 기다려야 합니다. 주의 명령이 올 때까지 기다리고, 주의 지시가 있을 때까지 기다려야 합니다. 이것이 주께서 하시는 역사를 받아들이고 수용하는 자세입니다. "그러면 성령을 받으리라. 그리고 내 증인이 되리라." 여러분, 십자가 사건이 여기에 있습니다. 내가 주님을 만나는 체험도 있습니다. 지식도 있습니다. 경험도 있습니다. 그러나 용기가 없습니다. 성령이 임하실 때 비로소 증인이 될 수 있습니다. "너희가 내 증인이 되리라." 중요한 말씀입니다. 예언의 말씀이고, 약속의 말씀입니다. 이 안에 능력이 있고, 지혜도 있고, 권능도 있습니다. 모든 상황을 이기고 감당하는 길이 여기에 다 있습니다. 주님 말씀하십니다. "너희가 내 증인이 되리라!" △

묵은 땅을 갈고 파종하라

여호와께서 이르시되 이스라엘아 네가 돌아오려거든 내게로 돌아오라 네가 만일 나의 목전에서 가증한 것을 버리고 네가 흔들리지 아니하며 진실과 정의와 공의로 여호와의 삶을 두고 맹세하면 나라들이 나로 말미암아 스스로 복을 빌며 나로 말미암아 자랑하리라 여호와께서 유다와 예루살렘 사람에게 이와 같이 이르노라 너희 묵은 땅을 갈고 가시덤불에 파종하지 말라 유다인과 예루살렘 주민들아 너희는 스스로 할례를 행하여 너희 마음 가죽을 베고 나 여호와께 속하라 그리하지 아니하면 너희 악행으로 말미암아 나의 분노가 불 같이 일어나 사르리니 그것을 끌 자가 없으리라

(예레미야 4 : 1 - 4)

묵은 땅을 갈고 파종하라

　아주 오래전에 있었던 제 경험담을 말씀드리겠습니다. 1978년입니다. 저는 미국 유학을 마치고 돌아와 일을 새로 시작하기 전에 얼마동안 모 여자대학에 학장으로 있었습니다. 한번은 이화여대에서 저에게 강연을 요청해왔습니다. 주제는 '배우자 선택에 대하여'였습니다. 어떻게 하면 결혼을 잘 할 수 있을까, 하는 주제입니다. 그러니까 어떤 남자라야 되고, 어떤 관계로 만나야 되고, 어떻게 교제를 해야 되는가, 하는 내용으로 특강을 해달라는 것입니다. 그래 그곳으로 갔는데, 여기저기 사방에 광고지를 써 붙여놓았고, 강연장인 그 큰 대강당이 꽉 차게 학생들이 모여 있었습니다. 어떤 결혼관으로 임해야 되는가, 어떤 남자라야 되는가, 선택의 기준은 무엇인가, 어떤 자세로 만나야 되는가…… 이런 내용으로 2시간 동안 강연을 했는데, 끝난 다음 질문시간이 있었습니다. 그때 앞에 앉은 예쁜 학생 하나가 손을 번쩍 들더니 저에게 질문을 합니다. "만일에 학장님이 지금 총각이시라면 어떤 여자와 결혼하시겠습니까?" 참 맹랑하면서도 아주 구체적인 질문이지요? 그래 제가 그 학생에게 대답하면서 일부러 심리학용어를 썼습니다. "나는 얼굴은 잘 안 봐요. 하지만 딱 한 가지 receptivity가 좋은 여자하고 결혼하겠어요." 그러자 그 학생이 또 물어봅니다. "receptivity가 무엇입니까?" "receptivity는 수용성이에요. 내가 무슨 말을 하면 '아, 그렇겠습니다. 그리 생각이 됩니다' 하는 것이지요. 그것이 receptivity에요." 요새 영어에서는 이렇게 말하지요? 'Yes I do. I am.' '나도 그렇게 생각합니다. 나도 그리할 것입니다.' 이런 수용성이 있는 여자가 좋겠다, 하는 이야기였습니다. 그랬더니 모든 학생들이 정숙한 분위기에서 잘 받아들이는 기색이었습니다. 만일 수용성이 없는 여자라면 어떻겠습니까? 내가 무슨 말을 할 때마다 "말도 안 돼. 정신이 있는 거예요?" 하는 식으로 나온다면 참 곤란하지 않겠습니까. 이런 대화는 마음의 교제를 무너뜨립니다. 사랑이 될 수가 없지요.

어린아이들에게는 그들만의 큰 특징이 있습니다. 어른의 입장에서는 부러운 특징입니다. 첫째가 깨끗한 눈입니다. 아이들이 자다가 눈을 뜰 때 보십시오. 눈망울이 얼마나 깨끗합니까. 둘째는 깨끗한 피부입니다. 아이들의 살결, 얼마나 부드럽고 예쁩니까. 셋째가 깨끗한 기억력입니다. 한번 들은 것은 절대 안 잊어버립니다. 한번 딱 들었다 하면 꼭 기억을 합니다. 아이들의 그 무서운 기억력이 어른 입장에서는 부러움의 대상입니다.

무려 38년 동안이나 미국 예일대학의 총장을 지낸 제임스 에인젤(James R. Angell)이라는 분이 있습니다. 대학이 얼마나 말이 많은 곳입니까. 그래서 이분이 대학총장 생활 38년을 마감하는 축하파티를 열었습니다. 그 자리에서 어떤 사람이 그에게 물었습니다. "이 복잡한 대학에서 총장을 38년이나 하실 수 있었던 비결이 무엇입니까?" 그러자 그가 빙그레 웃으면서 이렇게 대답했습니다. "뿌을 기르지 말고 안테나를 기르는 것입니다." 뿌이 아니라 안테나를 길러라! 유명한 이야기입니다. 뿌을 세우지 말고 안테나를 길러서 편견 없이 듣는 자세를 가지라는 것입니다. 항상 듣는 마음이어야 한다, 이것입니다. 깨끗한 마음으로 듣는 것입니다. 솔로몬이 하나님께 구한 것도 바로 이것 아닙니까. '레브 쉐미트', 곧 '듣는 마음'입니다.

영어로는 'hearing heart'라고 하지요. 듣는 마음이 보배다, 이것입니다. 여러분, 스스로 한번 물어봅시다. '내게는 듣는 마음이 어느 정도 있는가?' 듣는 만큼 우리는 성숙하고, 그만큼 우리는 모든 인간관계에서 내 사랑의 영역을 넓혀갈 수 있는 것입니다. 또 지혜로운 자가 되는 것입니다.

마태복음 16장 24절에서 예수님 말씀하십니다. "누구든지 나를 따라오려거든 자기를 부인하고 자기 십자가를 지고 나를 따를 것이니라." 세 가지입니다. '자기를 부인하는 것'이 먼저입니다. 여기에 신학적 고민이 있습니다. 여러분, 내가 나를 부인할 수 있습니까? 겸손이 좋은 줄은 압니다. 하지만 겸손할 수 있습니까? 욕심을 버려야 한다고 말합니다. 그런데 내가 스스로 욕심을 버릴 수 있습니까? 부자가 천국에 들어가기가 어렵다고 합니다. 왜요? 마음이 부자고, 교만하니까요. 그래서 부자가 천국에 들어가기가 낙타가 바늘귀로 들어가는 것보다 어렵다, 이것입니다. 예수님의 비유입니다. 제자들이 듣다 못해서 여쭙니다. "예수님, 그게 어떻게 가능합니까? 낙타가 어떻게 바늘귀로 들어갑니까?" 이에 예수님께서 귀중한 대답을 하십니다. "그렇지. 사람은 못하지. 그러나 하나님께서는 하시느니라." 무슨 말씀입니까? 낙타를 작게, 작게 만들어서 바늘귀로 쏙 들어가게 만든다, 이것입니다. 하나님께서 작게 만드십니다. 하나님께서 들어가게 만드십니다. 하나님께서는 하실 수 있습니다. 이 얼마나 중요한 말씀입니까. 듣는 마음, 겸손한 마음, 열린 마음…… 바로 수용성입니다. 이것은 하나님의 선물입니다.

회개해야 될 줄 압니다. 끊어야 될 줄 압니다. 하지만 끊지를 못합니다. 버려야 될 줄 압니다. 그러나 못 버리고 있습니다. 그럼 언제 버릴 수 있을까요? 사랑해야 될 줄 알지만, 사랑하지 못하고 있습니다. 용서해야 될 줄 알면서도 용서 못하고 있습니다. 왜요? 그 원인이 어디에 있습니까? 하나님께서는 하실 수 있습니다. 그 언젠가 하나님께서 작게 만드시고, 낮추시고 또 낮추시어서 일을 가능하게 하십니다. 회개는 은총입니다. 아무나 회개할 수 있는 게 아닙니다. 회개해야 될 줄 알면서도, 고쳐야 될 줄 알면서도, 떠나야 될 줄 알면서도, 버려야 될 줄 알면서도 못 버립니다. 못합니다. 그러나 하나님께서는 하십니다. 하나님께서는 하게 만드십니다. 여러분의 생애에서도 많이 경험했을 것입니다. 하나님께서 우리를 딱 치셔가지고 낮춰버리시면 우리는 꼼짝 못하고 회개하고 돌이킬 수밖에 없습니다. 그런고로 회개는 은총입니다. 내 노력의 결실이 아닙니다. 회개는 은총입니다. 은혜입니다. 그래서 유명한 신학자 칼 바르트는 은혜를 'In Breaking Grace'라고 정의한 바 있습니다. In break, 파괴라는 말입니다. 부수고 들어오는 것입니다. 하나님의 은혜는 조용한 것 같지만, 우리의 완악한 마음을 부수고 들어옵니다. 완악한 우리 마음을 깨고 들어옵니다. 우리의 고집스러운 마음을 부수고 파괴해서 하나님의 은총이 내게 들어오는 것입니다. 유명한 칼 바르트의 신학적 논리입니다. 우리는 늘 경험하지 않습니까. 고쳐야겠다고 하면서도 못 고치는 것을, 낮춰야겠다고 하면서도 못 낮추는 것을, 버려야 되겠다고 하면서도 못 버리는 것을 하나님께서 고치시고 낮추시고 버리게 하십니다. 사랑할 자를 사랑하지 못하고 있습니까? 하나님께서 사랑하게 하십니다. 용서해야 될 줄 알면서도 용서 못하고 있습니까? 하나님께서 용서하게 만드십니다. 이것이 하나님의 일입니다.

오늘 본문이 이것을 구체적이면서도 비유적으로 잘 말씀해주고 있습니다. "너희 묵은 땅을 갈고 가시덤불에 파종하지 말라(3절)." 묵은 땅이 무엇입니까? 자연스럽게 변화된 것, 무의식화된 것, 습관화된 것, 요새 흔히 쓰는 말로 관행입니다. 관행이 바로 묵은 땅입니다. 문화화된 것입니다. 이제는 반성도 하지 않고, 그저 당연한 것으로 여기려고 하는 바로 그것이 묵은 땅입니다. 묵은 땅이란 먼저 경험의 세계입니다. 이 경험이라는 것이 우리에게 지식을 줍니다. 경험하면 확실해집니다. 경험하면 자신이 생깁니다. 그러나 조심해야 됩니다. 고집도 생기거든요. 내 경험이 다가 아닙니다. 이 작은 것밖에 없는데, 이것을 확대해서 전체가 다 그런 것처럼 자기 경험 속에 갇히고 마는 것입니다. 아닙니다. 내 경험이라는 것은 부분적인 것이고, 작은 것입니다. 이것을 절대화할 수는 없습니다. 우리 나이 드신 분들 다같이 생각해봅시다. 우리가 크게 잘못하는 것이 뭐냐 하면, 나이든 분들 특유의 고집입니다. 다 해봤다, 이것입니다. "다 알아. 다 해봤다." 해보긴 뭘 해봤습니까? 도대체 얼마나 경험했기에 그러는 것입니까?

어떤 젊은 여자가 애인한테 배신을 당하고 제 방으로 저를 찾아와 한바탕 하소연을 합니다. 그때 그 여자가 한 말을 제가 기억하고 있습니다. "남자는 모두 믿을 수가 없어요." 그러면서 남자들을 모두 싸잡아서 욕하더라고요. 그래서 제가 그랬습니다. "말조심해라. 나도 남자다. 한 남자에게 배신당했다고 해서 남자는 다 믿을 수가 없다고 하면 이 얼마나 잘못된 편견이냐. 그러면 네 운명은 완전히 망가지는 거다." 여러분, 내 경험은 작은 것입니다. 부분적인 것입니다. 이것을 확대해서 내 경험이 절대화되는 순간 나는 '묵은 땅'이 됩니다. 진리를 받아들일 수 없는 사람이 됩니다. 이 얼마나 불행한 일입니까.

또 하나는 묵은 지식입니다. 낡은 지식에 집착하는 것, 불행입니다. 더구나 요새는 급격히 변화되는 세상이라서 얼마나 많은 새로운 지식들이 쏟아져 나옵니까. 여기서 옛날이야기나 하면 되겠습니까. 걸핏하면 "다 알아! 다 알아!" 하는데, 알기는 뭘 압니까? 어떻게 다 알 수 있습니까. 다 안다는 생각부터 버려야 됩니다. 깨끗이 버려야 됩니다. 모른다고 하고 출발해야 됩니다. 아니, 알 수도 없다고 생각하고 출발해야 됩니다.

그런가하면 묵은 감정이 있습니다. 작은 성공이 큰 미래를 망칩니다. 뭐 하나 좀 잘했다고 해서 다 된 것처럼 생각하고 교만해지는 순간 망가지는 것입니다. 또, 한번 실패했다고 해서 세상이 다 끝난 것처럼 생각하면 안 됩니다. 그리고 특별히 한(恨)을 품어서는 안 됩니다. 한의 노예가 되면 구제불능입니다. 살아날 길이 없습니다. 때로는 오랜 실패, 거듭되는 난관에 절어가지고 감정 자체가 무너져버리고, 마음이 병들어버립니다. 정상적인 마음이 아닌 것이지요. 여기서는 새로운 역사가 이루어지지 않습니다. 결국은 묵은 땅을 갈아엎어야 됩니다. 지난날의 잘못됐던 것, 다 잊어버려야 됩니다. 잘했다고 하는 것도 잊어버리고, 잘못했다고 하는 것도 잊어버려야 합니다. 과거로부터 출애굽을 해야 되는 것입니다. 깨끗이 벗어나야 됩니다. 그러면서 꼭 기억할 것은 다 갖지는 못한다는 것입니다. 버리고야 얻을 수 있습니다. 부인하고야 긍정할 수 있습니다. 죽고야 삽니다. 이걸 잊지 말아야 합니다.

이런 재미있는 이야기가 있습니다. 왜 그 호리병 모양의 요술램

프 있지 않습니까. 그걸 살살 만지면서 소원을 빌면 소원이 이루어진다고 하지요? 그래 어떤 남자가 그렇게 요술램프를 만지면서 소원을 구했더니 '펑!' 하고 요정이 나타나서 하는 말이 "네 소원이 뭐냐?" 그랬답니다. 그래서 이 사람이 돈과 여자와 결혼을 구했다는 것입니다. 하지만 요정은 세 개까지는 안 되고 하나만 구하라고 했습니다. 한데도 이 사람이 계속 세 가지를 다 구하니까 마지막에 '펑!' 하는데 보니까 진짜 돈 여자와 결혼을 했다는 것입니다. 그러니 여러분, 다 가질 생각일랑 하지 마십시오.

제 선친께서 늘 저한테 농담 반 진담 반으로 해주신 이야기가 있습니다. "사람이 이런 경우가 있다. 술을 먹겠느냐, 밥을 먹겠느냐, 떡을 먹겠느냐? 이 셋 가운데 하나만 택하라고 할 때 술에 밥 말아 떡을 안주로 해서 먹겠다고 하는 건 안 된다." 하나를 얻기 위해서는 둘을 버릴 각오를 해야 된다고 하는 것입니다. 버리는 일이 없기 때문에 안 되는 것입니다. 묵은 땅을 그대로 놔두고 씨를 뿌리는데 그 씨가 자랄 수 있겠습니까? 없습니다. 예수님께서 이에 대해서 누누이 말씀하셨습니다. 씨 뿌리는 비유에서 씨는 좋은 것입니다. 종자는 확실합니다. 하지만 밭이 나쁩니다. 돌짝밭과 같습니다. 가시덤불과 같습니다. 길가와 같습니다. 그러면 안 되지 않습니까. 그러면 종자가 종자구실을 할 수가 없습니다. 예수님께서 아무리 말씀을 하셔도 들어가지를 않습니다.

여러분, 이 이른 아침 시간에 이렇게 교회까지 나오셨습니다마는, 여러분이 깨끗한 마음을 품지 않는 한 하나님의 말씀이 여러분의 마음속에 심어질 수 없습니다. 그 귀한 말씀이 마음속에 자리 잡을 수 없습니다. 열매 맺을 수 없습니다. 그러면 원인은 종자에 있는 것이 아니고, 나 자신의 자세에 있는 것입니다. 내가 얼마나 깨끗한 마음으로 받아들이느냐, 편견 없이, 내 고집 없이 하나님의 진리를 받아들이느냐, 하는 데에 있는 것입니다. 주님께서 강조하여 말씀하시는 것은 옥토와 같은 마음, 부드러운 마음, 그리고 가시덤불이 다 제거된 깨끗한 마음입니다. 그리하면 내가 너에게 전하는 이 복음이 너의 마음에 심어져서 30배, 60배, 100배의 결실을 맺게 될 것이라고 주님께서 누누이 말씀하셨습니다. 오늘 예레미야 선지자는 외칩니다. '묵은 땅을 갈라. 묵은 땅을 다 갈아엎고, 옥토를 만들고, 그리고 파종하라.' △

아브라함 자손의 조건

예수께서 여리고로 들어가 지나가시더라 삭개오라 이름하는 자가 있으니 세리장이요 또한 부자라 그가 예수께서 어떠한 사람인가 하여 보고자 하되 키가 작고 사람이 많아 할 수 없어 앞으로 달려가서 보기 위하여 돌무화과나무에 올라가니 이는 예수께서 그리로 지나가시게 됨이러라 예수께서 그 곳에 이르사 쳐다 보시고 이르시되 삭개오야 속히 내려오라 내가 오늘 네 집에 유하여야 하겠다 하시니 급히 내려와 즐거워하며 영접하거늘 뭇 사람이 보고 수군거려 이르되 저가 죄인의 집에 유하러 들어갔도다 하더라 삭개오가 서서 주께 여짜오되 주여 보시옵소서 내 소유의 절반을 가난한 자들에게 주겠사오며 만일 누구의 것을 속여 빼앗은 일이 있으면 네 갑절이나 갚겠나이다 예수께서 이르시되 오늘 구원이 이 집에 이르렀으니 이 사람도 아브라함의 자손임이로다

(누가복음 19 : 1 - 9)

아브라함 자손의 조건

　신학자 폴 틸리히가 쓴 책에 「존재의 용기(Courage To Be)」라는 명저가 있습니다. 이 책에서 그는 세상의 역사를 간단히 줄여서 이렇게 말하고 있습니다. '고대 사람들의 불행은 숙명과 죽음의 문제에서 왔다.' 그들은 모든 것을 숙명으로 알았습니다. 우리도 그동안 늘 생각한 것이 무엇입니까? 팔자라는 것 아닙니까. 그 팔자가 지정해주는 죽음을 향해서 많은 사람들이 살아왔다, 이것입니다. 또 말합니다. '중세 사람들의 불행은 죄와 벌의 문제에서 왔다.' 모든 사람들이 고민하고 고생하는 것은 죄 때문이고, 죄에 대한 벌이라는 것입니다. 자신이 심어놓은 죄, 부모가 심어놓은 죄, 그 결과로 우리는 불행하게 살아가야 한다, 이것입니다. 더 나아가 말합니다. '현대인들의 불행은 생의 무의미에 있다.' 생의 의미를 잃어버렸습니다. 먹는 것, 입는 것, 사는 것…… 그런 이야기는 이제는 좀 멀리 간 것 같습니다. 가장 중요한 것은 왜 사느냐, 하는 것입니다. 일을 왜 하느냐, 하는 것입니다.
　제가 많은 분들을 만나서 상담을 해봅니다. 결혼생활이 좀 어려워질 때 한결같이 이렇게 말하는 것을 봅니다. "왜 결혼을 했는지 모르겠습니다. 아니, 왜 사는지를 모르겠습니다." 이것이 오늘의 문제를 점점 더 심각하게 만들어갑니다. 오늘 우리는 가장 어려운 문제에 부딪쳤습니다. 바로 고독이라는 것입니다. 많은 사람들이 지금 치매로 말미암아 시달리고 있는데, 이 치매의 제일 큰 원인이 고독이랍니다. 그런데 왜 고독하냐 하면, 그 문제의 원인이 여기에 있습니다. '왜 밥을 먹어야 하나? 왜 살아야 하나?' 이렇게 고독해질 때 정신적으로 벌써 그는 깊은 수렁에 빠져 들어가기 시작하는 것입니다. 이것이 현대인의 문제다, 이것입니다. 왜 살아야 하는지, 내면 깊은 곳에서부터 목적을 잃어버린 것, 그것이 생의 문제라는 것입니다.

심리학자 스캇 펙은 「아직도 가야 할 길, 그리고 저 너머에(The Road Less Traveled And Beyond)」라는 자신의 저서에서 이렇게 말합니다. '우리는 계속해서 선택하며 사는 것이다. 책임과 복종 사이에서, 또 감사와 허무 사이에서 선택하며 산다.' 여전히 선택은 있습니다. 아직도 우리 앞에는 선택과 기회가 주어져 있습니다. 그러면 가장 지혜로운 사람, 가장 승리의 생을 사는 사람은 어떤 사람일까요? 스캇 펙은 이렇게 말합니다. 두고두고 생각할 문제입니다.

첫째는 불행을 축복의 또 다른 모습으로 여기는 믿음이 필요하다는 것입니다. 불행하다고 그것이 꼭 불행하기만 한 것일까요? 우리가 아는 대로, 이 불행이라고 하는 사건은 나의 크고 행복한 미래를 만들어주기도 하거든요. 그렇게 살아왔잖아요? 불행이 꼭 불행한 것만은 아니거든요. 그런고로 불행을 또 다른 축복의 방법이라고 받아들일 수 있는 믿음이 있어야 하는 것입니다. 내가 생각하는 불행도 하나님의 은혜 가운데에서는, 하나님의 능력 가운데에서는 행복의 길이요, 행운의 길이 될 수도 있다는 걸 잊어서는 안 된다고 하는 것입니다. 제가 미국을 많이 다니지 않습니까. 가면 거기에 있는 교포들을 만나게 되는데, 그분들하고 같이 식사도 하고 교제하는 가운데 공통적으로 제일 많이 듣는 말이 이것입니다. "제가 한국에서 사업하다가 사기를 당했거든요? 보증을 잘못 섰다가 그만 가진 재산 다 날리고, 죽느냐 사느냐 하며 이렇게 미국에 와서 고생을 했습니다. 고작 돈 몇 백 불만 가지고 와서 갖은 고생을 다했습니다마는, 그 덕에 오늘 저희가 이만큼 살게 됐습니다." 그걸 그렇게 자랑 삼고 있는 것입니다. 제가 이분들 때문에 고생 많이 했습니다. 왜냐하면 그렇게 애써서 돈을 벌어가지고 경치 좋은 데에 근사한 집을 샀거든요. 그리고 저더러 거기를 가자는 것입니다. 아, 제가 그 집을 왜 가야 됩니까? 하지만 그렇게 고생을 해서 마련한 집이니 자랑하고 싶은 마음이 있는 것이지요. 그 마음, 이해할 만합니다. 그분들의 말속에 핵심이 있습니다. 지난날 한국을 떠나게 된 불행이 오늘의 행복을 만들었다, 이것입니다. 불행이 행복의 계기가 된 것입니다. 그렇게 간증하는 것을 봅니다.

둘째는 행운을 당연한 것으로 여기지 않는 겸손이 있어야 된다는 것입니다. 여러분, 뭐가 거저 주어질 때, 은혜로 주어질 때, 돈이 벌릴 때, 아니, 명예가 주어질 때 그것을 내가 수고해서, 나한테 자격이 있어서 얻어진 것처럼 착각하면 안 됩니다. 행운을 당연한 것으로 여기지 않고 주어진 은혜로 받아들일 줄 아는 겸손함이 있어야 됩니다. 다시 말하면 성공할 때 겸손해야 된다, 이것입니다. 일이 잘 될 때 겸손해야 되는 것입니다. 일이 안 될 때는 믿음을 가지고, 일이 잘될 때는 겸손하고, 그리고 역경을 기회로 생각하는 긍정적인 마음이 있어야 합니다. '긍정심이 있어야 한다. 역경은 기회다. 길이 막힐 때마다 또 다른 길이 있다.' 이렇듯 항상 역경을 새로운 기회로 생각할 줄 아는 긍정적 신앙이 우리에게 필요하다, 이것입니다.

오늘 본문에 삭개오라는 사람이 나옵니다. 아주 특별한 사람입니다. 부자입니다. 친구도 많습니다. 게다가 세리장입니다. 나름대로 능숙한 사람이요, 처세에 능한 사람입니다. 이래서 세리장이 되었고, 부자도 된 것입니다. 명예는 잃어버렸지만, 재물은 있는 사람입니다. 세리들끼리만 친하게 지내면서 친구도 많습니다. 세리는 당시에 죄인으로 통했습니다. 오늘본문에서도 사람들은 이렇게 수군거립니다. "예수께서 죄인의 집에 들어가셨다." 이렇듯 그당시 세리는 죄인의 대명사였습니다. 한마디로 '세리는 죄인, 죄인은 세리'라고 인식되는 문화였습니다. 세리는 당시 로마사람들을 위해서 세금을 받는 사람입니다. 로마사람들이 세금을 거둘 때 그 방법이 아주 잔인했습니다. 법을 아주 묘하게 만들었습니다. '얼마에 세금을 받고, 얼마는 네가 가져라.' 이렇게 돼 있습니다. 규정이 다 다릅니다마는, 3분의 2는 로마에 내고, 3분의 1은 네가 가지라는 식으로 세금을 걷으니까 이 사람들이 아주 악질적으로 세금을 포탈했던 것입니다. 그래서 세리들은 부자입니다. 정당한 부자입니다. 그러다보니 많은 사람들로부터 멸시를 받게 되고, 세리들끼리만 친합니다. 자기들끼리 어울리고, 자기들끼리 결혼도 하고, 교제를 합니다. 그렇게 세리라고 하는 공동체 속에 거하는 세리장입니다. 그러니까 돈도 많고 친구도 많습니다. 하지만 많은 사람들에게 비난을 받습니다. 그래도 부자입니다. 문제는 이 사람 마음속에 만족이 없다는 것입니다. 돈도 있고, 친구도 있고, 넉넉하고, 부족함이 없는 것 같은데, 이 사람의 마음속에 아주 절절하고 간절한 소원이 있습니다. 그게 뭐냐 하면, 바로 메시아를 기다리는 것입니다. 그는 사회가 이대로는 안 된다고 생각했습니다. '이 제도와 이 정치, 이 경제, 이 문화가 이대로는 안 되고, 메시아께서 오시어서 새로운 세상을 만드셔야 되겠다. 새로운 세상이 열려야겠다.' 이런 간절한 마음이 있었던 것입니다. 이것은 이스라엘 사람들의 공통적인 소원입니다. 이것을 흔히 '메시아 대망사상(Messianic Expectation)'이라고 말합니다. 이것은 구약성경의 총주제이기도 합니다. '메시아께서 오셔야 된다. 메시아께서 오셔야 나라가 바로 되고, 사회가 바로 되고, 인간성이 바로 회복되는 새로운 세계가 열릴 것이다. 메시아께서 오실 것이다.' 이렇듯 간절한 기대를 품고 있었습니다. 그런데 메시아께서 진짜로 오셨다는 소식이 들려옵니다. 예수님이라는 분이 오셔서 여기저기 다니시면서 복음을 전하시고, 병자를 고치시고 한다는 소문이 들려옵니다. 여기에 최고의 관심을 가진 사람이 바로 이 삭개오였습니다. 그래서 예수님 앞에 나아가 예수님을 만나려고 합니다. 이것은 거룩한 충동입니다. 배가 고파서도 아닙니다. 몸이 병들어서도 아닙니다. 당장 아쉬운 일이 있어서 예수를 만나자는 것이 아닙니다. 이분의 마음에 있는 거룩한 마음, 이 거룩한 충동은 만왕의 왕 메시아, 오늘 이 잘못된 세대를 구원하실 수 있는 메시아, 바로 그분을 만나야겠다고 생각해서 간절히 보기를 소원하는 것입니다. 이 마음의 정열, 얼마나 귀합니까.

여러분, 교회 나오는 마음, 얼마나 중요합니까. 저는 그래서 오늘도 이렇게 새벽에 나올 때마다 늘 생각합니다. 다른 시간도 아닌 아침 7시 30분, 이 시간에 여기 오시려면 적어도 6시 30분에는 집에서 나오셨을 것입니다. 아침부터 서둘러서 이렇게 나오시는 여러분, 아주 귀하게 생각합니다. 또 하나님께서 귀하게 보실 것이라고 생각합니다. 예수님을 만나고자 하는 그 마음 말입니다. 그런데 요즘 우리 가운데 잘못하는 것이 하나 있습니다. 그게 뭐고 하니, 바로 TV 보는 것입니다. TV를 딱 틀면 설교가 나오잖아요? 인터넷 딱 누르면 목사님 설교가 나오잖아요? 그런데 우리는 여기에 안주하면 안 됩니다. 제가 가끔 이 교회 저 교회 다니면서 설교하고, 지난주간에도 어느 교회에 가서 부흥회를 인도하다 보면 성도님들이 악수하면서 꼭 한마디 합니다. "목사님, 제가 인터넷을 통해서 목사님 설교를 많이 들었습니다. TV를 통해서 목사님 설교 많이 보았습니다." 그런데 그거 별로 반갑지 않습니다. 화면을 통해서 보는 것과 직접 만나는 것이 어디 같은 것입니까. 제가 여러분께 고마운 것은 집에서 TV를 틀면 다 나오는데, 기어이 여기까지 나오셨기 때문입니다. 왜 여기까지 나오셨습니까? 만나러 나오신 것입니다. 이 만남의 관계, face to face, 참 중요합니다. 화면으로 보는 것? 아니올시다. 한국교회가 이래서 점점 더 약해지는 것입니다. 중요한 것은 직접 만나는 것입니다. 일주일에 한 번은 꼭 교회에 나와야 됩니다. 얼굴과 얼굴을 마주해야 됩니다. 그래서 하나님의 음성을 들어야 내 영혼이 살 수 있는 것입니다.

오늘 이 삭개오라는 사람, 예수님을 만나고자 합니다. 자기 신분을 알고 있습니다. 예수님께 초청장을 보내드려서 우리 집에 한번 와주십사, 할 만한 사람이 아니라는 것을 스스로 잘 알고 있습니다. 꼭 예수님을 뵈어야겠다는 간절한 열망이 있었던 것입니다. 다시 한 번 생각합시다. 많은 사람들이 예수님께 나왔습니다마는, 그들은 혹은 문둥병을 고치러 나왔고, 혹은 눈을 뜨기 위해서 나왔습니다. 그러나 오늘 삭개오는 예수님을 만나뵙기 위해 나온 것입니다. 목적이 다릅니다. 우리가 교회에 나올 때 병 고침 받기 위해서, 돈 벌기 위해서, 또는 답답하고 괴로우니까 나온다고 하지만, 오늘 삭개오는 무슨 절박한 상황 때문에 나온 것이 아닙니다. 배가 고파서도 아니고, 병들어서도 아닙니다. 오로지 예수님을 만나기 위해서입니다. 이런 거룩한 열망을 가진 사람에게 복이 있는 것입니다. 아주 순수한 마음입니다.

　예수님 앞에 얼마나 많은 사람들이 나왔습니까. 하지만 저는 그 많은 사람들 가운데에서 이 삭개오가 최고로 훌륭한 그리스도인이라고 생각합니다. 오로지 예수님을 만나뵈려고 한 것뿐이니까요. 예수님을 통해서 돈을 벌겠다는 것도 아니고, 예수님을 통해서 병 고침을 받겠다는 것도 아닙니다. 오로지 예수님을 만나려고 한 것뿐입니다. 그런데 이 사람이 키가 작습니다. 정확히 얼마나 작았는지는 모르겠지만, 많은 사람들이 밀려가니까 그 속에 서서는 예수님을 볼 수가 없었습니다. 그래서 그가 마지막으로 생각한 방법이 나무 위에 올라가서 예수님을 보겠다는 것이었습니다. 체면도 없습니다. 오늘 본문에는 '돌무화과나무'라고 되어 있는데, 옛날에는 뽕나무라고 돼 있었습니다. 그렇게 뽕나무에 올라가 그곳을 지나가시는 예수님을 보려고 하는 것입니다. 체면불고하고 어쨌든 예수님을 face to face, 얼굴과 얼굴로 대면해서 보아야겠다, 하는 것입니다. 본다는 말, 참 중요합니다.

　여러분, 가끔 부부싸움을 하십니까? 그 싸움하는 이유가 어디에 있는지 아십니까? 얼굴을 안 보기 때문입니다. 꼭 안 보고 소리를 지르거든요. 안 보고 딴 데다 대고 소리를 지르니까 싸우지요. 얼굴과 얼굴을 딱 마주해보십시오. 목소리가 클 필요가 없습니다. 그렇게 얼굴과 얼굴을 대하는 동안 모든 문제가 다 해결되는 것입니다. 오늘 삭개오는 예수님을 보기 위해서 뽕나무에 올라갔습니다. 체면불고하고 뽕나무에 올라가서 내려다보고 있습니다. 참 중요합니다. 오늘본문에서 너무나 재미있는 것은 예수님께서 이 삭개오를 쳐다보신 것입니다. 예수님께서는 벌써 아셨을 것입니다. 삭개오가 뽕나무에 기어 올라가는 걸 다 아셨습니다. 그리고 딱 보십니다. 예수님을 보려고 열망하는 삭개오, 그리고 그 삭개오를 쳐다보시는 예수님, 이 둘이 서로 눈과 눈을 마주쳤습니다. 얼굴과 얼굴이 만나게 됩니다. 마음과 마음이 만나게 되는 것입니다. 그때 예수님께서 말씀하십니다. 긴 얘기가 아닙니다. "삭개오야, 내려오라. 오늘 내가 네 집에 유하여야 하리라." 이것은 보너스입니다. 삭개오가 감히 여기까지 생각했겠습니까. "오늘 내가 너희 집에 유하여야 하리라." 하나님께서 아주 듬뿍 넘치는 복을 주시는 것입니다. "보려고만 할 것 없다. 내가 너희 집에 간다. 아니, 만나기만 할 게 아니라, 너와 같이 음식을 먹을 것이다." 이 얼마나 중요한 시간입니까. 이렇게 큰 은총을 받은 삭개오가 감격합니다. 예수님께서는 그 세상 속에, 그 혼란한 세리들 속에 있는 아브라함의 아들을 보신 것입니다. 숨어 있는 보석 같은 삭개오를 만나주시는 것입니다. 그 귀한 마음을 말입니다.

마태복음 10장에서 예수님께서는 가버나움을 지나가시다가 마태를 보십니다. 세관에 앉아서 세금을 받고 있는 마태입니다. 그를 보시고 이르십니다. "마태야, 날 따르라!" 저는 아마 이게 관심법이 아닌가 싶습니다. 그 마음을 다 아셨습니다. '비록 지금은 저기에 앉아서 저런 일을 하고 있기는 하지만, 저 사람은 믿음 있는 사람이다. 저 사람은 메시아를 기다리는 사람이다. 저 사람은 현재에 만족하지 않는 사람이다. 하나님의 나라를 기다리는 사람이다.' 이렇게 다 아시고 "마태야, 날 따르라!" 하고 이르신 것입니다. 마태는 그렇게 예수님의 제자가 되었습니다.

　오늘 삭개오도 마찬가지입니다. "삭개오야, 내려오라. 내가 오늘 네 집에 유하여야 하리라. 보려고만 할 것 없다. 내가 만나주마. 아니, 같이 음식을 나누마. 내가 네 집에 유하여야 하리라." 엄청난 축복입니다. 이토록 분에 넘치는 은혜가 임할 때 삭개오의 마음이 열립니다. 그리고 자기도 모르는 사이에 귀한 말을 하게 됩니다. "제 재산의 절반을 가난한 사람들에게 주겠습니다." 왜요? 그것이 예수님의 마음인 것을 알았기 때문입니다. 예수를 만나는 사람의 마음에는 예수님의 마음과 같은 마음이 있어야 합니다. 가난한 사람을 돌보시는 예수님이신 줄 알았기에 자기 재산의 절반을 가난한 사람들에게 주겠고, 만일에 누구의 물건을 갈취한 것이 있다면 네 배를 갚겠다고 한 것입니다. 네 배는 이스라엘 사람들의 법입니다. 대단합니다. 그리고 새로운 의로 주님 앞에 나오게 됩니다. 그 순간 예수님께서 얼마나 만족하셨을까, 하는 생각을 합니다.

　아브라함의 자손, 그가 누구입니까? 현재 어떤 신분에 있느냐는 중요하지 않습니다. 아브라함의 자손은 믿음으로 사는 사람입니다. 현재에 만족하지 않고 주님을 만나는 것입니다. 하나님을 만나는 것입니다. 그리스도를 만나고자 하는 열망, 그 간절한 마음으로 찾아오는 사람입니다. 예수님께서는 삭개오가 죄인인 것을 아십니다. 세리인 것도 아십니다. 하지만 전혀 묻지 않으십니다. 이 얼마나 아름다운 얘기입니까. "네가 그동안 어떤 방법으로 재산을 모았느냐? 얼마나 잘못한 일이 있느냐?" 이런 율법적 판단을 전혀 고려하지 않으십니다. 다만 "오늘 내가 네 집에 유하여야 하리라!" 하시고 만나주십니다. 모든 것 가운데에서 주님을 만나는 소원, 주님께로 가는 간절한 마음, 주님의 음성을 기다리는 그 열망, 그것이 아브라함의 마음이요, 아브라함의 자손의 모습입니다. 오직 그 믿음입니다. '나는 그리스도를 만나야 한다. 그리스도를 만날 때 모든 문제가 해결이 된다.' 그리고 만나는 순간 마음이 열리면서 주님의 마음에 합한 고백을 하게 되는 것입니다.

여러분, 오늘도 우리가 교회에 나왔습니다. 나올 때마다 주님을 만나고, 주님의 음성을 듣고, 그리고 밝은 얼굴로 새롭게 다시 한 주일을 시작하는 그런 은혜의 아침이 되시기를 바랍니다. △

나의 당한 일의 복음적 의미

형제들아 내가 당한 일이 도리어 복음전파에 진전이 될 줄을 너희가 알기를 원하노라 이러므로 나의 매임이 그리스도 안에서 모든 시위대 안과 그 밖의 모든 사람에게 나타났으니 형제 중 다수가 나의 매임으로 말미암아 주 안에서 신뢰함으로 겁 없이 하나님의 말씀을 더욱 담대히 전하게 되었느니라 어떤 이들은 투기와 분쟁으로, 어떤 이들은 착한 뜻으로 그리스도를 전파하나니 이들은 내가 복음을 변증하기 위하여 세우심을 받은 줄 알고 사랑으로 하나 그들은 나의 매임에 피로움을 더하게 할 줄로 생각하여 순수하지 못하게 다툼으로 그리스도를 전파하느니라 그러면 무엇이냐 겉치레로 하나 참으로 하나 무슨 방도로 하든지 전파되는 것은 그리스도니 이로써 나는 기뻐하고 또한 기뻐하리라

(빌립보서 1 : 12 - 18)

나의 당한 일의 복음적 의미

아프리카에 선교사로 갔던 리빙스턴이 선교지에서 잠시 귀국하여 여러 곳을 다니며 선교상황보고를 하게 되었습니다. 팔이 사자에게 물려 찢겨서 형편없는 모습이었습니다. 하도 야위고 말라서 37킬로그램밖에 나가지 않는 연약한 몸으로 이곳저곳을 다니며 선교보고를 한 것입니다. 그 모습이 눈물겨워서 그를 보는 사람들은 마음이 너무나 아팠습니다. 그리고 감격했습니다. 그래 다들 측은한 마음으로 말을 건넵니다. "얼마나 고생하셨습니까. 참으로 존경합니다. 얼마나 많은 희생을 하셨습니까." 하지만 리빙스턴은 빙그레 웃으면서 이렇게 말했다는 것 아닙니까. "희생이라는 용어를 쓰지 마세요. 내게 희생은 없었습니다. 다만 즐거움이 있었을 뿐입니다." 바로 여기에 복음적인 깨달음이 있는 것입니다.

사이먼 사이넥의「나는 왜 이 일을 해야 하는가」라는 책이 있습니다. 이 책에서 그는 말합니다. "우리 인생에서 중요한 질문은 '왜'라고 하는 것이다. 이것은 가치에 대한 질문인데 '왜'라고 하는 질문은 잊어버리고, '어떻게'라고 하는 말만 하고 있기에 아무것도 얻지 못하고 있는 것이다." 사실이 그렇습니다. '왜 이 일을 해야 하는가? 왜 내가 여기에 있는가? 아니, 왜 내가 사는가? 하나님께서는 왜 이 시간에 나를 여기에 있게 하셨는가?' 깊이 생각해야 합니다.

또 게리 켈러라는 베스트셀러 작가의「한 가지(The One Thing)」라는 책이 있습니다. 아주 흥미롭게 읽을 수 있는 책입니다. 이 책에서 그는 핵심적인 한 가지가 중요하다고 말합니다. '왜 우리가 문제가 되느냐? 여러 가지를 얻으려니까 안 된다. 한 가지만 얻을 생각을 해야 성공하는 것이고, 또 한 가지만 얻었다고 생각할 때 충분히 성공한 것이다.' 맞습니다. 그렇게 생각할 수 있어야 하는데, 우리는 너무 여러 가지를 생각한다는 것이지요. 예수님의 말씀에 귀를 기울여보십시오. 예수님께서는 말씀하십니다. "사람이 두 주인을 섬기지 못하나니……" 우리 마음의 주인이 둘일 수 없습니다. 한데 둘, 셋이 되기 때문에 아무것도 얻지 못하는 것입니다. 이 말씀의 깊은 뜻은 한 가지만 얻으면 나머지는 다 버려도 된다는 것입니다. 한 가지만을 얻기 위해서 모든 것을 희생해도 된다는 마음으로 살아야 행복할 수 있고, 성공할 수 있다, 이것입니다. 여러분, 예수님의 이 중요한 말씀을 잊지 마십시오. 요즘도 보니까 명예든 돈이든, 둘 중 하나입니다. 한데 다들 명예도 얻고, 돈도 얻으려고 합니다. 아닙니다. 그러다가는 둘 다 잃어버립니다. 믿음을 얻고 재산은 잃어버릴 생각을 해야 됩니다. 그런데 둘 다 얻으려고 합니다. 결국은 다 잃어버리고 맙니다. 깊이 생각하십시다. 두 주인을 섬기지 못한다— 우리의 가치관에서 절대적이고 궁극적인 관심은 딱 한 가지를 얻고 나머지는 얼마든지 다 버려도 된다는 마음, 그런 단순한 마음이어야 합니다. 그 핵심적 가치에 주력할 때 비로소 성공할 수 있고, 행복할 수 있다는 말씀입니다.

근래에 출간된, 기시미 이치로의 「미움 받을 용기」라는 책이 있습니다. 이 책에서 그는 재미있는 이야기를 합니다. '자유로워질 용기가 있어야 한다.' 어디에도 매이지 않고 자유할 수 있는 용기가 있어야 한다는 것입니다. 그는 또 말합니다. '행복할 줄 아는 용기가 있어야 한다.' 어떤 곳에 있든, 거기에서 행복할 줄 알아야 합니다.

여기는 여기서 행복하고, 먹을 때는 먹으면서 행복하고, 잘 때는 자면서 행복하고, 사람을 만날 때에는 만나는 대로 항상 행복할 줄 아는 용기가 필요하다, 이것입니다. 또 말합니다. '평범할 줄 아는 용기가 있어야 한다.' 자기를 귀족화할 것 아닙니다. 특례화해서는 안 됩니다. 세상에 특별한 사람은 없습니다. 특별한 상황도 없습니다. 나는 모든 사람들, 수많은 사람들 가운데 하나일 뿐입니다. 그러니까 스스로 자기를 낮추어서 평범할 줄 아는 용기가 있어야 한다, 이것입니다. 그리고 맨 마지막 하나가 중요합니다. '미움 받을 용기가 있어야 한다.' 칭찬 받을 생각만 하면 안 됩니다. 얼마든지 미움도 받을 수 있습니다. 미움 받을 줄 아는 용기가 필요합니다. 모든 사람으로부터 좋은 소리, 좋은 말만 들으려고 하다가는 다 망가지고 맙니다. 안 됩니다. 아무래도 미움 받을 수 있다는 것을 잊지 말아야 합니다. 어차피 다 얻지는 못하니까요.

    오늘본문은 대단히 충격적인 말씀입니다. "이로써 나는 기뻐하고 또한 기뻐하리라(18절)." 굉장한 선언 아닙니까. 사도 바울은 지금 로마 감옥에 갇혀 있습니다. 사랑해보지 못한 사람에게 사랑 얘기를 하는 것, 참 어려운 일입니다. 인지상정이잖아요? 건강하지 못한 사람에게 건강을 얘기하는 것, 참 어려운 일입니다. 감옥에 들어가는 것도 마찬가지입니다. 저는 생각합니다. 이것도 아무나 경험할 수 있는 일이 아닙니다. 여러분은 감옥에 가보신 적 있으십니까? 안 가보셨으면 얘기하지 마십시오. 얘기가 되지를 않습니다. 감옥이라는 곳에 한번 들어가 보고, 또 매도 한번 맞아봐야 얘기가 됩니다. 그래야 감옥에 갇힌 사람의 심정을 알 수 있습니다. 제가 하나님 앞에 감사하는 일 가운데 하나가 감옥에 들어 가본 일이 있다는 것입니다. 제가 강제노동수용소에 들어가봤거든요. 또 제가 매를 맞아 가지고 정신을 잃었던 적도 있습니다. 제가 하나, 둘, 셋…… 이렇게 매를 셌거든요? 그러다가 열넷까지 세고서 그만 정신을 잃고 쓰러졌습니다. 그 다음은 기억이 안 납니다. 그래서 제가 얼마나 더 맞았는지를 모릅니다. 그리고 다음 날 아침에야 깨어났는데, 온 몸이 피투성이였습니다. 물론 이런 것은 누구나 경험할 수 있는 일은 아닐 것입니다. 사도 바울이 지금 감옥에 갇혀 있습니다. 그러면서 찬송했습니다. 그리고 고백합니다. "나는 기뻐하노라!" 기가 막힌 이야기 아닙니까. 감옥에 있으면서도 "나는 기뻐하노라!" 하고 고백할 수 있다면 어떤 경우에도 기뻐할 수 있을 것입니다. 누구도 말리지 못합니다. 그만이 가진 자유와 기쁨을 향유할 수 있는 것입니다.

그런데 오늘본문에 신비로운 한마디가 더 있습니다. '이것을 알기를 원하노라.' 안다는 문제가 중요합니다. 깨달아야 됩니다. 여기서 깨달을 일이 있고, 저기서 깨달을 일이 있습니다. 배고플 때 아는 게 있고, 배부를 때 아는 게 있습니다. 여행 중에 아는 게 있고, 고요한 때 아는 게 있습니다. 아는 것만큼 기뻐할 수 있는 것입니다. 모르면 엄청난 좋은 여건에서도 불행합니다. 모르면 남들이 다 부러워할 처지에 살면서도 절망합니다. 알면 어떻습니까? 남들이 보기에는 불행해도 나는 행복합니다. 여기에 신비가 있는 것입니다. 다른 사람은 다 불쌍히 여기고 눈물을 흘립니다. 그러나 사도 바울은 아닙니다. "나는 기뻐하고 또한 기뻐하노라!" 왜요? 알기 때문입니다. 아는 만큼, 내 지식의 영역만큼 기쁨과 행복은 오는 것입니다. 얼마나 깊이 아느냐, 얼마나 확실히 아느냐, 얼마나 종말론적 진리를 가지고 있느냐에 따라서 기쁨을 누린다는 말입니다.

때때로 안다고 할 때 이걸 실리적으로 아는 것이라고 여기는 사람들이 많습니다. 손익계산을 하는 것입니다. '이렇게 하면 얼마가 이롭고, 얼마가 해로울까?' 이렇게 머리를 굴려가면서 실리적으로 아는 지식이 하나 있고, 그 다음 하나가 율법적 지식입니다. 이것이 무섭습니다. 모든 것이 죄 때문이다, 이것입니다. 분명 죄가 있습니다. 잘못한 일이 많습니다. 그래서 '내가 심어놓은 걸 내가 거두고 있다. 모든 것이 내 잘못 때문이고, 내 실수 때문이다' 하는 이런 율법적 관계에서 지식이 성립되면 사람이 죽습니다. 사도 바울도 '율법은 죽이는 법'이라고 말합니다. 사실입니다. 어떡하겠습니까. 이미 다 지나간 일인데, 이제는 거두는 길 밖에 없지 않습니까. 이처럼 율법적 판단에 의한 지식, 참으로 무서운 것입니다. 그 다음이 은총적 지식입니다. 이것은 다 은혜의 관점에서 바라보는 것입니다. '이것도 은혜고, 이것도 은총이고, 이것도 하나님께서 주신 특별한 은혜다. 나는 부족하지만, 하나님께서는 나의 큰 실수까지도 합력하여 큰 역사를 이루게 하신다.' 이런 하나님의 은혜 가운데서 바라보는 높은 지식을 말합니다. 사도 바울도 이 지식을 말했습니다. '이것을 알기를 원하노라, 내가 알고 있고, 너희들도 알기를 바란다. 그리하면 기뻐하리라.' 얼마나 놀랍습니까. 하나님의 신비로운 지식을 압니다. 그리고 그 가운데서도 가장 높은 지식은 복음 중심적 지식입니다. 이 모든 일을 통해서 하나님의 나라가 확장되고 복음이 전파됩니다. 그걸 환하게 영적인 지각으로 내다볼 수 있다면 어떤 고난을 치르더라도 기뻐할 수밖에 없습니다. 사도 바울은 지금 감옥에 있습니다. 그러나 기뻐합니다. 그 이유는 자기가 감옥에 있음으로 해서 복음이 효과적으로 전해지기 때문입니다. 복음이 전파되는 것을 보면서 기뻐하고 있는 것입니다. 놀라운 역사입니다. 이걸 아는 자는 언제나 절대적인 기쁨을 누릴 수 있습니다. 이것이 바울의 가치관입니다.

사도 바울은 갈라디아서 1장 15절, 16절에서 이렇게 말합니다. "내 어머니의 태로부터 나를 택정하시고 그의 은혜로 나를 부르신 이가 그의 아들을 이방에 전하기 위하여⋯⋯" 내 어머니의 태로부터 나를 택정하시고 이방인의 사도가 되게 하사⋯⋯ 바울이 이제 와서 알고 보니 어머니의 태에서 날 때부터 이미 하나님의 섭리가 있었습니다. 길리기아 다소에서 태어났을 때부터 이미 하나님께서는 자기를 이방인의 사노가 되게 하시려는 계획이 있었음을 깨닫습니다. 그뿐 아니라, 조금 더 들여다보면, 사도 바울이 지금 로마 감옥에 갇혀 있지 않습니까. 가는 동안에 많은 고생이 있었습니다. 감옥으로 가는 길이라도 좀 편안히 갈 것이지, 가던 배가 그만 파손이 되었습니다. 276명이 탄 큰 배인데, 상상해보십시오. 2천 년 전에 3백 명이 탄 배가 있습니다. 또 많은 짐을 실었습니다. 그런 큰 배가 이탈리아로 가다가 파손이 됩니다. 그러니 얼마나 어려웠겠습니까. 그것도 추운 겨울에 말입니다. 그러니 얼마나 고생스러웠겠습니까. 모든 사람이 다 죽을 지경이었습니다. 그러나 사도 바울은 말합니다. "여러분, 생명에는 지장이 없을 겁니다. 하나님께서 내게 말씀하셨습니다. 안심하세요." 이로써 사도 바울이 영적인 지도자가 됩니다. 선장도, 백부장도, 선주도 다 그 앞에 무릎을 꿇습니다. 죄수 바울이 파손되어가는 배에서 큰 소리로 당당하게 외칩니다. "하나님께서 나와 함께 계십니다. 간밤에 내게 말씀하셨습니다. 배는 파손될 것이나, 우리의 생명은 지장이 없을 것입니다." 모든 사람이 사도 바울의 말에 조용히 귀를 기울입니다. 그리고 배는 정말로 파손됩니다. 그리고 그들이 모두 무사히 살아서 로마까지 가게 됩니다. 어떻습니까? 이런 사건 속에서 로마로 갔기 때문에 사도 바울에 대한 수많은 소문이 삽시간에 퍼진 것입니다. "이번에 배가 파손된 가운데서 살아남은 사람들이 있다며? 아니, 3백 명이나 탄 배였는데, 한 사람도 안 죽었다며? 그런데 죄수 바울이라는 사람이 거기서 연설을 하며 많은 사람들에게 복음을 전했다며?" 이렇게 소문이 쫙 퍼져나갑니다. 그래서 사도 바울은 지금 감옥에 들어갔습니다마는, 요즘말로 하면 최고의 스타가 된 것입니다. 많은 사람들이 찾아옵니다.

　　오늘본문에 이런 말씀이 있습니다. "모든 시위대 안과……(13절)" 아주 중요한 말씀입니다. 로마에는 '시위대'라는 것이 있었습니다. 어디서나 독재자에게는 시위대가 가장 중요합니다. 그당시 그곳에 시위대가 한 만 명 있었다고 합니다. 이 시위대가 장차는 호민관도 되고, 정치가도 되고, 황제도 되는 것입니다. 모든 권력의 배후에 있는 것이 시위대입니다. 이 시위대 고관들이 하나하나 찾아와서 사도 바울과 인터뷰를 합니다. "당신이 그 듣던 바울이요? 당신이 그 이상한 사람이요?" 그렇게 그들은 복음을 듣습니다. 여러분, 꼭 잊지 마십시오. 영혼의 가치는 다 같습니다. 모든 사람이 가난하건 부하건 다 같습니다. 하지만 선교적으로는 그렇지 않습니다. 선교적 가치로는 영향력 있는 사람이 확실히 중요합니다. 지성인이 중요합니다. 권력자가 중요합니다. 그러니까 로마 시민 만 명이 예수 믿을 때보다 여기 이 사람들, 시위대 한 사람이 예수 믿을 때 영향력이 커지는 것입니다. 이것이 하나님의 선교정책입니다.

　　바울은 원형극장에서 많은 사람들을 앞에 놓고 전도대회를 한 일은 없습니다. 그러나 감옥에 들어가 있으면서 시위대 사람, 로마의 그 최고 고관들을 하나씩, 하나씩 개인적으로 만납니다. 그리고 예수를 전하게 됩니다. 역사적인 기록을 보면 이렇게 전하는 가운데 벌써 황제의 어머니가 예수를 믿게 됩니다. 황제의 딸들이 예수를 믿습니다. 벌써 고관들이 다 예수를 믿기 시작합니다. 그리고 2백 년쯤 지나서 대로마제국이 완전히 뒤집혀서 기독교의 자유를 선포하고, 신성로마제국으로 출발합니다. 여러분, 생각해보십시오. 어떻게 된 일입니까? 따지고 보면 사도 바울은 감옥에 들어가서 시위대 사람들에게 복음을 전하다가 순교했습니다. 이 사건으로 말미암아 하나님의 선교, 복음의 역사가 이루어짐을 사도 바울은 알았습니다. 이런 하나님의 경륜을 앎으로 사도 바울은 감옥에서도 "이로써 내가 기뻐하고 또한 기뻐하노라!" 하고 말합니다. 그래서 시위대 사람들 한 사람 한 사람에게 복음이 전파되었습니다. 이것이 중요합니다.

그뿐 아니라, 오늘본문을 보면 감옥 밖에서는 겁 없이 복음을 전하게 되었다고 합니다. 그렇습니다. 사도 바울이 감옥에 있으니까 바울을 사랑하는 사람들이 열심히 복음을 전합니다. 왜요? "바울이 감옥에 있는데, 우리가 어찌 조용히 있을 수 있느냐? 우리가 이렇게 안일하게 있어서는 안 되지 않느냐?" 이러면서 열심히 복음을 전했다는 것입니다. 저도 비슷한 경험이 있습니다. 6·25가 터지기 직전에 교회가 핍박을 많이 받아서 목사님도 감옥에 들어가고, 장로님도 감옥에 들어갔습니다. 그런데 목사님도 없고, 장로님도 없는데, 교회는 엄청나게 부흥이 되었습니다. 지금도 생각합니다. 깜깜한 밤에 새벽기도를 나갑니다. 그때는 전기가 없으니까 등불도 없습니다. 깜깜한 예배당에 들어가면 전부 엎드려 기도하고 있습니다. 그 사람들 때문에 제가 들어갈 틈이 없습니다. 그렇게 꽉 차서 하나님 앞에 기도하는 모습을 봅니다. 늘 그 생각을 합니다. 환란과 핍박 속에 이 같은 역사가 이루어진 것입니다. 좌우간 환란과 핍박 속에서는 많은 사람들이 열심을 냅니다. "사도 바울이 감옥에 있으니까 우리가 어찌 조용히 있을 것이냐?" 그래서 열심히, 겁 없이 복음을 전한 것입니다. 사도 바울이 이 소식을 듣고 얼마나 좋아했겠습니까.

그런가하면, 어떤 사람들은 질투로 복음을 전했다고 합니다. '사도 바울이 감옥에 있을 때 우리가 복음을 전하면 사도 바울이 얼마나 배가 아플까?' 이랬던 모양입니다. 그러나 사도 바울은 이런 시기 질투조차 다 초월한 사람입니다. 오늘본문에 재미있는 말씀이 있잖아요? "겉치레로 하나 참으로 하나 무슨 방도로 하든지 전파되는 것은 그리스도니 나는 기뻐하고 또한 기뻐하리라(18절)." 사도 바울은 그런 경쟁심에 말리는 사람이 아닙니다. 시기 질투 하지 않습니다. '좌우간 복음만 전해지면 된다. 복음만 전해라.' 이렇게 그는 오직 예수의 복음이 전해지는 것을 보면서 고백합니다. '나는 기뻐하노라. 이로써 나는 기뻐하노라.'

여러분, 우리 앞에 지금 정치적으로 많은 문제들이 생깁니다. 우리가 바라는 것은 복음의 문이 열리는 것밖에 없습니다. 잘 사는 것이 아닙니다. 복음의 문이 열려서 많은 사람들이 그리스도께로 돌아오는 것입니다. 오늘 바울이 한 말, 얼마나 중요합니까. "내가 당한 일이 도리어 복음전파에 진전이 된 줄을 너희가 알기를 원하노라(12절)." 얼마나 귀중한 말씀입니까. 우리가 구약성경의 요셉을 봅니다. 요셉이 얼마나 어려운 고생을 했습니까. 13년 동안 억울한 고생을 했습니다마는, 그 요셉이 감옥에 들어갑니다. 그랬기 때문에 총리대신이 됩니다. 감옥에 갇히는 그 억울한 고생이 있고 나서야 영광의 아침이 열린 것 아닙니까. 오늘도 우리 앞에 여러 가지 어려운 일들이 있습니다. 그러나 이 과정을 통하여 하나님의 뜻은 이루어질 것입니다.

　나의 당한 일이 실패건 질병이건 성공이건 상관없습니다. 나의 당한 일과 그 문제에 대한 복음적 해석을 내려야 됩니다. 복음전파에 어떻게 기여하고 있는가? 내가 돈을 벎으로써 복음을 전하고, 때로는 내가 병듦으로써 믿음을 얻고, 내가 다 실패하는 것 같으나, 그러므로 하나님의 사역을 이루게 되는 것입니다. 나의 당한 일, 어떤 일이든지 그 해석의 키워드는 간단합니다. '복음전파의 플러스인가? 아니면, 마이너스인가? 어떻게 기여하고 있는가?' 거기에 있습니다. 여러분, 사건마다 이를 통하여 내 믿음이 자라고, 영적 지각이 자라고, 하늘나라를 향한 우리의 확실한 세계관이 열려야 하는 것입니다. 복음적 해석 안에서 하나님의 복음이 효과적으로 전해지는 그것을 기뻐하며 사는 하나님의 사람이 오늘 사도 바울이었습니다.

　"내가 당한 일이 도리어 복음전파에 진전이 된 줄을 너희가 알기를 원하노라(12절)." "이로써 나는 기뻐하고 또한 기뻐하리라(18절)." 이런 새로운 역사관, 새로운 신앙적 세계관을 가지고 현실을 보아야 할 것입니다.　△

천국에서 큰 사람

그 때에 제자들이 예수께 나아와 이르되 천국에서는 누가 크니이까 예수께서 한 어린 아이를 불러 그들 가운데 세우시고 이르시되 진실로 너희에게 이르노니 너희가 돌이켜 어린 아이들과 같이 되지 아니하면 결단코 천국에 들어가지 못하리라 그러므로 누구든지 이 어린 아이와 같이 자기를 낮추는 사람이 천국에서 큰 자니라 또 누구든지 내 이름으로 이런 어린 아이 하나를 영접하면 곧 나를 영접함이니 누구든지 나를 믿는 이 작은 자 중 하나를 실족하게 하면 차라리 연자 맷돌이 그 목에 달려서 깊은 바다에 빠뜨려지는 것이 나으니라 실족하게 하는 일들이 있음으로 말미암아 세상에 화가 있도다 실족하게 하는 일이 없을 수는 없으나 실족하게 하는 그 사람에게는 화가 있도다 만일 네 손이나 네 발이 너를 범죄하게 하거든 찍어 내버리라 장애인이나 다리 저는 자로 영생에 들어가는 것이 두 손과 두 발을 가지고 영원한 불에 던져지는 것보다 나으니라 만일 네 눈이 너를 범죄하게 하거든 빼어 내버리라 한 눈으로 영생에 들어가는 것이 두 눈을 가지고 지옥 불에 던져지는 것보다 나으니라 삼가 이 작은 자 중의 하나도 업신여기지 말라 너희에게 말하노니 그들의 천사들이 하늘에서 하늘에 계신 내 아버지의 얼굴을 항상 뵈옵느니라

(마태복음 18 : 1 - 10)

천국에서 큰 사람

　1958년, 제가 신학대학을 졸업하고 맨 처음으로 서울의 어느 교회에서 전도사로 시무하게 되었습니다. 생전처음으로 목회자의 길을 출발하는 그때에 저는 아주 특별하고도 충격적인 경험을 했습니다. 그 교회 교인 가운데 어느 대학의 총장님이 있었습니다. 그는 철학과 교수로서 많은 사람들에게 존경받는 분이었습니다. 그의 아들은 목사였고, 부인은 권사였습니다. 그는 한 잡지에 '바울의 사상'이라는 제목으로 글을 연재할 정도로 성경과 신학에 대한 지식도 높은 분이었습니다. 그런데 이상하게도 그에게는 열정이 없었습니다. 헌신도 없었습니다. 그저 한 달에 한 번 교회에 나오는 것이 전부였습니다. 그것도 낮에는 안 나왔다가 저녁에 나오기도 합니다. 그야말로 들쑥날쑥합니다. '이런 사람을 교인으로 봐야 되나, 안 봐야 되나? 예수를 믿는 건가, 안 믿는 건가?' 알 수가 없었습니다. 한편 그는 많은 사람들에게 사도 바울에 대한 신학강의를 했습니다. 아주 잘합니다. 그런데 교회에서 봉사와 출석은 영 아닙니다. 그래서 저는 마음속으로 이런 걱정을 했습니다. '저런 지성인이 좀 더 반듯하게 신앙생활을 하면 좋을 텐데, 뭔가 문제가 있는가보다.' 그러던 어느 날 그분이 조용히 저를 만나자고 하더니 이런 이야기를 했습니다. "믿어지지 않는 것처럼 고통스러운 일이 없습니다." 그리고 눈물을 흘립니다. "이 변변치 않는 작은 지식 때문에 설교말씀을 들을 때 자꾸 비판하게 되고, 또 말씀을 듣고 읽을 때 귀한 말씀이라는 생각이 드는데도 정작 믿어지지는 않습니다." 이 믿어지지 않는 고통,

참으로 어렵습니다. 성경을 그렇게 많이 읽고, 신학강의까지 하는 분인데도 마음속에서부터 깊이 믿어지지 않아서 너무나 괴롭다고 하는 그분의 고백이 저한테는 큰 충격이었습니다.

어떤 다섯 살 난 어린 아이가 삼위일체에 대해서 설명한다면서 어머니에게 이런 말을 했다고 합니다. "어머니, 나는 어머니가 내 어머니라고 하는 것을 한번도 의심해본 일이 없어요." 여러분, 부모님을 향해서 "당신이 정말 내 부모입니까?" 하고 여쭈어본 적 있으십니까? 의심하기로 든다면 얼마나 많은 증거를 대야 믿을 수 있겠습니까? 그러나 가장 큰 행복이 바로 여기에 있습니다. 어머니가 내 어머니라고 하는 것을 조금도 의심하지 않는 데에서부터 행복은 시작되는 것입니다.

어린 아이에게는 있고, 어른에게는 없는 것이 있습니다. 첫째가 해맑은 눈동자입니다. 자다가 깨어난 아이들의 눈동자, 얼마나 깨끗합니까. 둘째는 깨끗한 피부입니다. 우리가 별 방법을 다 써 봐도 그 어린 아이 같은 깨끗한 피부를 가질 수는 없습니다. 그것은 정말 귀한 보배입니다. 셋째는 무서운 기억력입니다. 아이들은 안 듣는 것 같으면서도 다 듣습니다. 안 보는 것 같으면서도 다 봅니다. 다 생각하고 있는 것입니다. 이 무서운 기억력이야말로 놀라운 것이 아닐 수 없습니다.

제자들이 예수님께 여쭈어봅니다. "천국에서는 누가 큽니까? 세상에서는 이러이러한 사람이 크고 존경을 받지만, 하늘나라에서는, 메시아의 나라에서는 어떤 사람이 큰 사람입니까? 어떤 사람이 큰 사람이라고 높임을 받습니까?" 이 순간 제자들의 마음속에는 어떤 기대감이 있었는지도 모릅니다. "율법학자입니까? 바리새인입니까? 선한 일을 많이 한 사람입니까? 어떤 사람이 메시아의 나라에서 크게 존경을 받겠습니까?" 제자들에게는 아마 이런 기대도 있었던 것 같습니다. "당신은 메시아시요, 메시아의 나라를 이루시게 될 것인데, 그때 메시아의 나라에서 메시아의 우편과 좌편에 메시아와 가장 가까이 있게 되는 사람은 누구입니까?" 그때에 예수님께서는 뜻밖에도 어린 아이 하나를 부르시어 앞에 놓으시고는 실물교육을 하십니다. 현장교육을 하시는 것입니다. 간단하게 말씀하십니다. 중요한 말씀입니다. "이 어린 아이와 같은 자가 천국에서는 큰 자이니라." 깊이 생각해보시기 바랍니다.

저는 50년 동안 목회를 하면서 많은 분들을 만나보았습니다. 정치가, 학자, 기업가…… 하여튼 사회적으로 존경받는 저명인사들을 많이 만나보았습니다. 그러면서 특별히 느낀 점 한 가지가 있습니다. 콕 집어 뭐라고 말할 수는 없지만, 내 마음에 느껴지는 것입니다. 이상하게도 돈 좀 벌었다고 하는 사람, 명예를 얻었다고 하는 사람, 한 분야에서 성공했다고 하는 사람들을 가만히 보니까 하나같이 어린 아이 같은 면이 있더라, 이것입니다. 순진한 면이 있는 것입니다. 어떤 때는 서로 대화를 나누면서도 그런 것을 느낍니다. '이렇게 순진해가지고 어떻게 돈을 벌었을까? 어떻게 이런 마음을 가지고 정치를 할까?' 그만큼 순진한 면이 있음을 보게 됩니다. 그때마다 저는 이런 생각을 합니다. '천국에서 큰 자는 어린 아이와 같은 자라야 한다는 예수님의 말씀이 바로 현실이구나!' 그런가하면, 어린 아이의 반대가 누구입니까? 어른입니다. 바로 교만하고, 아는 체하고, 겸손하지 못한 모습을 말하는 것입니다.

언젠가 빌리 그레이엄 목사님이 북한을 방문한 적이 있습니다.

목사님의 부인이 평양에 선교사로 있었던 분의 딸입니다. 그러니까 그 부인의 고향이 평양인 것이지요. 당시는 북한에 들어가기가 어려운 시절이었는데도 다행히 어찌어찌 평양에 가실 수 있게 된 것입니다. 그래 한 주일 동안 그곳 구경을 하고 서울로 돌아와 청와대에서 대통령과 한 시간 정도 면담을 하게 되었습니다. 그때 동석했던 한 장로님이 제게 해준 말이 있습니다. 그때는 우리가 북한하고 왕래가 없는 때 아니었습니까. 그런 북한을 어렵사리 다녀온 분이니, 그 빌리 그레이엄 목사님에게 들을 만한 이야기가 얼마나 많겠습니까. "평양에 가 보시니 느낌이 어땠습니까? 그들이 어떻게 살고 있습니까? 앞으로 이 나라는 어떡하면 좋겠습니까?" 이렇게 물어봤더라면 빌리 그레이엄 목사님이 얼마나 신바람 나게 설명을 해주었겠습니까. 그런데 처음부터 끝까지 대통령 혼자 말했다는 것이지요. 그래 목사님은 그렇게 한 시간 동안 내내 대통령의 말만 듣다가 시간이 다 되어서 그냥 나왔다는 것입니다. 차를 타고 청와대를 떠날 때 빌리 그레이엄 목사님이 쓸쓸하게 딱 한마디를 하더랍니다. "He talks too much(그 사람 너무 말을 많이 해)." 여러분, 겸손한 마음, 듣는 마음이 없으면 안 됩니다. 잠깐만 봐도 벌써 그 교만이 눈에 띕니다. 자기 말고는 다 나쁘다는 마음입니다. 아닙니다. 뭐라고 말할 수는 없지만, 어린 아이 같은 마음, 거기에 소망이 있는 것입니다.

　오늘본문에서 예수님 말씀하십니다. "너희가 돌이켜 어린 아이들과 같이 되지 아니하면 결단코 천국에 들어가지 못하리라(3절)." 이것은 절대조건입니다. 우리가 간단하게 믿기로, 천국 가는 절대조건이 무엇입니까? 믿음입니다. 예수님을 믿고, 하나님을 믿고, 예수님께서 우리를 위하여 십자가를 지신 그 거룩한 은총을 믿는 것입니다. 구원은 오직 믿음으로 얻는 것입니다. 확실합니다. 그럼 이 구원의 절대조건을 다른 말로 하면 뭐겠습니까? '어린 아이와 같은 것'입니다. 믿음이 무엇입니까? 어린 아이와 같은 것이 믿음입니다. 어린 아이는 자신을 작게 여길 뿐만 아니라, 사랑 없이는 자기가 살 수 없음을 알고 있습니다. 잠깐이라도 사랑을 잃어버리고는 못삽니다. 여러분도 잘 아시지만, 아이들은 사랑에 대해서 민감합니다. 어제도 어떤 곳에서 보니까 한 어린 아이가 아버지만 좋아합니다. 옆에 엄마도 있고, 삼촌도 좀 안아보려고 하지만, 어림없습니다. 할머니가 좀 안아보려고 해도 웁니다. 아버지만 붙들고 있습니다. 그래서 제가 생각했습니다. '아버지가 공부 많이 했구나. 노력을 많이 했구나. 저만큼 아이의 사랑을 받기까지 애를 많이 썼구나.' 아이는 민감합니다. 흔히 말하기를 냄새로 안다고 합니다. 어린 아이들은 사랑의 냄새를 압니다. 누가 나를 사랑하는지 잘 알고 있습니다. 사랑을 받아야만 자기는 존재할 수 있다는 것을 확실히 알고 있습니다. 자기의 약함을 압니다. 그런고로 부모님을 의지합니다. 자기의 무지함도 압니다. 그래서 부모의 손목을 잡고 따라갑니다. 어디로 가는지 묻지 않습니다. 손목만 잡고 있으면 됩니다. 어머니와 같이 있으면 됩니다. 그 확실한 믿음, 그 절대적인 믿음이 어린 아이 같은 믿음입니다.

어린 아이들이 잠을 잘 때를 보십시오. 편안하게 누워서 자면 얼마나 좋습니까. 어머니나 할머니 품에 안겨서 쭈그리고 잡니다. 그 얼마나 불편하겠습니까. 그래도 아닙니다. 요즘은 보기 힘들지만, 옛날 시골에서는 어머니들이 장사를 한다든가 길을 갈 때 어린 아이를 업고 다녔는데, 그 아이들이 어머니 등에 업혀서 고개를 젖히고 잠들어 있는 모습을 흔히 볼 수 있었습니다. 얼마나 불편한 자세입니까. 가만히 누워 있으면 얼마나 편하겠습니까. 그래도 아닙니다. 어머니하고 몸을 맞대고 가까이 있으니까 그게 행복한 것입니다. 고급침대가 필요 없습니다. 어머니의 무릎이 좋은 것입니다. 이것이 바로 믿음입니다. 자기를 작게 여깁니다. 아주 겸손합니다. '나는 모르는 자다. 나는 사랑이 없이는 못산다. 누군가 나를 도와줘야 산다.' 이렇게 확실히 믿고 있습니다. 그리고 그들의 마음 깊은 곳에는 아무 교만도 없습니다. 그야 말로 겸손 그대로입니다.

유명한 이야기가 있습니다. 인도에서 선교사로 활동했던 윌리암 케리(William Carey)라는 분이 있습니다. 그는 특별히 언어학에 뛰어나서 서른 네 나라의 방언으로 성경을 번역했습니다. 그만큼 뛰어난 언어학자입니다. 그가 언젠가 영국을 방문했을 때 누가 그를 골탕 먹일 속셈으로 이렇게 말했다는 것 아닙니까. "선교사님, 당신의 아버지가 구두를 만드는 아주 천한 사람이었다고요?" 그때 윌리암 케리는 빙그레 웃으면서 이렇게 대답했다고 합니다. "아닙니다. 잘 모르고 계시는군요. 구두를 만드는 사람이 아니고, 구두를 수선하는 사람이었습니다." 여러분은 어떻게 생각하십니까? 남이 나를 어떻게 평가하든지, 그 평해주는 것보다 한 단계만 낮추면 안 되겠습니까? 남이 나를 모른다고 할 때 '나는 당신이 생각하는 것보다 못한 사람입니다' 하고 생각하면 안 되겠습니까? 남이 나를 가리켜 능력이 없다고 할 때 '나는 당신이 생각하는 것보다 훨씬 더 무식하고 무능합니다' 하면 안 되겠습니까. 이렇게 생각할 수만 있다면 아무 문제도 없을 것입니다.

저는 가끔 젊은 목사님들한테서 이런 질문을 받습니다. "목사님, 교회에서 가끔 억울한 말을 들으실 수도 있고, 억울한 소문을 들으실 수도 있고, 목사님에 대해서 나쁜 소리를 들으실 수도 있을 텐데, 그때 목사님은 어떻게 견디셨습니까? 목사님은 그런 일 없으셨습니까?" 그럼 제가 이렇게 대답합니다. "있었지." "그럼 그 많은 비난을 들으실 때 어떻게 참으셨습니까?" "뭘 어떻게 참아? 그가 비난하는 것보다 나는 더 부족한 사람이라고 생각하면 되지!" 이걸 잊지 말아야 합니다. 나는 상대의 평가보다 더 무식한 사람이요, 더 부족한 사람입니다. 자신을 한 단계 낮추면 아무 문제가 없습니다. 겸손만이 해답이라는 걸 잊지 마시기 바랍니다. 어떤 고통이나 비난 속에서도 겸손이 있고, 어린 아이 같은 마음만 있으면 아무 문제가 없습니다.

현대사회에서 가장 큰 문제가 무엇입니까? 바로 자녀들입니다. 자녀교육입니다. 저는 잊지 않고 있습니다. 예전에 유대 랍비 두 사람을 우리나라에 초대하여 교역자 세미나를 한 일이 있습니다. 그때 제가 통역을 했는데, 어느 목사님이 이런 질문을 했습니다. "목사님, 이스라엘 사람들은 자녀교육을 잘 한다면서요? 그래서 노벨상 받는 사람의 40퍼센트가 이스라엘 사람이라고 하는데, 그 자녀교육의 비결이 무엇입니까?" 그러자 그 랍비가 껄껄 웃으면서 딱 한마디 했습니다. "거짓말을 하지 마세요." 자녀에게 거짓말을 하지 않는 것이 비결이라는 것입니다. 아이들은 어머니에게 한번 속으면 하늘이 무너지는 것 같은 상처를 받는다는 것입니다. 부모님의 말은 100퍼센트 믿을 수 있어야 된다는 것입니다. 그런데 어머니에게 속고, 아버지에게 속고, 세상에 속고 나니 그 영혼이 어디로 가겠습니까? 이걸 잊지 말아야 합니다. 가정교육에서 가장 중요한 것은 믿음입니다.

믿을 수 있는 부모, 믿을 수 있는 말, 신뢰를 주는 행동이 중요합니다. 그뿐만 아니라, 믿어주어야 합니다. 자녀는 미래적으로 평가하는 것입니다. 예수님 말씀대로입니다. "지금은 모르지만, 이후에는 알리라." 그렇습니다. 어린 아이들은 잘 모르고 실수하는 일이 많습니다. 하지만 장래를 바라보고 믿어주는 것입니다. 예수님은 제자들의 장래를 믿었습니다. 믿음입니다. 믿어주어야 합니다.

뿐만 아니라, 겸손한 마음입니다. 자녀들 앞에서도 겸손해야 합니다. 아는 척하지 말고, 잘난 척하지 말아야 합니다. 오히려 자녀들에게 이렇게 말해야 합니다. "미안하다. 부족하다. 나도 시원치 않아서 용돈도 많이 못 주니 미안하다. 너희들에게 좋은 본을 보여주지 못해서 미안하다." 여러분, 자녀들 앞에서 겸손해야 됩니다. 여기서 교만이란 있을 수 없습니다. 그리고 진실해야 합니다. 더 나아가 사랑을 줄 뿐만 아니라, 감사를 가르쳐야 합니다. 자녀가 좀 좋은 성적을 받아왔거든 "고맙다! 수고했다!" 하십시오. 그렇지 않습니까. 예전에 제가 엘리베이터에서 고3 학생들이 도시락을 둘씩 싸가지고 공부하러 가고 오는 것을 보면 그때마다 이렇게 말해주곤 했습니다. "애들아, 참 고생한다. 우리 때는 안 그랬는데, 너희들이 참 고생이 많구나." 그러면 애들이 얼굴이 빨개져서 "감사합니다!" 하면서 가더라고요. 여러분, 아이들이 얼마나 고생이 많습니까. 범사에 감사함을 가르쳐야 됩니다. 내가 먼저 감사하고야 저로 감사하게 할 수 있는 것입니다.

예수님께서 친히 말씀하십니다. "어린 아이에게서 배우라!" 하늘나라에서 큰 사람이 누구입니까? 저 어린 아이 같은 자라는 걸 잊지 말라고 하십니다. 그리고 내 이름으로 영접하라고 말씀하십니다.

얼마나 귀중한 말씀입니까. "너의 이름이 아니라, 내 이름으로, 예수님의 이름으로 자녀를 기르라." 주님께서 말씀하십니다. 예수님께서는 어린 아이에게서 하늘나라를 느끼셨고, 어린 아이를 대하실 때 하늘나라의 기쁨을 느끼셨던 것 같습니다. 어린 아이와 같은 믿음! 그러고야 하나님의 나라에 들어갈 것이라고 말씀하십니다. △

네 아버지에게 물으라

어리석고 지혜 없는 백성아 여호와께 이같이 보답하느냐 그는 네 아버지시요 너를 지으신 이가 아니시냐 그가 너를 만드시고 너를 세우셨도다 옛날을 기억하라 역대의 연대를 생각하라 네 아버지에게 물으라 그가 네게 설명할 것이요 네 어른들에게 물으라 그들이 네게 말하리로다 지극히 높으신 자가 민족들에게 기업을 주실 때에, 인종을 나누실 때에 이스라엘 자손의 수효대로 백성들의 경계를 정하셨도다 여호와의 분깃은 자기 백성이라 야곱은 그가 택하신 기업이로다 여호와께서 그를 황무지에서, 짐승이 부르짖는 광야에서 만나시고 호위하시며 보호하시며 자기의 눈동자 같이 지키셨도다 마치 독수리가 자기의 보금자리를 어지럽게 하며 자기의 새끼 위에 너풀거리며 그의 날개를 펴서 새끼를 받으며 그의 날개 위에 그것을 업는 것 같이 여호와께서 홀로 그를 인도하셨고 그와 함께 한 다른 신이 없었도다

(신명기 32 : 6 - 12)

네 아버지에게 물으라

어떤 경건한 사람이 작심하고 3년 동안 하나님 앞에 열심히 기도했다고 합니다. 그랬더니 하나님께서 응답 중에 말씀하셨습니다. "네가 그렇게 간절히 기도하므로 네 소원 세 가지를 들어주겠다." 이 사람이 너무나 감격하여 고심 끝에 첫 번째 소원을 말씀드렸습니다. "하나님, 제가 모든 사람들로부터 사랑받는 사람이 되게 해주세요." 그러자 그날부터 많은 사람들이 그를 만나자마자 "반갑습니다! 사랑합니다!" 하면서 괴롭도록 찾아와 사랑하고, 존경하고, 반갑다고 그를 맞이했다는 것입니다. 그러자 이 사람이 그만 지쳐서 도저히 견딜 수가 없게 되었습니다. 그래 자기도 모르게 이렇게 기도했습니다. "하나님, 이 기도는 물러주세요!" 그래서 두 번째 소원이 이루어진 것입니다. 이제 마지막 한 가지가 남았는데, 어떻게 기도해야 할지 도저히 생각이 나지 않아서 하나님께 이렇게 말씀드렸습니다. "하나님, 뭐라고 기도해야 될지를 가르쳐주세요." 그랬더니 하나님께서 말씀하십니다. "그래, 만약 내가 너라면 나는 이렇게 기도하고 싶구나. 우선은 '사랑받는 것보다는 사랑하게 해주세요'라고 기도하고, 또 '굉장한 일을 하기보다는 솔로몬처럼 듣는 마음을 주세요. 지혜로운 마음, 듣는 마음을 주세요'라고 기도할 것이다. 그리고 마지막으로 '그때그때 어떤 일을 당하든지, 현실 속에서 충실하고, 믿음으로 살게 해주십시오'라고 기도할 것이다." 이렇게 하나님께서 가르쳐주셨다는 것입니다.

여러분, 지혜라는 게 무엇입니까? 지혜는 듣는 마음에서 나옵니다. 어쩌면 듣는 마음 그 자체가 지혜입니다. 아시는 대로, 지식은 공부를 많이 하면 됩니다. 지식은 공부입니다. 그러나 지혜는 공부만 가지고는 안 됩니다. 경험을 해야 됩니다. 많은 경험과 체험 속에서, 많은 시련을 겪으면서 지혜가 생기는 것입니다. 공부를 아무리 많이 해도 그것으로는 머리만 커지고, 지식에만 머물 뿐입니다. 지혜는 생활현장에서, 많은 시련 속에서 얻을 수 있는 것입니다. 그래서 지식이 지혜가 되려면 많은 시간이 필요합니다. 많은 사건에 부딪쳐보아야 합니다. 아니, 많은 실패를 경험해야 합니다. 많은 시련을 통해서 지혜로운 자가 됩니다. 이런 경륜이 쌓여서 지혜가 되는 것입니다. 그렇다면 여러분, 깊이 생각해야 됩니다. 지식은 배울 수 있어도 지혜는 따라잡는 것이 아닙니다.

우리는 가끔 기술을 얘기합니다. 기술이 어떻습니까? 자동차 만드는 데 100년이 걸렸다고 합니다. 지금 우리가 타고 다니는 차가 100년 걸렸습니다. 저는 군대생활을 할 때부터 지금까지 차를 탔기 때문에 차의 발전사를 잘 알고 있습니다. 옛날 자동차에는 냉각수가 없었습니다. 그런가하면 부동액도 없었습니다. 그래서 겨울이 되면 자동차에서 물을 다 빼놓아야 됩니다. 안 그러면 얼어터지니까요. 그랬다가 아침에 다시 냉각수를 넣는 것입니다. 이게 보통일이 아닙니다. 지금 우리가 쓰고 있는 부동액이나 냉각수가 얼마나 편리하고 굉장한 것인지 모릅니다. 더구나 자동차를 자세히 보면 엔진에 벨트가 있지 않습니까. 예전에는 그 삼각벨트가 툭하면 끊어졌습니다. 그래서 제가 벨트를 몇 개씩 사가지고 다녔습니다. 가다가 끊어지면 교체하고, 또 끊어지면 다시 교체하고 그랬습니다. 그런데 요즘 벨트는 안 끊어집니다. 10년이 가도 안 끊어집니다. 왜요? 간단합니다. 옛날 벨트는 두꺼웠습니다. 요즘 벨트는 종잇장처럼 얇습니다. 얇으니까 끊어질 만큼 꺾이는 일이 없는 것입니다. 얼마나 간단합니까. 10년이 가도 바꿀 일이 없습니다. 이렇게 긴긴 역사와 함께 100년에 걸쳐서 오늘 우리가 타는 차가 만들어진 것입니다. 그렇다면 이제 다시 100년이 걸려야 새로운 차를 만들 수 있을까요? 아닙니다. 3년이면 됩니다. 왜요? 기술은 편승하는 것이니까요. 편승하면 됩니다. 남이 오랜 세월 걸려서 만들어낸 것을 내가 잠깐이면 배울 수 있습니다. 존경과 믿음만 있으면 100년이 걸려서 얻은 소중한 지혜가 오늘 내 것이 됩니다. 하루아침에 내 것이 되는 것입니다. 이 얼마나 소중합니까.

그렇다면 '부모님을 공경하라'는 말씀도 계명으로만 받을 것이 아닙니다. 좀 더 지혜 있게 생각해보십시오. 부모님이 살아오시면서 많은 경험을 쌓으셨잖아요? 시련도 겪으셨고, 실패도 겪으셨습니다. 그렇게 많은 경험을 수십 년 동안 겪으셨습니다. 그래서 나름대로 생각이 있으십니다. 교훈이 있으십니다. 내가 진실한 마음으로, 효도하는 마음으로, 존경하는 마음으로 부모님의 그 교훈을 받으면 그 50년 경험이 한순간에 내 소유가 되는 것입니다. 거기서부터 출발하십시오. 그렇게 지혜로운 자가 되는 것입니다. 이 원리를 다시 적용하면 부모를 공경하는 사람은 지혜로운 사람이 됩니다. 왜요? 부모님의 많은 지혜를 내가 거저 얻었으니까요. 물려받은 그 자리에서부터 시작하니까 지혜로운 자가 되는 것입니다. 부모님의 말씀을 거역하고, 부모님을 우습게 여기고, 제멋대로 살아보겠다고 한다면 다시 경험해야 됩니다. 다시 원점으로 돌아가서 50년을 경험해야 오늘 부모님의 수준에 도달하게 됩니다. 그런고로 '부모를 공경하라'는 것은 굉장히 중요하고 지혜로운 말씀입니다.

　이스라엘 사람들이 소중하게 여기는「탈무드」에 보면 이런 말이 있습니다. 첫째는 '아들은 아버지를 공경하라'입니다. 둘째는 '아버지가 앉으셨던 의자에 아들이 앉아서는 안 된다'입니다. 셋째는 '아버지의 말씀에 대꾸를 하지 마라'입니다. 넷째는 '아버지가 다른 사람과 쟁론하는 일이 있다면 절대로 다른 사람 편을 들지 마라'입니다. 이것이 이스라엘 사람들이 소중히 여기는 교훈입니다. 저한테도 이것저것 아버지께서 가르쳐주신 교훈이 있습니다. 앉혀놓고 공부하듯이 가르쳐주신 것은 아니고, 가다가 오다가, 또 일하다가 쉬다가 문득문득 한 마디씩 가르쳐주신 것입니다. 이제 나이가 드니까 새록새록 생각이 납니다. 그래서 제가 수첩 첫 페이지에다가 이걸 써가지고 다닙니다. 아주 가득히 써서 이렇게 '아버지의 교훈'이라고 하고서 갖고 다닙니다. 읽어보면 재미있는 말이 많습니다. 생활의 지혜입니다. 아버지가 이렇게 저렇게 경험하시고 가르쳐주신 것을 내가 받으면 그 순간 그 지혜가 내 것이 되는 것입니다. 그 많은 경륜이 내 것이 되는 것입니다. 이걸 잊지 말아야 합니다. 그런고로 부모를 공경한다는 말의 뜻은 부모의 경륜을 소중히 여긴다는 것입니다. 부모의 삶을 소중하게 여긴다는 것입니다. 거기서부터 출발해야 합니다. 그래서 오늘본문은 말씀합니다. "네 아버지에게 물으라……(7절)" 아버지에게 들으라, 이것입니다. 물으니까 듣는 것 아니겠습니까. 그러면 아버지가 긴긴 세월, 그 많은 체험과 그 속에서 얻으신 지혜가 이 순간 내 것이 됩니다. 이 얼마나 중요한 일입니까.

　제가 인천에서 목회할 때 경험한 일입니다. 어느 권사님의 남편이 임종을 앞두고 있다고 해서 제가 가게 되었습니다. 남편이 임종

직전이었습니다. 옆에는 아들 셋이 나란히 앉아 있습니다. 그래 예배를 드린 다음에 가만히 기다리고 있었습니다. 그런데 의식이 없는 줄 알았던 그 남편분이 갑자기 눈을 번쩍 뜨더니 한마디 합니다. "얘들아, 술 먹지 마라!" 이 한마디를 하고 돌아가셨습니다. 이분은 술을 많이 마시다가 신세 망친 사람입니다. 일생이 술 때문에 망가졌습니다. 그래서 술 먹지 말라고 하면서 죽었는데, 어떻습니까? 한평생 경험해서 하나를 배운 것입니다. "술 먹지 마라!" 그런데 세 아들 가운데 한 아들이 술고래입니다. 그가 술을 잔뜩 마시고 우리 집까지 와서 한다는 소리가 이랬습니다. "목사님, 피는 못 속입니다." 여러분, 그 한마디가 얼마나 중요합니까. 일생을 두고 하나를 배우고 죽었습니다. "술 먹지 마라!" 그렇다면 그런 줄 알아야 합니다. 꼭 직접 먹어봐야 알겠다고 한다면 그가 바로 불효자입니다. 그런고로 부모님의 많은 체험 속에서 얻은 지혜에 토를 달지 말 것입니다. 그대로 받아들일 때 내가 지혜로운 자가 되는 것입니다.

　모세는 80세에 이스라엘의 지도자가 됩니다. 모세의 80년이 거저 된 것입니까? 애굽의 궁전에서 40년, 광야에서 양을 치며 40년입니다. 그렇게 80년의 경험입니다. 그 80년의 경륜이 있고 나서 비로소 하나님의 음성을 듣습니다. 부름을 받습니다. 여러분, 모세의 말을 듣는다면 모세가 경험한 80년의 지혜를 그대로 받아들일 수 있다고 하는 걸 잊지 말아야 합니다. 그래서 오늘본문은 말씀합니다. "네 아버지에게 들으라." 이쪽이든 저쪽이든, 참 중요한 것입니다. 새겨들으면 참 지혜가 됩니다. 살이 되고, 피가 됩니다. 왜요? 아버지는 제2의 창조자이기 때문입니다. 아버지는 내 생명의 근원입니다. DNA가 아버지로부터 왔습니다. 생김새도, 체격도, 건강도, 지혜도,

성품도 알게 모르게 다 부모로부터 물려받은 것입니다. 얼마나 소중합니까. 숙명적으로 물려받았습니다. 그런고로 부모님을 소중히 여겨야 합니다.

그런가 하면 부모님은 특별한 이웃이기도 합니다. 모든 세계관, 가치관의 표본이 다 부모님께 있습니다. 그 모든 것이 알게 모르게 다 부모님으로부터 왔습니다. 아주 중요합니다. 그래서 가정교육에서는 아이들 눈에 비친 아버지와 어머니의 관계가 어땠는가를 중요하게 봅니다. 아버지 어머니가 서로 사랑하면서 지내는 모습을 보고 자란 사람은 연애도 잘하고, 결혼도 잘하고, 행복하게 살아갈 수 있지만, 어딘가 모르게 아버지 어머니의 관계가 좋지 않았다면 그것이 마음에 상처로 남는다, 이것입니다. 그리고 일생토록 그 사람한테 큰 영향을 미치게 된다는 것이지요. 모든 것이 부모로부터 온다고 하는 것입니다. 종교개혁자 마르틴 루터는 '부모는 하나님의 대리자'라고 말했습니다. 이 세상을 사는 동안 부모는 하나님의 대리자입니다. 하나님의 대리자로서 우리에게 오신 분들입니다. 또한 부모는 사랑의 원천입니다. 방법은 나와 다를지 모릅니다. 내 마음에 안 들지도 모릅니다. 그러나 그의 중심에는 늘 사랑이 있습니다. 그래서 부모는 자식을 때릴 수도 있습니다. 이걸 잊지 말아야 합니다. 그 속에 사랑이 있는 것입니다.

저는 직접 들은 적이 있습니다. 제 아버지가 저를 때리실 때였습니다. 아버지가 저를 다 때리시고 밖으로 나가실 때 어머니가 거기 초조하게 서 계시다가 이렇게 말씀하셨습니다. "여보, 당신은 아들을 사랑하는 거예요, 안 하는 거예요? 오늘은 당신이 잘못한 것 같은데, 말로 해도 될 것을 왜 다 큰 아들을 굳이 때리세요?" 그때 아버지가 무슨 말씀을 하시는지 궁금해서 제가 안에서 숨죽이고 조용히 들어보았습니다. 그때 아버지가 이렇게 말씀하셨습니다. "자식은 속으로 사랑하는 것이지, 겉으로 사랑하는 게 아니야. 난 늘 때리면서 마음이 편한 줄 알아? 그래야 되기 때문에 때리는 거야." 여러분, 내 마음에 안 든다고 하는 그 마음 깊은 곳에 공의로운 사랑이 있습니다. 진노의 사랑이 있습니다. 사랑의 원천이 있습니다.

예수님께서 하신 재미있는 말씀이 하나 있으니, 이것입니다. "사람들이 악할지라도 자식에게만은 좋은 것으로 준다. 사람이 아무리 변변치 못하고 악할지라도 자기 자식에게만은 좋은 것으로 줄 줄을 알거든, 하물며 하늘 아버지께서 너희에게 좋은 것을 주시지 않겠느냐?" 이 말씀에 묘한 의미가 있습니다. 악할지라도 자식에게만은 좋은 것으로 주려고 하는 것이 인간의 본심이고, 부모의 마음 아니겠느냐, 하는 것입니다. 그렇다면 "하늘 아버지께서 너희에게 좋은 것을 주시지 않겠느냐?" 하는 말씀의 뜻은 무엇이겠습니까? "하늘 아버지께서 네게 하시는 모든 일들을 사랑으로 받아들일 수 없겠느냐?" 이런 말씀입니다. 다 하나님께서 우리를 사랑하셔서 된 일이다, 이것입니다. 그 사랑 안에서 소화해야 되는 것입니다. 예수님 말씀입니다.

특별히 우리는 아버지로부터 신앙적 유산을 물려받습니다. 오늘본문 11절, 12절은 말씀합니다. "마치 독수리가 자기의 보금자리를 어지럽게 하며 자기의 새끼 위에 너풀거리며 그의 날개를 펴서 새끼를 받으며 그의 날개 위에 그것을 업는 것 같이 여호와께서 홀로 그를 인도하셨고……" 하나님께서 독수리가 그 새끼를 훈련하는 것처럼 역사하셨다, 이것입니다. 새끼가 땅에 떨어지기 전에 낚아

채서 올라가는 독수리처럼 너희를 그렇게 보호하지 않으셨느냐, 이 것입니다. 이렇게 많은 경험과 경륜 속에 오늘이 있지 않느냐, 이것 입니다. 그러므로 "네 아버지에게 물으라!" 말씀하십니다. 아버지는 우리와 함께하신 하나님의 큰 사랑을 우리에게 설명하실 것임을 잊지 말라고 하는 것입니다. 부모님께 지혜가 있습니다.

옛날 야사(野史)에 나오는 이야기입니다. 언젠가 중국의 사신이 한국에 와서 재상들을 불러놓고 그들의 지혜를 시험했답니다. 사신은 똑같이 생긴 말 두 마리를 끌고 와서 재상들에게 물었습니다. "이 가운데 하나가 어미고, 다른 하나가 새끼다. 어느 쪽이 어미고, 어느 쪽이 새끼인지 알아맞혀라." 재상들은 아무리 생각해도 어느 쪽이 어미고, 어느 쪽이 새끼인지 알 수가 없었습니다. 그런데 한 재상이 집에 돌아가서 그 걱정을 하고 있으니까 어머니가 그에게 물었다는 것입니다. "무슨 걱정이라도 있느냐?" 그래 재상이 어머니께 자초지종을 털어놓았습니다. 그때 그 연로하신 어머니가 빙그레 웃으면서 이랬다는 것입니다. "말한테 여물을 먹여보면 알 수 있다. 먼저 먹는 놈이 새끼다."

여러분, 알게 모르게 부모님께는 많은 경륜 속에서 얻은 지혜가 있습니다. 그것을 존중하고, 귀하게 여겨야 합니다. 복의 근원은 효에 있습니다. 부모님께 들어야 합니다. 요즘 가만히 보면, 부모님께 효도는 하지 않으면서 자식은 잘되기를 바라는 사람들이 많습니다. 자식을 향한 마음보다 부모를 향한 마음이 우선이어야 합니다. 부모님께 먼저 효도를 하십시오. 그래야 자식이 잘됩니다. 이걸 잊지 말아야 합니다. 부모님의 그 모든 경험과 지혜의 상속자가 되려면 그 부모님을 공경해야 됩니다. 이것은 순종이 아닙니다. 공경입니다.

존경을 겸한 사랑입니다. 공경해야 합니다. 그런고로 결과적으로 불효자는 어리석어집니다. 부모님의 말씀을 거역하고, 우습게 여기고, 내 멋대로 살아보겠다고 하는 사람은 그야말로 바보 같은 사람입니다. 부모님의 경륜을 내가 다 받아들이고, 거기에서부터 출발해야 됩니다. 그것이 지혜입니다.

  종교개혁자 요한 웨슬리는 말합니다. '나는 영국의 모든 신학자들에게 배운 것보다 내 사랑하는 어머니에게서 기독교를 더 많이 배웠다.' 어머니로부터 배운 신학이 모든 신학자로부터 배운 것보다 더 많다는 간증입니다. 조용히 들으십시오. 공경하십시오. 그러면 우리 마음에 들려오는 지혜가 있을 것입니다. 오늘본문은 말씀합니다. '네 아버지에게 물으라. 아버지는 말할 것이요, 너는 들으라. 그러면 지혜로운 자가 될 것이다.' △

성령이 기억나게 하리라

내가 이것을 너희에게 이름은 너희로 실족하지 않게 하려 함이니 사람들이 너희를 출교할 뿐 아니라 때가 이르면 무릇 너희를 죽이는 자가 생각하기를 이것이 하나님을 섬기는 일이라 하리라 그들이 이런 일을 할 것은 아버지와 나를 알지 못함이라 오직 너희에게 이 말을 한 것은 너희로 그 때를 당하면 내가 너희에게 말한 이것을 기억나게 하려 함이요 처음부터 이 말을 하지 아니한 것은 내가 너희와 함께 있었음이라 지금 내가 나를 보내신 이에게로 가는데 너희 중에서 나더러 어디로 가는지 묻는 자가 없고 도리어 내가 이 말을 하므로 너희 마음에 근심이 가득하였도다 그러나 내가 너희에게 실상을 말하노니 내가 떠나가는 것이 너희에게 유익이라 내가 떠나가지 아니하면 보혜사가 너희에게로 오시지 아니할 것이요 가면 내가 그를 너희에게로 보내리니 그가 와서 죄에 대하여, 의에 대하여, 심판에 대하여 세상을 책망하시리라 죄에 대하여라 함은 그들이 나를 믿지 아니함이요 의에 대하여라 함은 내가 아버지께로 가니 너희가 다시 나를 보지 못함이요 심판에 대하여라 함은 이 세상 임금이 심판을 받았음이라

(요한복음 16 : 1 - 11)

성령이 기억나게 하리라

지혜에 대하여 옛날부터 내려오는 이런 이야기가 있습니다. 여러분, 짚신이라는 것을 아십니까? 짚신을 신어보지 못한 사람은 잘 모를 것입니다. 지푸라기로 엮어서 만든 신이 짚신입니다. 저는 많이 만들어도 보았고, 신어도 보았습니다. 또 하나, 나막신이라는 것도 있습니다. 옛날에는 길이 전부 비포장이기 때문에 비만 오면 질퍽질퍽하니까 다닐 수가 없습니다. 지금은 장화를 신고 다닐 수 있지만, 그 옛날에는 비가 올 때면 나막신을 신었습니다. 나무를 파가지고 신처럼 만든 것입니다. 어떤 어머니에게 딸이 둘 있었는데, 그 두 딸을 모두 다 시집보냈습니다. 하나는 짚신 장수한테 보냈고, 또 하나는 나막신 장수한테 보냈습니다. 그래놓고 이 어머니가 늘 걱정을 합니다. 비가 오면 짚신이 안 팔릴까봐 걱정을 하고, 날이 맑으면 나막신이 안 팔릴까봐 걱정을 하는 것입니다. 이렇게 늘 걱정 가운데 지냈는데, 그 남편이 어느 날 이렇게 말합니다. "여보, 그렇게 생각하지 말고 반대로 생각하면 어떻겠소? 비가 오면 나막신이 잘 팔릴 것이라고 생각하고, 날이 맑아지면 오늘은 짚신이 잘 팔리겠다고 생각하는 거요. 그러면 안 되겠소?" 이 얼마나 중요한 이야기입니까. 생각이 어느 쪽으로 가느냐, 이것입니다. 생각에 따라 우리 운명이 결정되는 것입니다.

사람은 욕망을 따라서 사는 것 같지만, 아닙니다. 사람은 생각을 따라서 살아갑니다. 이것을 가리켜 어려운 학술용어로 'Frame of Reference(준거의 틀)'라고 말합니다. 가치관이라고도 할 수 있습니다. 이미 속에 들어 있는 생각, 그것에 따라서 내 운명이 결정되는 것입니다. 그리고 더 중요한 것은 생각의 현장성입니다. 생각도 있고, 지식도 있고, 철학도 있고, 가치관도 있습니다. 공부도 많이 했습니다. 그러나 현장에 있을 때 그 생각이 안 납니다. 좋은 생각이 나지를 않습니다. 그렇다면 그의 지식은 다 소용없는 것입니다. 다 무효가 되는 것입니다. 아주 좋은 예가 이런 것입니다. 우리가 오늘까지 살아오면서 시험을 많이 보았잖아요? 시험을 앞두고 공부를 열심히 많이 합니다. 그래서 현장에 가서 딱 시험지를 받으면 생각이 까맣게 안 나는 것입니다. 그럼 어찌하겠습니까? 다 무효입니다. 공부한 것이 완전히 무효인 것입니다. 반대로 많이 공부하지도 않았는데, 신기하게도 현장에서 환하게 생각이 납니다. 그러면 그거야 백 점인 것이지요. 그러니 이 현장성이 얼마나 중요합니까. 그런데 생각이 나고 안 나고를 내 마음대로 할 수 있습니까? 이것이 문제입니다. 이 생각의 현장성, 여기에 문제가 있는 것입니다. 실용성의 문제입니다. 아무리 공부하고, 생각하고, 느끼고, 깨닫고 했지만, 현장에 딱 들어오면 아니거든요.

어떤 분이 이런 이야기를 합니다. 교회에서 목사님 설교를 들을 때에는 '그래, 아내를 사랑해야겠다. 아무래도 사랑해야 여러 가지로 내게도 좋고, 자식에게도 좋겠다' 하는 생각이 드는데, 막상 집에 가서 아내 얼굴을 보면 그게 아니랍니다. 이걸 어떡하면 좋습니까? 현장에서 어떻게 되느냐가 문제인 것입니다. 현장에 딱 들어섰을 때 사랑하는 마음이 생겨야 되겠는데, 이걸 내 마음대로 할 수가 없다는 이야기입니다.

여러분, 혹시 수술을 받아 보셨습니까? 수술을 받을 때 전신마

취를 합니다. 그런데 마취에서 깨어날 때 그 사람의 속생각이 나올 때가 있습니다. 어떤 분은 깨어날 때 찬송을 부르는가 하면, 어떤 분은 그냥 욕을 합니다. 그냥 누구 할 것 없이 입에도 담기 힘든 욕을 쏟아냅니다. 어떡하면 좋겠습니까. 어느 목사님 한 분이 목회하면서 이런 것을 다 보았거든요. 그리고 이제 자기가 수술을 받게 되었습니다. 그래서 의사 선생님에게 얘기해서 수술 날짜를 일주일 뒤로 미루어 그 일주일 동안 특별기도를 했다는 것입니다. 마취에서 깨어날 때 허튼소리 하지 않게 해달라고요. 그렇지 않습니까. 그런 것은 내 마음대로 할 수 없는 것이거든요. 대단히 중요합니다. 나도 모르게 불쑥 욕이 나가고, 나도 모르게 근심하고, 나도 모르게 탄식하고, 나도 모르게 욕망에 사로잡힙니다. 정말 내 마음대로 할 수 있는 일이 아닙니다. 그런가 하면 나도 모르게 찬송이 나오고, 나도 모르게 감사하고, 나도 모르게 좋은 마음으로 사람을 대하게 됩니다. 그럼 그 주체는 누구입니까? 그 생각을 하게 하는 주체 말입니다. 여기에 문제가 있습니다.

사도 바울이 빌립보에 갔을 때 점치는 귀신들린 여종 하나를 보고 그 귀신을 깨끗하게 내쫓아주었습니다. 그래서 그 여종이 맑은 정신을 갖게 되었습니다. 그런데 그 여종을 앞세워서 돈을 벌던 주인들이 소란을 일으켜서 결국 사도 바울이 감옥에 갇히게 됩니다. 참 어이없는 일 아닙니까. 귀신들려서 남에게 고용되어 점을 치고 사는 이 불쌍한 여종을 깨끗하게 해주었는데, 감사는 고사하고 바울은 이 일로 말미암아 감옥에 갇히는 신세가 된 것입니다. 그리고 정신이 나갈 정도로 매를 맞았습니다. 몸이 피투성이가 되었습니다. 그런데 한밤중에 깨어서 찬송을 부른 것입니다. 여러분, 상상해보십시오. 그 지경이 되어서도 하나님 앞에 찬송을 불렀습니다. 하나님의 역사입니다. 이것은 자기 의지가 아닙니다. 자기 교양도 아닙니다. 하나님의 역사입니다. 그 지경에서 하나님 앞에 찬송을 부릅니다. 나를 구속하신 은혜, 나를 통하여 복음을 전하게 된 은혜, 예수의 이름으로 고난 당하는 자의 은혜, 이 은혜를 생각하며 찬송을 부른 것입니다. 그리고 찬송하는 가운데 땅이 흔들리며 감옥 문이 열렸습니다. 이 찬송의 근본은 어디에 있습니까? 내 마음도 아니고, 내 교양도 아니고, 내 철학도 아닙니다. 이것이 바로 성령의 역사입니다.

예수님께서 오늘 제자들에게 말씀하십니다. "아무것도 두려워하지 마라. 너희가 내 이름으로 핍박을 받고, 공회에 끌려가게 될 것이다. 그래서 매를 맞고, 많은 고난을 당하겠지만, 두려워하지 마라. 신앙을 저버리지 말고, 그대로 끌려가라. 그때, 그 현장에 있을 때 무슨 말을 해야 할지 가르쳐주겠다. 생각나게 하겠다. 그러므로 미리부터 걱정하지 마라. 끌려가면 내가 가르쳐주겠다. 너희가 생각나게 될 것이다." 얼마나 위로가 되고, 귀한 말씀입니까.

저는 개인적으로 옛날 중고등학교 다닐 때 예수 믿는다는 이유로 핍박받은 경험이 많습니다. 학교에서 벌도 많이 서고, 매도 많이 맞았습니다. 언젠가는 유치장에 들어가기도 했습니다. 별것도 아니지만, 예수를 믿는다고 해서 이래저래 고생을 좀 했습니다. 또 한때는 광산에 끌려가서 고생한 적도 있습니다. 강제노동수용소 말입니다. 그런데 제가 예전에 평양에 자주 가지 않았습니까. 그때 제가 평양에서 고관들과 만나기도 하고, 이런 저런 이야기를 하는데, 참 놀라운 것은 그 사람들이 이상한 질문을 하는 것입니다. 저를 괴롭히

기 위해서 이상한 질문들을 하는데, 참 놀라운 것은 그때마다 제가 척척 대답을 하는데, 제가 생각해도 신기합니다. '어떻게 내가 그렇게 잘 대답했나? 내가 언제 이렇게 똑똑했나?' 심지어는 '내가 이렇게 예수를 잘 믿었나?' 하는 생각마저 드는 것입니다. 그때마다 제가 이 본문을 생각합니다. "공회에 끌려갈 때 너희에게 말한 이것을 기억나게 하리라." 예수님의 말씀입니다. 단, 끌려가야 됩니다. 도망가면 안 됩니다. 현장에 서야 됩니다. 이 현장성이 참 중요합니다.

어느 날 예수님께서 니고데모를 만나십니다. 바리새인의 지도자인 그 니고데모를 만나 조용히 가르쳐주십니다. "성령으로 말미암지 않고는 하나님의 나라를 알 수도 없고, 하나님 나라에 들어갈 수도 없다. 성령으로 거듭나야 하느니라." 이 유식한 니고데모가 그 말을 당장 이해하지 못하고 "제가 다시 어머니 뱃속에 들어가야 하겠습니까?" 하고 묻습니다. 한심한 소리요, 정신없는 소리입니다. 그때 예수님께서 말씀하십니다. "오직 성령으로 거듭난 자만이 하늘나라를 알 수 있고, 하늘나라에 들어갈 수 있다." 성령의 절대조건입니다.

그러면 이 성령의 역사란 무엇입니까? 종교개혁자 마르틴 루터가 성령에 대해서 몇 가지를 말합니다. 그는 성령을 계시라고 합니다. 계시의 역사, 헬라어로 '아포칼립시스'입니다. 하나님의 주도적인 역사를 말합니다. 하나님께서 친히 찾아오시는 것입니다. 우리가 하나님께 나아가는 게 아니고, 하나님께서 직접 우리에게 창조적으로, 주도적으로 찾아오셔서 우리를 구원의 길로 인도하시는 것, 그것이 바로 성령의 역사라는 것입니다. 그럴 때에 이 계시라는 말을 두 가지로 해석할 수 있습니다. 객관적 계시와 주관적 계시입니다.

영어로 하면 'objective revelation', 'subjective revelation'입니다. 아주 중요한 신학이론입니다. 객관적 계시란 단적으로 말하면 창조의 역사요, 성경의 역사입니다. 또 예수님께서 친히 오신 역사입니다. 곧 객관적인 말씀의 역사입니다. 이 모든 일이 다 객관적인 계시입니다.

그런가 하면 주관적인 역사라는 것은 객관적 계시가 효과 있게 하기 위해서 우리 속에서 계시되는 성령의 역사를 말합니다. 성령께서 우리 마음을 감동케 하시어 그 객관적 계시를 받아들이게 하시고, 믿게 하시고, 따르게 하시고, 감격하게 하시고, 순종하게 하시고, 기뻐하게 하십니다. 이렇게 하시는 것이 성령의 주관적 계시의 역사라는 것입니다. 이것을 신학적으로 정리하면 객관적 계시가 없으면 신비주의에 빠진다, 이것입니다. 아주 위험한 것입니다. 그런가 하면 성령의 주관적 계시가 없으면 이성주의가 됩니다. 이걸 알아야 합니다. 성령의 역사를 부정하고 나면 이성주의가 됩니다. 이것은 둘 다 잘못되는 것입니다. 그래서 객관적인 계시를 받아들일 수 있는 성령의 역사가 있어야 되는 것입니다. 객관적 계시가 없으면 신비주의가 되고, 성령의 주관적 계시가 없으면 이성주의에 빠지게 됩니다.

오늘본문에도 보면 예수님께서 말씀하십니다. "내가 너희와 함께 있었음이라(4절)." 객관적 계시입니다. 내가 너희에게 가르치고 이적을 나타낸 것, 다 객관적인 계시입니다. 그리고 이제 주님께 들은 것, 경험한 것, 깨달은 것을 현장에서 성령의 역사로 말미암아 효과 있게 하십니다. 열매 맺게 하십니다. 이것을 알아야 합니다. 예수님께서 제자들을 가르치시면서 이렇게 말씀하십니다. "지금은 모르지만 이후에는 알리라." 요한복음 13장에서 말씀하는 것이 무엇입니까? 예수님께서 병도 고치시고, 말씀도 하시고, 많은 사역들을 하셨지만, 이 사역이 효과 있고, 열매 맺기 위해서는 성령께서 임하신 다음에야 이루어진다고 하는 것입니다. 시간적 간격이 있는 것입니다. 그런고로 지금은 너희가 보고, 듣고, 경험한 것을 잘 모르지만, 성령께서 임하시면 이것이 무엇인지를 알게 되고, 여기에 감격하게 되고, 여기에 운명을 걸게 되고, 기뻐하게 된다고 말씀하시는 것입니다. 얼마나 소중한 말씀입니까. 예수님께서는 제자들을 가르치시면서도 성령의 역사에 의존하셨습니다. "내게서 들은 것들이 언젠가 기억나게 될 것이다. 잘 들어두어라. 그리고 내가 무슨 말을 했는지 깨닫게 될 것이다." 그런 후속 결과를 성령께 의존하고 있는 것입니다. 그때 가서 효과적 역사가 이루어질 것이라고요.

여러분, 잘 아시지 않습니까. 성령의 열매란 사랑, 희락, 화평, 오래 참음, 자비, 양선, 충성, 온유, 절제, 이 아홉 가지를 말하는데, 이것이 다 성령의 열매라는 말입니다. 성령께서 우리에게 오시면 그때서야 비로소 사랑하게 되고, 그때 가서야 오래 참게 되고 한다는 것입니다. 오래 참음의 진리를 모르는 것이 아닙니다. 그러나 참을 수 있는 능력은 성령께서 임하실 때 오는 것입니다. 우리는 사랑을 배웠습니다. 그러나 사랑하게 되는 것은 성령의 역사라는 것입니다. 이걸 잊지 말아야 합니다. 우리는 절제를 배우고, 결심도 했습니다. 그러나 절제할 수 있는 것은 성령의 역사입니다. 성령의 역사로 말미암아 이 같은 귀한 일들이 나타나게 된다는 말입니다. 이미 들은 바, 깨달은 바가 마음속에 있습니다. 그러나 성령께서 임하실 때 그 뜻을 알게 되고, 현장에서 깨닫게 되고, 현장에서 확증하게 되고, 힘이 되고, 생명이 될 것이라는 말씀입니다.

오늘본문에서 예수님께서는 놀라운 메시지를 우리에게 주십니다. "많이 들어두라. 많이 배워두라. 많이 보아두라. 성령께서 임하시면 기억나게 하리라. 기억나게 하리라." 여러분, 얼마나 고마운 말씀입니까. 기억이 나지 않으면 소용없습니다. 무엇이 기억나느냐가 중요합니다. 내 마음대로 될 수 있는 것이 아닙니다. "성령께서 임하시면 하나님의 말씀이 기억나리라. 그래서 들은 바 말씀이 효과 있고, 열매 맺게 하리라." 주님의 약속입니다. 여러분, 언젠가 우리는 세상을 떠나게 됩니다. 정신이 오락가락 온전하지 못할 것입니다. 몽롱해질 것입니다. 그때 무엇이 기억나겠습니까? 억울하고, 분하고, 원통한 일이 생각나야겠습니까? 그 시간에 기억나는 그것이 중요합니다. 하나님께서 기억나게 하시는 것입니다.

개인적인 간증을 하나 하겠습니다. 저는 누나가 두 분 계셨는데, 한 분은 목사님 부인이고, 또 한 분은 그냥 평범한 권사님이었습니다. 그렇게 결혼하여 생활하면서 살지만, 남편이 늘 걱정입니다. 남편이 교회에는 나갑니다. 한데 도대체 성경을 보는 것도 못 봤고, 기도하는 것도 못 봤고, 찬송을 부르는 것도 본 일이 없습니다. 그저 교회에 나갔다가 졸다가 오는 것입니다. 그러다가 임종이 가까워졌습니다. 죽게 되니까 제 누나 권사님이 걱정이 돼서 딱 한마디 기도합니다. "하나님 아버지, 이 남편이 천당 가게 해주세요. 천당 가는 것을 내가 보게 해주세요." 그것만 가지고 기도했습니다. 그런데 남편이 의식이 없다가 갑자기 벌떡 일어나 앉더니 손을 번쩍 들고 가리킵니다. "여보! 하늘나라에서 지금 가마가 내려오고 있소. 나를 데리러 오는 거래요. 저 찬란한 가마가 나를 데리러 오는 거래, 여보!" 그리고 죽었습니다. 제가 장례식에 가봤는데요, 제 누나가 한 번도 울지 않는 것입니다. "내가 왜 울어? 천당 가는 걸 봤는데, 내가 왜 울어?" 얼마나 좋아하는지 모릅니다. 물론 춤까지 추지는 않았습니다마는, 그런 미망인, 처음 봤습니다. 그래도 한 번쯤 울어야 될 것 아닙니까. 하지만 울지 않았습니다.

여러분, 내 의식이 오락가락할 때 내 의식을 누가 주장할 것입니까? 내 교양입니까? 내 지식입니까? 아닙니다. 오직 성령만이 내 마지막 가는 길을 주장하실 것입니다. 오늘 주님 말씀하십니다. "내가 말한 것을 기억나게 하리라." 그 순간 주의 음성이 들려옵니다. "내가 너를 사랑하노라. 내가 너를 사랑하노라." 이 한 말씀만 들려오면 얼마나 좋은지요? 얼마나 행복한지요? 여러분, 이걸 잊지 말아야 합니다. 예수님께서 말씀하십니다. "너희가 환란을 당하고, 시험을 당하고, 공회에 끌려가고, 어려운 일이 있지만, 걱정하지 말라. 너희가 그동안 내게서 듣고, 깨닫고, 본 것들이 성령께서 임하시면 가장 절실한 그 시간에 내가 말한 것을 기억나게 하시리라." 약속입니다. 우리는 이 약속을 믿고 있습니다. 정신이 혼미하고 오락가락해도 마지막 가는 길에는 성령께서 임하시어 '하나님께서 세상을 이처럼 사랑하사 독생자를 주셨다' 하는 그 사랑의 메시지가 기억날 것입니다. △

안식함의 복음

안식일을 기억하여 거룩하게 지키라 엿새 동안은 힘써 네 모든 일을 행할 것이나 일곱째 날은 네 하나님 여호와의 안식일인즉 너나 네 아들이나 네 딸이나 네 남종이나 네 여종이나 네 가축이나 네 문안에 머무는 객이라도 아무 일도 하지 말라 이는 엿새 동안에 나 여호와가 하늘과 땅과 바다와 그 가운데 모든 것을 만들고 일곱째 날에 쉬었음이라 그러므로 나 여호와가 안식일을 복되게 하여 그 날을 거룩하게 하였느니라

(출애굽기 20 : 8 - 11)

안식함의 복음

　　1963년, 그 오래전에 제가 프린스턴대학에서 공부할 때 저는 한 학기를 특별히 마르틴 루터에 대하여 집중적으로 공부했습니다. 마르틴 루터는 교인들을 위해 「대요리문답(Large Catechism)」을 저술했습니다. 그리고 이걸 가르치면서 읽고, 암송하라고 했습니다. 여기에서 그는 사도신경, 십계명, 그리고 주기도문을 간결히 요약, 해설해놓았습니다. 저는 그 학기에 이것을 강의하는 교수님의 아주 위트 있고 특별한 말씀을 지금도 기억하고 있습니다. 바로 오늘본문입니다. 하나님께서 우리에게 복을 주시기 위하여 계명을 주셨다는 것입니다. 계명을 주신 것은 복을 주시기 위한 것이지, 절대로 우리를 괴롭히려는 것이 아니다, 이것입니다. 이걸 잊지 말아야 한다는 것입니다. 그래서 이 계명을 대할 때마다 하나님께 감사하는 마음이어야 한다는 것입니다. 그러니까 감사하는 마음으로 십계명을 대해야 한다는 것이지요. 교수님이 이렇게 계명에 대하여 죽 해석을 하면서 오늘본문의 안식을 지키라는 대목에 와서 아주 유머러스하게 강의를 했습니다. 이 강의를 제가 일생토록 잊을 수 없습니다. 하나님께서 우리에게 계명을 주시는데 "쉬어라! 놀아라!" 하십니다. 놀라고 하는 것이 계명이라는 것입니다. 여러분, 이걸 잊지 말아야 합니다. 일하라는 것만이 계명이 아닙니다. 놀라는 것도 계명이라는 것입니다. 분명 "놀아라!" 하는 것도 계명인데, 사람들이 이 말씀을 안 지켜서 벌을 받는다고 하시더라고요. 여러분, 아시겠습니까? 이 얼마나 간단하고 중요한 말씀입니까.

성도 여러분, 건강, 축복, 부요함, 명예로움, 장수의 비결이 어디에 있습니까? 오늘본문대로 쉬라는 말씀을 지키는 데에 있습니다. 어떤 의사가 쓴 책에서 읽은 내용입니다. 의사가 환자들을 진료하면서 늘 이런 마음이 든다는 것입니다. '병은 당신이 만들어놓고, 왜 나한테 그 병을 고치라고 하는 거요?' 병은 그 85퍼센트를 사람이 만드는 것이라는 말이 있습니다. 내가 잘못해서 병을 만들어놓고는 의사더러 고치라고 한다는 것이지요. 그뿐 아니라, 병을 알아맞히라고까지 하지 않습니까? "내 병이 어떤 병입니까?" 무슨 병인지 알아맞히라는 것입니다. 그래서 그 의사, 가끔 속으로 욕을 한다는 것입니다.

여러분, 건강이 어디에 있습니까? 저도 이제는 나이가 80이 넘다 보니 어디를 가나 꼭 이런 질문을 받습니다. "목사님의 건강비결이 무엇입니까?" 긴 이야기입니다. 어떻게 한마디로 다하겠습니까. 하지만 기어이 꼭 한마디로 말한다면 그것은 바이오리듬입니다. 이것이 중요합니다. 이 리듬을 잘 지켜야 합니다. 다시 말하면 시간에 맞춰서 먹고, 시간에 맞춰서 자고, 시간에 맞춰서 깨는 것입니다. 이것이 바이오리듬입니다. 그래서 이렇게 말하기도 합니다. '건강의 비결은 시계다.' 그 시간에 자고, 그 시간에 깨고, 그 시간에 일하는 것이 중요하다, 이 말입니다.

사람이 하루아침에 재물을 잃고, 건강도 잃어버리고, 명예까지 추락하지 않습니까. 이런 일들이 다 어디에서 오는 것입니까? 쉬지 않았기 때문입니다. '쉬어라! 놀아라!' 이 계명입니다. 쉼이 없으면 건강을 잃어버립니다. 쉼이 없으면 총명을 잃어버립니다. 시험 전날에 당일치기 공부를 하는 아이들이 있지요? 평소에 늘 놀고 돌아다니다가 꼭 시험 보기 전날 밤을 새웁니다. 그랬기 때문에 온전한 정신이 아닙니다. 그런 상태로 시험장에 가면 정신이 몽롱해서 문제를 제대로 풀 수가 없습니다. 이것도 바이오리듬입니다. 저도 많은 시험을 보고 공부했습니다마는, 시험 전날은 제가 아주 기분 좋게 목욕도 하고 놀고 그랬습니다. 잘 쉬어야 됩니다. 시험보기 전날은 살 쉬어야 맑은 정신으로 시험장에 가서 시험을 볼 것 아니겠습니까. 그런데 그 중요한 날 꼬박 밤을 새워놓으면 시험장에 가서 몽롱한 정신으로 무슨 바른 답안을 써낼 수 있겠습니까. 어리석은 짓입니다. 이것이 좋은 상징이 됩니다.

몇 달 전에 나온 「타임」지에 아주 재미있는 기사가 실린 적이 있습니다. 모든 사람들이 건강과 장수에 대해서 관심이 많은데, 장수하는 개개인을 놓고 연구도 하지만, 또 특별히 장수하는 민족이 따로 있다는 것입니다. 그 가운데 가장 장수하는 민족이 둘 있다고 합니다. 하나가 유대사람이고, 또 하나가 청교도라는 것입니다. 아주 중요한 이야기입니다. 요점은 간단합니다. 이스라엘 사람들은 안식일을 지킵니다. 안식일을 지키는 데에 목숨을 겁니다. 심지어는 '이스라엘이 안식일을 지켰느냐? 안식일이 이스라엘을 지켰느냐?'라는 질문을 할 정도로 그들은 안식일을 철저히 지킵니다. 고국을 떠나서 디아스포라로 온 세계를 방황하며 살았지만, 안식일만큼은 철저하게 지켰습니다. 그 안식일 지키는 법이 유대민족의 혼을 지킨 것입니다.

그런가 하면 안식일을 기독교화해서 철저하게 지키는 사람들이 있습니다. 바로 청교도입니다. 같은 예수를 믿어도 청교도의 신앙은 특별합니다. 유대인들은 안식일을 지키지만, 우리는 그것을 주일로 지킵니다. 제가 기억합니다. 옛날 고향에 있을 때 농사철이 되면 다들 얼마나 바쁩니까. 그때는 부지깽이가 뛰논다는 것 아닙니까. 모내기할 때, 김맬 때, 추수할 때 새벽부터 밤까지 얼마나 바쁩니까. 그러나 청교도의 신앙을 받은 저희 할아버지는 철저하셨습니다. 저희 집에서는 그날 완전히 쉽니다. 일하는 것은 토요일 저녁까지만입니다. 제가 잊지 않습니다. 토요일 저녁이면 저희 어머니가 늘 다림질을 하셨습니다. 그걸 제가 잡아드리느라고 꽤나 고생했거든요. 그렇게 다림질을 하고 토요일 저녁이 땡 하고 지나면 주일에는 쉬는 것입니다. 그야말로 아무 일도 하지 않습니다. 교회 갔다 와서 편안히 쉴 뿐만 아니라, 어머니는 성경을 계속 읽으셨습니다. 할아버지는 소리를 내어 저쪽 방에서 성경을 읽으셨고요. 그야말로 편안하게 쉬는 것입니다. 그 가운데에서도 제가 오늘까지 잊지 않는 것이 있습니다. 어느 날 할아버지가 제게 이르셨습니다. "애야, 보거라. 저 마당에 소가 있지 않느냐? 저 소도 안식일을 지킨단다. 소도 저렇게 하루 종일 앉아가지고 편안하게 새김질을 하는데, 아름답지 않느냐?" 이것이 청교도의 신앙입니다. 청교도들은 철저하게 주일을 지킵니다. 주일을 안식일화해서 지킵니다. 그런데 이 두 민족이 가장 장수하는 민족이라는 것입니다. 안식일이 그 비결이다, 이것입니다. 여러분, 잊지 말아야 합니다.

사람은 밤 11시부터 3시까지는 꼭 자야 됩니다. 이 시간에 우리 몸속에서 멜라토닌이라는 호르몬이 나온다고 합니다. 아주 중요합니다. 이 시간을 넘기면 안 됩니다. 밤을 새우면 안 되는 것입니다. 게다가 고민하면서 밤을 새우면 더더욱 안 됩니다. 이중삼중으로 잘못되는 길입니다. 적어도 밤 11시에서 새벽 3시까지는 완전히 쉬어야 됩니다. 이것이 창조주 하나님의 뜻입니다. 오늘본문을 자세히 보면 쉬라는 말씀 말고 또 하나가 있습니다. 일하라는 것입니다. '엿새 동안 일하고 하루는 쉬어라.' 일하라, 쉬어라, 이 두 가지 계명을 잊지 말아야 합니다. 우리가 흔히 잠이 안 온다고 하잖아요? 왜입니까? 햇빛을 못 받았기 때문입니다. 단 30분이라도 밖에 나가서 햇볕을 쪼이고 나면 멜라토닌이 분비되어 밤에 잠을 푹 잘 수 있습니다. 하루 종일 집구석에만 앉아 있으면 밤에 잠이 잘 안 옵니다. 그렇다면 그런 줄 아십시오. 복잡할 것 없습니다. 낮에는 밖에 나가 놀면서 햇빛을 받아야 밤에 푹 잘 수가 있습니다. 낮에 일하고 밤에 자는 것이지, 낮에 놀고 밤에 자는 것은 안 됩니다. 이걸 잊지 말아야 합니다. 이것이 하나님께서 천지를 지으신 그 창조의 질서이고, 우주의 법칙입니다.

하나님께서는 선택하신 이스라엘 백성을 애굽에서 인도해내시어 광야에서 하나의 훈련과정으로 안식일을 가르치십니다. 그것이 만나입니다. 하늘에서 만나가 내려옵니다. 그래 사람들이 그것을 먹고 사는데, 딱 엿새 동안만 내려옵니다. 나머지 하루는 안 내려옵니다. 다른 날은 많이 거두어놓으면 썩어버리지만, 안식일 전날에 거두어놓은 것은 썩지 않습니다. 하나님께서 이것을 40년 동안 가르치셨습니다. 이걸 잊지 말아야 합니다. '엿새 동안 일하고 하루는 쉬어라.' 상징적이고 귀중한 말씀입니다. 일하라! 쉬어라!

사람은 잠을 깊이 자야 건강해집니다. 잠은 일하는 자의 특권입니다. 열심히 일한 자만이 편히 잘 수 있습니다. 운동하는 사람들도 계속 운동하면 좋을 것 같지만, 아니랍니다. 이것도 일주일에 한 번은 쉬어야 됩니다. 구약성경에도 있고, 요즘은 과학자들도 인정합니다. 땅도 6년을 갈았다면 한 번은 쉬어야 됩니다. 그래서 안식년이 있는 것입니다. 이것이 우주의 법칙이요, 하나님의 뜻입니다. 얼마나 중요합니까. 몸도 쉬어야 하지만, 또 마음이 쉬어야 합니다. 잔다고는 하는데, 걱정 근심에 매여 있으면 그것은 자는 것이 아닙니다. 밤새 고생하는 것입니다. 마음이 쉬어야 됩니다. 그래야 총명이 있고, 그래야 창의력이 있는 것입니다.

저는 예전에 참 좋은 경험을 한 적이 있습니다. 미국 프린스턴에서 공부할 때입니다. 그 캠퍼스 안에 아인슈타인 박사의 집이 있었습니다. 아인슈타인 박사는 돌아가셨지만, 그 집은 그대로 있어서 그걸 박물관처럼 많은 사람들이 들어가서 구경하는데, 저도 가서 보았습니다. 거기 많은 일화가 있습니다. 아인슈타인 박사가 얼마나 천재인가를 보십시오. 그는 아침 8시에 땡 하면 직장에 출근합니다. 그리고 의자에 앉으면 무슨 책을 보거나 컴퓨터를 하는 것이 아닙니다. 그냥 딱 앉아서 생각만 합니다. 그렇게 곰곰이 생각하다가 저녁 퇴근시간이 딱 되면 가버립니다. 그리곤 다시 책도 보지 않고, 정원도 가꾸고, 음악도 듣고, 바이올린도 켜면서 아이들과 편안하게 보냅니다. 그리고 또 아침이 되면 출근해서 의자에 앉아 눈을 딱 감고 생각합니다. 그것이 노동입니다. 그리고 또 땡 하면 집에 갑니다. 그리고 쉽니다. 이렇게 일주일을 지내고 나면 비서를 불러가지고 뭔가를 받아 적게 합니다. 그러면 박사논문에 해당할 만한 무거운 논문이 되는 것입니다. 그렇게 한 달에 4개씩 논문을 썼다는 것 아닙니까. 그래 아인슈타인 박사의 뇌는 어떨까 궁금해서 그분이 돌아가신 다음에 누가 그분의 뇌를 해부해보았답니다. 그랬더니 보통 사람과 다를 게 없더랍니다. 그 뇌가 지금도 보관되어 있습니다. 물론 아인슈타인 박사는 특별한 사람입니다. 그런데 잊지 마십시오. 그는 몸을 움직이는 것만이 아니라, 생각 속에서 안식일을 지켰다는 것입니다. 생각 속에서 노동과 쉬는 시간을 정확하게 지켰습니다. 그렇게 한평생을 살았습니다. 여러분, 생각 속에 있는 안식일을 잊지 마십시오. 몸만 쉬는 것이 아닙니다. 생각이 쉬어야 합니다. 욕심의 노예가 되는 것, 왜 그렇습니까? 일주일의 하루를 쉬지 않았기 때문입니다. 왜 명예욕의 노예가 됩니까? 쉬지 않았기 때문입니다. 잠자면서까지 욕심을 부렸거든요. 그래서 시기와 질투의 노예가 된 것입니다. 안 됩니다. 이것은 정신적 고욕입니다.

성경에 보면 예수님께서 제자들과 같이 다니시는데, 얼마나 피곤하고 어려운 시간입니까. 하지만 특별히 겟세마네동산에서 기도하시는 시간에도 이런 말씀을 하십니다. "쉬어라. 이제는 쉬어라. 잠깐 쉬어라." 예수님의 말씀입니다. 쉰다는 것은 일상으로부터 벗어나는 것을 말합니다. 늘 하던 일을 쉬어야 됩니다. 다른 일을 하면 그것도 휴식이 됩니다. 잊지 말아야 합니다. 그래서 일상으로부터 자유해야 됩니다. 몸이 자유하고, 마음이 자유하고, 영혼이 자유해야 됩니다. 일상으로부터 벗어나는 안식이 필요합니다. "쉬어라!" 이것이 하나님의 말씀입니다. 축복입니다.

그리고 거룩히 지키라는 것입니다. 마음이 하나님께로 향하고, 또 말씀으로 향하면서 영혼이 평안히 쉬는 것입니다. 일의 노예가 되는 것도 참으로 불쌍하지만, 생각의 노예가 되는 것은 더더욱 불쌍합니다. 게다가 끝없는 정욕의 노예가 될 때에는 안식이 없습니다. 욕심의 노예가 되고, 근심의 노예가 된 상태에는 자유함이 없습니다. '하나님을 믿으니 나를 믿으라. 마음에 근심하지 말라.' 근심하지 말라 하면 말아야 합니다. 그것이 안식입니다. 안식한다는 것은 영혼이 쉬는 것을 말합니다. 말씀으로 말미암아 말씀과 함께하고, 예배하면서, 또 선행으로 우리의 영혼이 새로워집니다.

제가 소망교회에서 시무할 때 있었던 일입니다. 어느 젊은 집사님 내외분에게 초등학교 다니는 딸 둘이 있었습니다. 그런데 마음속에 안식일을 거룩히 지켜야겠다는 생각이 들었습니다. 그래서 지킨다는 것은 무엇을 의미할까 생각하다가 아이들에게 가르칠 생각도 있어서 아이들을 데리고 양로원을 방문했습니다. 오후에 음식을 좀 싸가지고 가서 할아버지 할머니들하고 같이 먹고, 할아버지 할머니 앞에서 노래도 부르면서 지냈습니다. 그리고 돌아왔는데, 얘가 그러더랍니다. "엄마, 엄마. 그 할아버지 방이 너무 더럽더라. 컴컴하고 너무 더러워." "아, 그래? 그러면 다음 주일에 갈 때에는 우리가 도배를 해드릴까?" 그래서 넉넉지 못한 집이니까 도배지를 사고 풀을 쑤어가지고 점심준비까지 해서 갔습니다. 아이들은 풀을 바르고, 어머니는 그걸 가져다 붙이고 하면서 하루 종일 방을 환하게 도배해놓았습니다. 그리고 저녁을 같이 먹고 즐거운 마음으로 돌아왔습니다. 그런데 밤에 이상한 생각이 들어서 아버지 어머니가 아이들 방에 올라가 보았더니 아이들이 침대에 딱 무릎을 꿇고 앉아 둘이서 훌쩍훌쩍 울고 있더랍니다. "왜 우냐? 할아버지 할머니가 너무 불쌍해서 우냐?" "아니에요. 우리가 너무 행복해서 울어요." 이에 내외가 큰 감동을 받았다고 하는 것입니다. 이것이 안식일입니다. 일상으로부터 벗어날 뿐만 아니라, 말씀으로 새로워지고, 나아가서 선행을 하는 것입니다. 선한 일을 할 때 우리 영혼이 새로워집니다. 영혼이 소생함을 얻습니다. 예수님께서 안식일에 대해 말씀하십니다. "안식일에 악을 행하겠느냐, 선을 행하겠느냐?" 선을 행함으로 안식이 된다는 신비로운 말씀을 예수님께서 가르쳐주셨습니다. 여러분, 아무쪼록 엿새 동안 힘써 일하고, 안식일을 지킬 뿐만 아니라, 예배하고, 선행하고, 그리고 낮에는 열심히 일하고, 밤에는 깨끗하게 쉬시기 바랍니다.

이스라엘 사람들은 잠자리에 들 때 잠자리 기도를 오래하지 않습니다. 기도문이 있거든요. 그 기도문을 보면 간단합니다. '내 영혼을 아버지 손에 부탁하나이다, 아멘.' 끝입니다. 왜요? 자다가 죽을 수도 있잖아요? 꼭 내일 아침에 깨어날 것이라고 생각하지 마십시오. 이것이 죽는 연습입니다. 원래 잠은 영원한 안식의 상징입니다. 그런고로 잘 때마다 오늘이 마지막 날이고, 마지막 시간이라는 생각으로 '내 영혼을 아버지 손에 부탁하나이다, 아멘!' 하고 자보십시오. '내일 아침에 건강한 몸으로 일어나서 또 사업이 잘되게 해주시고……' 그만하십시오. 잠자리 기도는 깨끗하게 안식으로 들어가는 것입니다. '오늘 밤이 내 마지막 날이라 하더라도 주님 앞에 평안하게 가게 해주시옵소서. 내 영혼을 아버지 손에 부탁하나이다, 아멘!' 이것입니다. 만일에 이것도 잘 안 되거든 차라리 주기도문을 외우십시오. 주기도문을 한 번 딱 외우고 나서 '아멘!' 하면 금방 잠이 올 것입니다. 안식은 축복입니다. 안식을 통해서 하나님께서는 우리에게 복을 주려하십니다. △

넉넉히 이기느니라

그런즉 이 일에 대하여 우리가 무슨 말 하리요 만일 하나님이 우리를 위하시면 누가 우리를 대적하리요 자기 아들을 아끼지 아니하시고 우리 모든 사람을 위하여 내주신 이가 어찌 그 아들과 함께 모든 것을 우리에게 주시지 아니하겠느냐 누가 능히 하나님께서 택하신 자들을 고발하리요 의롭다 하신 이는 하나님이시니 누가 정죄하리요 죽으실 뿐 아니라 다시 살아나신 이는 그리스도 예수시니 그는 하나님 우편에 계신 자요 우리를 위하여 간구하시는 자시니라 누가 우리를 그리스도의 사랑에서 끊으리요 환난이나 곤고나 박해나 기근이나 적신이나 위험이나 칼이랴 기록된 바 우리가 종일 주를 위하여 죽임을 당하게 되며 도살 당할 양 같이 여김을 받았나이다 함과 같으니라 그러나 이 모든 일에 우리를 사랑하시는 이로 말미암아 우리가 넉넉히 이기느니라 내가 확신하노니 사망이나 생명이나 천사들이나 권세자들이나 현재 일이나 장래 일이나 능력이나 높음이나 깊음이나 다른 어떤 피조물이라도 우리를 우리 주 그리스도 예수 안에 있는 하나님의 사랑에서 끊을 수 없으리라

(로마서 8 : 31 - 39)

넉넉히 이기느니라

　제가 언젠가 소망교회에서 목회할 때 새벽기도회를 마치고 사무실에 들어가는데, 문 앞에서 저를 기다리고 있는 한 청년이 있었습니다. 전혀 모르는 낯선 얼굴이었습니다. 그래서 무슨 일로 왔느냐고 물었더니 이렇게 답합니다. "제가 소망교회 교인이기 때문에 목사님을 뵈러 지금 안양교도소에서 출소하고 곧바로 이리로 왔습니다." 그래서 제가 그랬지요. "아니, 소망교회에 다닌 일이 없는데, 어떻게 소망교회 교인이오?" 그랬더니 그의 말이 이랬습니다. "목사님이 안양교도소에 오셔서 설교하실 때 제가 예수를 믿었습니다. 그리고 그곳에서 목사님이 제게 세례를 주셨습니다. 또 감방마다 스피커에서 나오는 목사님의 설교를 새벽 5시만 되면 꼭 들었습니다. 그렇게 1년 반 동안 목사님 설교를 들었는데, 이만하면 소망교인 아닙니까?" 그래서 제가 그를 사무실 안으로 데리고 들어왔지요. 그가 이제 자기소개를 하는데, 전과 7범이라는 것입니다. 감옥에 무려 일곱 번이나 다녀온 사람입니다. 그가 저한테 부탁하기를 직장을 소개해달라는 것입니다. 저는 그 사람의 이름도 모르는데, 누구에게 소개를 해주겠습니까. 하도 답답해서 제가 그에게 말했습니다. "여기는 교회지 직업소개소가 아닙니다. 당신이 생각한 만큼의 요구를 들어줄 수 있는 조건이 못됩니다." 그랬더니 그가 이러는 것입니다. "내 그럴 줄 알았습니다. 제가 목사님 설교하는 것을 가만히 들으니까 사랑을 많이 말하시던데, 저는 사랑을 믿지 않습니다. 우리 어머니가 저를 낳아서 고아원 문 앞에 버렸답니다. 그 고아원 원장님이 저를 거두어주셨지요. 제가 고아원에서 살다가 14살 때 담장을 넘어 도망쳤습니다. 거리의 청년이 돼서 못할 짓 많이 하고 다니면서 감옥에 일곱 번 다녀왔습니다. 세상에 사랑이 어디 있습니까. 자기가 낳은 자식도 내버리는데, 저는 사랑을 믿지 않습니다." 듣자 하니 큰일 아닙니까. 제가 그때 잠깐 돌아서서 하나님 앞에 기도했습니다. "하나님, 이 청년을 구원해주세요." 그 순간 하나님께서 제게 지혜를 주셨습니다. 그래 제가 그에게 이런 말을 해주었습니다. "당신이 고아원 문 앞에 버림을 받았다고 했지만, 당신을 고아원까지 데려다준 사람이 있었을 것 아니오? 그리고 당신이 고아원에서 지내는 동안 당신한테 밥을 먹여준 사람이 있었을 것이고, 또 기저귀를 갈아준 사람도 있었을 텐데, 왜 그런 것은 생각하지 않소? 당신은 자신이 아는 것만 말하는데, 한 살부터 열네 살까지 피 한 방울 섞이지 않은 당신을 누군가가 돌보아주었기 때문에 지금 당신이 이렇게 살아있는 것 아니오? 이래도 사랑이 없다고 할 수 있소?" 그랬더니 이 청년이 엉엉 소리를 내서 울더라고요. 그렇게 10분 정도를 울었습니다. 그가 울음을 그친 다음 제가 함께 기도하자고 했습니다. 그러고 나서 그가 밝은 얼굴로 사무실을 나가면서 이렇게 말합니다. "목사님, 걱정하지 마세요. 제가 사랑 받은 존재라는 것을 알았기 때문에 다시는 교도소에 가지 않을 겁니다. 아무 걱정 하지 마세요." 그리고 빙그레 웃으면서 사무실을 나갔습니다. 그 얼굴을 제가 일생 잊을 수가 없습니다. 여러분, 세상에는 사랑이 꽉 차 있습니다. 사랑 없이 태어난 사람도 없고, 사랑 없이는 아무도 존재하지 않습니다. 단 한 순간도 사랑 없이는 못 살지만, 문제는 사랑을 모르고 있다는 것입니다. 사랑을 받으면서도 그 사랑을 모르고 있는 것입니다. 엄청난 사랑 가운데 있으면서도 그 사랑을 느끼지 못하고 있다, 이것입니다. 거기에 문제가 있습니다.

1970년대에 활동했던 한상일이라고 하는 가수를 여러분이 아실 것입니다. 아주 유명한 분은 아니었지마는, 그때 그가 불렀던 노래가 있습니다. 제가 곡조를 맞추어서 부르지는 못하지만, 가사를 한번 들어보시기 바랍니다. '우리가 울었던 지난날은 이제와 생각하니 그것은 사랑이었소. 우리가 미워했던 지난날들도 이제와 생각해보니 그것은 사랑이었소. 우리를 울렸던 비바람도, 우리가 울었던 눈보라도 이제와 생각하니 그것은 사랑이었소.' 이 가사 한마디가 늘 마음에 걸립니다. 이제와 생각하니 그것은 사랑이었다, 이것입니다. 섭섭하기도 했고, 배반당하기도 했고, 버림받았다고도 생각했지만, 이제 와서 생각하니 그것은 사랑이었다, 이것입니다. 내가 병들었습니다. 하지만 그것도 이제 와서 생각하니 하나님의 특별한 사랑이었습니다. 내가 사업에 실패했습니다. 그런데 이것도 지금 생각하니 하나님의 특별한 경륜과 사랑의 손길이었다는 것입니다. 사랑이었다는 것이 깨달아지는 것입니다. 알고 깨달아가면서 사랑의 능력이 나타나는 것입니다. 모르면 사랑이 아닙니다. 알아야 합니다. 깨달아야 합니다. 깊이깊이 깨달아야 합니다. 하나님께서는 사랑하실 뿐만 아니라, 사랑을 알게 하려고 하십니다. 그게 바로 십자가 사건 아니겠습니까. 하나님께서는 우리가 당하는 많은 시련들이 하나님의 섭리 속에 있는 하나님의 사랑임을 알게 하시고, 가르치시려고 역사하고 계시는 것입니다. 모든 이루어지는 일들이 하나님의 사랑의 계시입니다. 선물은 선물의 뜻을 모르는 자에게는 아무것도 아닙니다. 선물을 아는 자, 그 선물에 담긴 사랑의 의미를 아는 자에게만 선물은 소중한 것입니다. 사랑도 사랑을 알기 전까지는 효력이 없습니다. 그럼 어떻게 하면 사랑을 알겠습니까? 사랑을 알게 하는 여러 계시적 사건들이 있습니다. 오늘 우리가 당하는 형편이 다 그렇습니다. 전부 사랑의 계시인데, 그것이 사랑임을 깨닫기 위해서는 사랑을 수용할 만한 마음가짐이 있어야 됩니다. 쉽게 말하면 겸손입니다. 겸손하지 않은 사람에게 사랑은 아무 소용이 없습니다. 어떤 사랑을 받아도 사랑으로 느끼지 못합니다. 겸손하게 마음을 비우고, 마음을 낮출 때 사랑이 사랑임을 깨닫게 되는 것입니다.

제가 예전에 세브란스병원에 일이 있어서 갔다가 어느 병실 문이 열려 있기에 보니까 아는 장로님이 거기 계셨습니다. 영락교회 최 장로님이신데, 제가 보고 반갑게 들어가서 인사를 했더니 장로님이 이런 말씀을 합니다. 지금도 잊지 못합니다. 그분이 제 손을 딱 잡더니 이러시는 것입니다. "목사님, 제가 여기 병원에 와서 지금 몇 달 동안 있는데, 크게 깨달은 것이 있습니다. 누가 이렇게 한번 병원을 찾아주는 것이 이토록 소중한 줄을 몰랐습니다. 제가 결혼식에는 많이 다녔습니다. 장례식에도 다녔습니다. 그런데 병원에 입원한 사람을 찾아가본 일은 한 번도 없었습니다. 그런데 이렇게 저를 찾아오시는 분이 얼마나 반갑고 고마운지요? 제가 병원에 와서 넉 달 동안 있으면서 그걸 깨달았습니다." 그렇습니다. 장로님은 그 사건을 통해서 사랑을 배운 것입니다. 모든 사건이 우리를 겸손하게 만들고, 마음을 비우게 만들고, 사랑을 깨닫게 해주신다는 것을 아는 것이 중요합니다. 사랑인 줄 깨달을 때에만 사랑이 되는 것입니다.

좀 더 나아가, 사랑하면서 사랑을 느끼게 됩니다. 사랑하면서 사랑을 배웁니다. 여러분, 아이들이 말을 안 들으면 이런 말 하지 않습니까? "너도 다음에 장가가고 시집가서 자식을 키워봐라. 그러면 알 거다." 그렇습니다. 내가 자식을 키워보면서 우리 아버지 어머니가 내게 어떻게 하셨는가를 알게 됩니다. 사랑을 하면서 받은 사랑을 깨닫게 되는 것입니다. 엄청난 사랑, 일생 갚을 수 없는 큰 사랑을 받았습니다. 그걸 잊지 말아야 합니다. 엄청난 사랑을 받았는데, 그걸 모르고 있는 것입니다. 사랑하기 전까지는 사랑을 모릅니다. 모르니까 불행한 것입니다. 사랑을 안다는 것, 너무나 중요합니다.

저는 참 뼈아픈 경험이 하나 있습니다. 이름을 대지는 않겠습니다마는, 한국의 어느 유명한 목사님이 미국으로 유학을 갔습니다. 그런데 그만 차 사고가 나서 의식도 없는 식물인간이 되었습니다. 사모님이 그 목사님을 간호하는데, 얼마나 힘들겠습니까. 목사님은 무려 13년 동안이나 의식 없이 누워 있었습니다. 제가 미국에 부흥회를 인도하러 갔을 때 그 사모님을 만나게 되었습니다. 어떻게 인사를 해야 될지, 참 난감했습니다. "목사님은 잘 계십니까?" 하고 물을 수도 없고, "좀 어떠십니까?" 하고 말할 수도 없지 않습니까. 그래 참 답답했습니다. 결국 제가 악수를 하면서 "사모님, 안녕하십니까?"라고만 했더니, 사모님이 이렇게 말하는 것입니다. "아직 안 죽었어요." 순간 제 가슴이 찡했습니다. '13년 동안이나 수발을 하고 있는데, 얼마나 답답하면 이렇게 말할까.' 마음이 많이 아팠습니다. 사모님 말씀이 눈이라도 한번 떠서 고맙다는 표시라도 했으면 좋겠다는 것입니다. 그 눈 한번 뜨지 못하는 사람을 위해서 13년 동안이나 수발을 하고 있으니, 그 마음이 오죽하겠습니까. 그 목사님이 돌아가신 다음에 제가 또 미국으로 부흥회를 인도하러 가서 그 사모님을 다시 만났습니다. 제가 "사모님 안녕하십니까?" 하고 인사했더니, 사모님이 심각하게 제 손을 덥석 잡더니 말합니다. "13년 동안이나 하도 저를 괴롭혀서 '저 사람, 왜 죽지 않나?' 하고까지 생각했는데, 막상 목사님이 세상을 떠나시고 나니 이제는 제가 살아야 할 이유가 없습니다." 그러면서 제 손을 잡고 우는 것이었습니다. 여러분, 사랑할 사람이 없으면 살아야 할 이유가 없는 것입니다. 왜요? 사랑하면서 사랑을 배우고, 사랑을 느끼는 것이니까요. 이걸 잊지 말아야 합니다.

사도 바울은 모든 것을 은사로 주었다고 고백합니다. 모든 것입니다. 그는 하나님의 말씀을 전하는 은사를 받았고, 병 고치는 은사를 받았고, 감옥 문을 여는 기적도 경험했습니다. 그렇듯 많은 은혜 가운데 살아왔습니다마는, 특별히 그가 말하는 은사 가운데에는 육체의 가시도 있습니다. 자신의 몸에 있는 그 사탄의 사자도 은사라는 것입니다. 왜 그렇습니까? 나를 겸손하게 만드니까요. 그는 억울하게 감옥에 들어갑니다. 그런데 이것도 은사로 받아들입니다. 왜냐하면 친위대 사람을 만나서 복음을 전하게 되었으니까요. 감옥에서 죽을 고생을 하는 것까지, 이 모든 것이 하나님께서 내게 주신 선물이라 생각하고 받아들입니다. 그래서 바울은 오늘본문에서 이렇게 말합니다. "자기 아들을 아끼지 아니하시고 우리 모든 사람을 위하여 내주신 이가 어찌 그 아들과 함께 모든 것을 우리에게 주시지 아니하겠느냐(32절)." 아들을 아끼지 아니하시고 내어주신 그 하나님께서 주시지 않을 리가 없다는 것입니다. 그러면 나머지 일은 다 사랑인 것입니다. 사랑 아닌 것이 없습니다. 특별히 예수 그리스도의 이 거룩한 사랑은 justification, 의롭다 하는 사랑입니다. 우리의 모든 죄를 사하시고 하나님의 자녀로 영접하시는 그런 사랑입니다. 다시 말하면, 죄인을 의롭다 하시기 위해서 의인이 죄인이 되어 십자가에 죽으신 것입니다. 이 엄청난 사건, 사랑의 확증을 사도 바울은 계속 간증하고 있습니다.

그리고 바울은 사랑으로 이긴다고 말합니다. 이긴다는 것이 무엇입니까? 어떻게 하는 것이 이기는 것입니까? 누가 이기는 것입니까? 여러분, 잊지 말아야 합니다. 승리란 정복이 아닙니다. 굴복이 아닙니다. 승리는 사랑입니다. 승리는 용서함입니다. 용서하는 자가 이긴 것이고, 사랑하는 자가 이긴 것입니다. 그런고로 예수님께서는 십자가상에서 말씀하십니다. "하나님이여, 저들의 죄를 사하소서. 그들이 하는 일을 모르기 때문입니다." 이것이 바로 승리입니다. 믿음의 승리입니다. 끝까지 하나님의 사랑을 느끼고, 하나님의 손에 의지하는 것, 이것이 바로 승리입니다. 예수님께서 말씀하십니다. "나는 아버지께로 가노라. 내가 세상을 이기었노라." 사랑의 승리를 말씀하시는 것입니다. 십자가에 돌아가시면서 하시는 말씀입니다. "내가 세상을 이기었노라." 사랑으로 이기는 것입니다.

오늘본문에는 제 개인적으로도 너무나 감격스러운 말씀이 있습니다. 우리가 어떻게 이길 수 있습니까? 그것은 오늘도 주님께서 하나님 우편에서 우리를 위하여 기도하고 계시기 때문이라는 것입니다. 그래서 이길 수 있는 것입니다. 제 개인적인 간증입니다. 제가 25년 전 북한에 갔을 때 그쪽 관계자들이 저를 위해서 제 어머니의 묘소를 찾아보겠다고 며칠 동안 애를 썼습니다. 하지만 결국 찾지 못했습니다. 저도 그랬습니다. 어머니 묘는 안 봐도 괜찮으니 그만두라고요. 그랬더니 그분들이 제 어머니의 호적을 카피해서 가져왔더라고요. 호적에는 사망신고 날짜가 나와 있잖아요? 제가 그 호적을 보니까 기록상으로는 어머니께서 94세까지 사셨던 것으로 나와 있었습니다. 그분들 말로, 제가 4년 전에 왔으면 어머니를 볼 뻔했다고 하는 것입니다. 제가 그날 고려호텔에 들어가서 하룻밤 묵을 때 어머니를 생각하며 기도하다가 이렇게 푸념을 했습니다. "어머니, 이렇게 살기 어려운 북한 땅에서 무엇 하러 94세까지나 사셨어요? 일찍 천국 가시지 그러셨어요?" 그랬더니 제 귀에 똑똑히 들려오는 음성이 있었습니다. "이놈아, 너를 위해 기도하느라고 살았지!" 저는 그때 일을 잊을 수가 없습니다.

여러분, 이걸 잊지 말아야 합니다. 저는 제가 스스로 공부하는 줄 알았습니다. 제가 열심히 해서 잘 되는 줄 알았습니다. 하지만 아닙니다. 제가 아는 모든 일의 뒤에는 어머니의 기도가 있었던 것입니다. 오늘본문은 말씀합니다. "그는 하나님 우편에 계신 자요 우리를 위하여 간구하시는 자시니라(34절)." 하나님 우편에서 우리를 위하여 기도하시니라— 이걸 잊지 말아야 합니다. 여기에 확실한 승리가 있습니다. 끝까지 믿어야 합니다. 끝까지 사랑을 깨닫고, 하나님의 사랑을 알고, 그 사랑에 응답하는 것입니다. 그래서 사도 바울은 말합니다. "이 모든 일에 우리를 사랑하시는 이로 말미암아 우리가 넉넉히 이기느니라(37절)." 그 사랑 안에서 우리는 넉넉히 이기느니라— △

한 선지자의 고민

요나가 매우 싫어하고 성내며 여호와께 기도하여 이르되 여호와여 내가 고국에 있을 때에 이러하겠다고 말씀하지 아니하였나이까 그러므로 내가 빨리 다시스로 도망하였사오니 주께서는 은혜로우시며 자비로우시며 노하기를 더디 하시며 인애가 크시사 뜻을 돌이켜 재앙을 내리지 아니하시는 하나님이신 줄을 내가 알았음이니이다 여호와여 원하건대 이제 내 생명을 거두어가소서 사는 것보다 죽는 것이 내게 나음이니이다 하니 여호와께서 이르시되 네가 성내는 것이 옳으냐 하시니라 요나가 성읍에서 나가서 그 성읍 동쪽에 앉아 거기서 자기를 위하여 초막을 짓고 그 성읍에 무슨 일이 일어나는가를 보려고 그 그늘 아래에 앉았더라

(요나 4 : 1 - 5)

한 선지자의 고민

　사람은 자기 노력으로만 사는 것이 아닙니다. 복을 받아야 됩니다. 복을 받지 않고는 복된 사람으로 살 수 없습니다. 자기의 노력만으로는 부족하다, 이것입니다. 이 복에는 세 가지가 있습니다. 첫째는 부모를 잘 만나는 복입니다. 뭐니 뭐니 해도 부모님만큼 중요한 것은 없습니다. 우리는 부모로부터 건강은 물론 지능도 받고, 무엇보다도 특별히 믿음을 유산으로 받습니다. 참으로 귀중한 일입니다. 내가 부모를 선택하는 것이 아닙니다. 부모님이 나를 낳아주셔서 내가 태어난 것입니다. 그러니까 주어진 것입니다. 내가 어찌할 수가 없는 일입니다. 부모를 잘 만나는 것, 이것이 복의 첫째입니다. 둘째는 배우자를 잘 만나는 복입니다. 배우자를 잘못 만나면 일생 고생합니다. 저는 목회자입니다. 우리 목사님들 가운데에도 사모님을 잘못 만나서 목회를 못하는 분들이 많습니다. 평생을 고생합니다. 그러니까 이거야말로 복입니다. 셋째는 스승을 잘 만나는 복입니다. 아주 중요합니다.

　제가 언젠가 평양에서 목사님 한 분을 만났는데, 그분은 목사님이면서 공산주의자입니다. 평양에 가서 공산주의 사상 강의도 하는 분입니다. 제가 그분을 평양의 고려호텔에서 만났을 때 그분이 제 손을 잡고는 소리를 내어 울면서 이렇게 말했습니다. "저도 목사님처럼 복음을 전하면서 살 수 있었는데, 그만 뉴욕 유니온 신학교에서 폴 니터라는 분을 만난 게 잘못이었습니다. 그분이 해방신학을 가르쳤는데, 그만 거기에 도취되어서 제 일생이 이렇게 되었습니다." 스승을 잘 만난다는 것, 아주 중요합니다. 유치원 선생님부터 시작해서 대학교수까지, 좋은 선생님을 만나야 됩니다.

저는 그런 의미에서 복을 많이 받았습니다. 1957년, 그러니까 제가 목사가 되기 전으로, 신학교 졸업반 때였습니다. 저는 그때 성동교회라는 곳에서 전도사로 섬기고 있었습니다. 중등부 아이들도 가르치고, 성가대 지휘도 하면서 여러 가지로 봉사를 하고 있을 때입니다. 어느 날 황 목사님이 저를 부르시더니, 대뜸 아직 목사도 아닌 신학생인 저에게 설교를 하라시는 것이었습니다. 이제부터 슬슬 설교를 해야 될 것 아니냐고 하시면서요. 그래 제가 신학교 학생 신분으로 애써 준비를 해서 생전 처음 그 큰 교회에서 주일 저녁에 설교를 했습니다. 그 뒤로도 설교를 몇 번 더 했지요. 그 뒤에 황 목사님이 저를 부르시더니 이렇게 물으셨습니다. "그래, 설교해보니 어떤가? 할 만해?" 그래서 제가 이랬습니다. "아닙니다. 참으로 힘듭니다." 그러자 황 목사님이 제게 또 물으셨습니다. "무엇이 어려워?" "예, 저 자신을 극복하기가 어렵습니다. 저는 경건하지 못한데, 교인들에게 경건하라고 해야 되고, 저는 성경을 많이 못 봤는데, 교인들에게 성경 많이 보라고 해야 하고, 저는 성실하지 못한데, 교인들에게 성실하라고 외쳐야 하니, 가슴이 콱 막힙니다. 이게 힘듭니다." 그랬더니 황 목사님이 껄껄 웃으시면서 이러셨습니다. "아, 곽 전도사는 앞으로 잘되겠구먼. 그거 목사들이 10년이 넘어서도 잘 깨닫지 못하는 건데, 어떻게 설교 몇 번 하고 그걸 깨달았나?" 그러면서 칭찬을 해주시고 격려해주셨습니다. 그리고는 저에게 방법을 말씀해주셨습니다. 그걸 극복하는 길은 요나서를 읽으면 된다는 것입니다. "요나서를 읽어라!" 생각해보면 정말 귀한 말씀입니다. 여러분, 성경에 기록된 대로 요나는 못된 사람입니다. 그러나 이 요나를 통해서 니느웨성이 구원을 받습니다. 요나의 마음은 못됐습니다. 아무리 보아도 못된 사람입니다. 하지만 그 요나의 외침을 통해서 니느웨성이 구원을 받습니다. 그런고로 혹 마음에 자책이 있고 어려울 때마다 요나서를 읽으라는 황 목사님의 이 말씀을 저는 일생토록 잊지 않습니다. 아주 중요한 말씀입니다.

한국에서 4년 동안 미국대사로 있던 분 이야기입니다. 그분이 대사 일을 다 마치고 본국으로 돌아갈 때 청와대를 방문했습니다. 여러 가지 이야기를 하던 중에 대통령이 그에게 물었습니다. "한국에서 4년 동안 있으면서 뭘 배우셨습니까? 뭘 깨달으셨습니까?" 그랬더니 대사님이 빙그레 웃으면서 대답합니다. "중요한 걸 배웠습니다. 한국 사람들은 배고픈 건 참는데, 배 아픈 건 못 참습니다." 의미심장한 이야기 아닙니까. 그렇습니다. 우리 마음속에는 배 아픈 것을 못 참는 못된 체질이 있습니다. 남 잘되는 것을 보지 못합니다. 그래 나도 망하고 남도 망하는 것입니다. 이것이 바로 우리의 결정적인 약점이라는 말입니다.

오늘본문에 나오는 선지자 요나는 특별한 사람인 것 같지만, 아닙니다. 보통사람입니다. 우리 모두가 다 요나와 비슷합니다. 요나는 하나님의 부르심을 받고 앗수르의 수도 니느웨로 갑니다. 거기서 하나님의 말씀을 전하라는 명령을 받은 것입니다. 하나님의 말씀은 40일에 뒤에 니느웨가 망한다는 것이었습니다. 가서 그걸 외치라는 것입니다. 그런데 요나는 생각합니다. 앗수르는 이스라엘을 침략한 자들입니다. 정치적으로 이스라엘을 망가뜨린 민족입니다. 그런 앗수르의 수도가 망한다는데, 잘 된 일 아닙니까. 요나는 생각했습니다. '하나님께서 그들을 망하게 하실 작정이신데, 이제 회개하면 용서해주시려는가보다. 구원해주시려는가보다.' 이런 생각이 들어서 요나는 니느웨로 가지 않습니다. 그리고 슬쩍 도망쳐서 다시스로 가려고 배를 탑니다. 하지만 하나님의 특별한 능력으로 그만 큰 물고기의 뱃속에 들어갑니다. 그리고 3일 만에 밖으로 나와 다시 살아남습니다. 그러니 요나가 이제 그 하나님의 강권적 역사 앞에서 어떻게 반항을 하겠습니까. 하는 수 없이 요나는 하나님 앞에 회개하고, 니느웨성으로 가서 복음을 전합니다. 아니, 복음이 아니라 심판의 통고입니다. "40일 뒤에는 망한다. 그런고로 회개하라!" 이런 메시지입니다. 하지만 그는 니느웨가 망하기를 바라는 사람입니다. 그가 회개하라고 외치기는 했지만, 뭐 그리 열심히 했겠습니까. 기껏 하루에 세 번 정도 했을 것입니다. 하고 싶지 않으니까요. 오히려 요나는 그들이 망하기를 바라고 있습니다. 회개할까봐 걱정합니다. 회개하라고 외치지만, 속으로는 망하라고 말하고 있습니다. 그렇게 40일이 지났습니다. 그는 산 위에서 내려다보면서 그들이 망하는 시간을 기다렸습니다. '언제 망하려나?' 이렇게 요나는 그들이 망하기를 기다렸는데, 망하지 않습니다. 왜요? 니느웨성 사람들이 요나의 외침을 듣고 회개했거든요. 회개해서 용서를 받고, 구원을 받는 시간입니다. 그 망하지 않는 것을 보고 오늘 요나가 하나님 앞에 말씀드립니다. "이럴 줄 알았습니다. 제가 이래서 다시스로 도망갔던 것 아닙니까. 하나님께서는 자비로우시고 은혜로우셔서 망한다고 하셨다가도 회개만 하면 또 용서하시는 그런 하나님이신 줄 제가 알았기에 도망을 갔던 것입니다." 그러면서 요나는 살고 싶지 않다고 합니다. 저들이 회개하는 꼴을 보느니 차라리 죽겠다고 합니다. 죽여달라고 합니다. 그러고 보면 요나는 참 못된 사람입니다. 배가 아파 못 견디고 있는 것입니다. 저들이 잘 되는 꼴을 보느니, 차라리 스스로 죽기를 소원합니다. 이것이 요나의 마음입니다.

요나는 회개하라고 외쳤지만, 속으로는 망하기를 원했습니다. 하지만 이 복음을 듣고 온 성이 하나님 앞에 회개함으로써 하나님의 진노를 면하고, 구원을 받게 됩니다. 요나는 망하지 않는 그들을 보며 하나님 앞에 불평하고 있습니다. 죽기를 소원하고 있습니다. 여러분, 이 원망의 근본이 어디에 있습니까? 복잡한 이스라엘의 역사를 보십시오. 앗수르가 이스라엘을 점령했습니다. 역사적으로 점령했던 그 사건, 바로 과거를 잊지 못하고 있었던 것입니다. 앗수르가 우리 이스라엘을 점령했다는 것입니다. 하지만 그 사건은 그 사건이고, 그때 사람은 그때 사람입니다. 그때 사람이 여기 있는 것은 아닙니다. 그런데도 불구하고 요나는 앗수르가 우리 이스라엘을 침략했는데, 어찌 이스라엘을 침략한 그 민족이 무사하기를 바라겠습니까. 망해야 되지 않겠습니까. 이것이 요나의 마음입니다.

그런가 하면 유대 사람의 협소한 민족주의로 말미암은 것입니다. 우리 이스라엘은 비록 작지만, 하나님의 선민이라는 것입니다. '이 거룩한 선민을 침략한 민족이니, 망해 없어져야 되지 않겠습니까. 하나님, 그것이 옳은 일 아니겠습니까.' 이런 마음이 그에게 있었던 것입니다. 또, 그런가하면 집단적 이기주의입니다. 자기중심적으로 생각합니다. 죄를 범했으면 망하는 게 옳다는 것입니다. 누구든 율법을 떠났으면 멸망해야 되는데, 왜 용서하시느냐는 것입니다. 이것이 요나의 마음입니다. 요나는 선지자이면서도 하나님의 본심을 잊어버렸습니다. 하나님께서 요나를 보내시어 "40일 뒤에는 망한다!"라고 외치게 하실 때 그것은 심판의 예고가 아니었습니다. 그런고로 "회개하고 돌아오라!" 이것입니다. 여기에 복음이 있습니다. 심판의 메시지 속에 복음이 있고, 긍휼이 있었던 것입니다. 그는 하나님의 깊은 본심을 이해하지 못했습니다. 이것이 요나의 결정적인 잘못입니다. 하나님의 진노하심, 하나님의 심판, 그래서 우리가 겪는 시련, 그 깊은 곳에 있는 하나님의 본심은 우리가 구원 얻기를 원하시고, 하나님께 돌아오기를 원하시는 것입니다. 우리는 괴로움을 당할 때가 있습니다. 하나님의 사람인데도 불구하고 여러 가지 시련을 겪습니다. 그 시련 속에 메시지가 있습니다. 회개하고 돌아오라는 복음이 있습니다. 잊지 말아야 합니다.

어떤 형이 잘못한 동생을 좀 때렸습니다. 워낙 못되게 구니까 형이 동생을 때리면서 말합니다. "이놈아, 네가 그렇게 못되게 굴면 아버지가 너를 사랑하지 않으신다." 그 소리를 문밖에 있던 아버지가 들었습니다. 그래 문을 확 열고 들어와서 말합니다. "조심해라. 네가 보기에는 못된 동생이지만, 내게는 너만큼이나 소중한 아들이다. 너는 이 아이를 미워해도 나는 이 아이를 사랑한다." 이것이 아버지의 마음입니다. 이걸 잊지 말아야 합니다. 우리는 탕자의 비유를 알고 있습니다. 탕자가 재산을 다 잃고 돌아왔습니다. 하지만 아버지는 기뻐합니다. 잔치를 엽니다. "송아지를 잡아라. 반지를 끼워라. 목욕을 시켜라. 신발을 신겨라." 이렇게 큰 잔치를 하는데, 형이 밖에서 돌아왔습니다. 웬일인가 해서 봤더니, 동생이 돌아와 아버지가 잔치를 열고 있는 것입니다. 그것을 보고 형이 심히 불평하고 원망합니다. "저는 한평생 아버지 집에 있으면서 아버지를 위해 일했는데, 염소 새끼 한 마리를 내주어서 내 친구들과 파티 한번 연 일이 없었습니다. 한데 창기와 함께 아버지의 재산을 삼켜버린 이 못된 동생을 위해서 왜 잔치를 여시는 것입니까?" 그때 아버지가 하는 말입니다. "애야, 너는 나와 함께 있으니, 내 것이 다 네 것이 아니냐? 하지만 너의 동생은 죽었다 살았고, 잃었다 얻었다. 그런고로 내가 기뻐하는 것이 마땅하지 않느냐?" 아버지의 말입니다.

여러분, 누구를 심판하십니까? 하나님의 심판대 앞에 내가 심판자가 되어서는 안 됩니다. 나는 내가 할 일을 하고, 아버지의 마음을 이해해야 합니다. 진노하심, 그 본심은 구원입니다. 하나님의 심판, 그 중심은 하나님의 사랑입니다. 하나님의 진노, 그 속에 엄청난 하나님의 긍휼이 있습니다. 내게는 원수 같지만, 하나님 앞에는 소중한 하나님의 자녀라는 것을 잊지 말아야 합니다. 율법이 있습니다. 율법 속에 복음이 있습니다. 하나님의 진노 속에 하나님의 축복의 말씀이 있습니다. 이걸 잊지 말아야 합니다.

저는 북한 선교를 위해서 애쓰고 있고, 여러분도 같이 위해서 기도하고 있습니다. 많은 분들이 얘기합니다. 북한 사람들이 이렇고, 저렇고…… 아닙니다. 그런 것이 아닙니다. 며칠 전 저한테 크게 기쁜 일이 있었습니다. 지난 금요일에 한샘이라는 기업의 회장님이 저를 찾는다고 해서 제가 아침 8시경에 그분 회사에서 같이 만났습니다. 요즘에는 모금이 안 되어서 참 어렵습니다. 북한에 있는 과학기술대학의 천 명쯤 되는 사람들의 밥을 저희가 다 먹입니다. 우리가 100퍼센트 밥을 먹입니다. 지금까지는 일용할 양식을 주셔서 없을 만하면 모금이 되고, 없을 만하면 또 모금이 되고 해서 지금까지 간신히 이어져 왔습니다. 이 문제를 해결하려면 한 달에 1억이 필요합니다. 이걸 제가 꼭 보내야 되는데, 너무나 힘들었습니다. 그런데 한샘 회장님이 이런 제안을 하시는 것입니다. "제가 7월부터 한 달에 1억씩 2년 동안 보내겠습니다." 그러면서 서약서에 사인을 하시는데, 제가 얼마나 감격스러웠는지 모릅니다. 여러분, 잊지 말아야 합니다. 배고픈 자는 먹여야 합니다. 아무 말도 하지 마십시오. 이걸 잊지 말아야 합니다.

저는 늘 생각합니다. 우리와 같은 분단국가였던 동독과 서독이 어떻게 통일이 되었습니까? 제가 동독이 열리자마자 한 달 만에 동독을 가게 되었습니다. 참 비참했습니다. 정말 가난했습니다. 제가 일주일 동안 돌아보면서 거기서 들은 이야기입니다. 어떻게 동독이 무너지고 통일이 되었느냐 하면, 서독의 교회가 14년 동안 엄청난 식량을 동독으로 보낸 것입니다. 오직 식량과 물자만 계속해서 보냈습니다. 조건이 하나 있었습니다. '교회 마당까지 갖다놓을 테니, 교회 청년들로 하여금 분배하게 하라.' 이런 조건으로 WCC의 이름으로 서독의 식량이 동독으로 간 것입니다. 14년 동안 교회 예산의 40퍼센트를 보냈습니다. 결국은 동독이 무너졌습니다. 이 교훈을 잊지 말아야 합니다. 아무것도 묻지 마십시오. 배고픈 자는 먹여야 합니다. 죽어가는 자는 살려야 합니다. 요나의 못된 마음을 버리고 하나님의 마음으로 돌아가서 저들을 품에 안아야 됩니다. 오직 사랑만이 기적을 낳습니다. 사람의 마음을 감동시키는 것은 정치가 아닙니다. 사랑뿐입니다. 이걸 잊지 말아야 합니다.

하나님의 궁극적 관심은 구원입니다. 여러분, 북한을 위해서 기도하십니까? 요새 정치가 어쩌고저쩌고 합니까? 누가 회담을 하느냐 마느냐, 관심 없습니다. 다만 이걸 잊지 말아야 합니다. 북한을 구원해야 합니다. 북한이 복음화가 되어야 합니다. 그것뿐입니다.

하나님의 긍휼이 나타나서 북한이 복음화되고, 그 심령들이 구원받는 것, 그래서 구원하는 일에 내가 쓰임 받고, 우리가 할 일을 하는 것, 이것이 우리가 나아가야 할 길입니다. 요나 같은 마음은 다 버리고, 하나님의 본심으로 돌아가서 하나님의 뜻을 이루는 귀한 성도의 마음가짐이 되시기를 바랍니다.   △

급히 사화하라

　옛 사람에게 말한 바 살인하지 말라 누구든지 살인하면 심판을 받게 되리라 하였다는 것을 너희가 들었으나 나는 너희에게 이르노니 형제에게 노하는 자마다 심판을 받게 되고 형제를 대하여 라가라 하는 자는 공회에 잡혀가게 되고 미련한 놈이라 하는 자는 지옥 불에 들어가게 되리라 그러므로 예물을 제단에 드리려다가 거기서 네 형제에게 원망들을 만한 일이 있는 것이 생각나거든 예물을 제단 앞에 두고 먼저 가서 형제와 화목하고 그 후에 와서 예물을 드리라 너를 고발하는 자와 함께 길에 있을 때에 급히 사화하라 그 고발하는 자가 너를 재판관에게 내어 주고 재판관이 옥리에게 내어 주어 옥에 가둘까 염려하라 진실로 네게 이르노니 네가 한 푼이라도 남김이 없이 다 갚기 전에는 결코 거기서 나오지 못하리라
　　　　　　(마태복음 5 : 21 - 26)

급히 사화하라

　여러분이 잘 아시는 유명한 화가 레오나르도 다빈치에 대해서 전해져오는 이런 일화가 있습니다. 그가 예수님의 성만찬 장면을 그리려고 할 때 열두 제자를 먼저 그렸습니다. 그리고 예수님의 얼굴을 그리려 하는데, 예수님의 영상이 떠오르지 않는 것입니다. 아무리 몸부림을 치고, 기도하고, 애를 써도 예수님의 얼굴이 마음에 떠오르지를 않아서 고민하고 있는데, 불현듯 한 해 전에 사소한 일로 다투어 지금까지 절교한 채로 지내는 친구가 생각났습니다. 그래 다빈치는 밤중에 먼 길을 걸어서 그 친구를 찾아갑니다. 문을 두드렸고, 그 친구가 나왔습니다. 다빈치는 그 친구에게 이렇게 말했습니다. "형제여, 내가 잘못했으니 용서해주게." 그렇게 다빈치는 친구와 둘이서 같이 기도하고 화해한 다음 돌아왔습니다. 그런 다음 화방에 앉자 비로소 예수님의 얼굴이 환히 떠오르는 것입니다. 그래서 다빈치가 무사히 그 성화를 그릴 수 있었다고 하는 이야기입니다. 참 많은 것을 생각하게 하는 일화지요?
　우리가 아는 철학에 변증법이라는 것이 있습니다. 이 변증법적 유물론이 공산주의 철학이 되고, 오늘날까지 세상을 이렇게 어지럽히고 있습니다. 변증법적 유물론의 원리는 간단합니다. 한마디로 생존경쟁입니다. 세상은 싸움이다, 생존경쟁이다, 이것입니다. 그러므로 내가 살기 위해서는 남을 죽여야 합니다. 내가 살기 위해서는 남의 것을 빼앗아야 합니다. 다른 사람을 망하게 해야 내가 살 수 있다고 하는 것이 공산주의 철학입니다. 그러다보니 모든 불행의 책임이 내가 아니라 다른 사람에게 있습니다. 내가 못사는 것도 저 사람 때문이요, 내가 가난한 것도 저 사람의 부요함 때문이요, 내 모든 실패도 사회환경 때문입니다. 나는 책임이 없습니다. 바로 이 나는 책임이 없다는 것이 무서운 공산주의 철학의 뿌리가 되는 변증법적 유물론의 핵심입니다.

하지만 예수님께서는 정반대이십니다. "모든 것은 내 책임이다. 내가 책임을 져야 한다. 내가 살려면 결국 남을 먼저 살려야 한다. 남을 살리고야 내가 살 수 있다. 남을 죽이면 내가 먼저 죽는다. 다른 사람을 살려야 되고, 다른 사람의 마음에 평안을 주어야 된다. 다른 사람의 마음에 행복을 주고야 내가 살 수 있다." 이것이 예수님 말씀의 핵심입니다. 오늘본문은 여러분이 잘 아시는 너무나도 귀한 말씀입니다. 첫째로, 원망하지 말라고 말씀하십니다. "아무도 원망하지 말라. 어떤 경우에도 원망하지 말라." 원망이란 무엇입니까? 책임을 남에게 돌리는 것입니다. 내 실패의 원인이 다른 사람에게 있고, 내가 못사는 것이 다른 사람 때문이고, 내가 불행한 것이 하나님 때문이라고 생각하는 것이 바로 원망입니다. 책임을 하나님께든지, 남에게든지 돌리면서 원망하지 말라는 것입니다. 원망은 가장 무서운 죄임을 잊지 말아야 합니다. 불신앙의 말로입니다.

이스라엘 백성이 애굽에서 나왔습니다. 그래서 광야를 지납니다. 그러는 동안에 그들이 하나님을 원망합니다. 물이 없다고 원망하고, 길이 없다고 원망합니다. 심지어는 고기가 먹고 싶다고 원망합니다. 이렇게 계속 원망했습니다. 나중에는 애굽에서 인도해내신 것까지 원망했습니다. 애굽에서 노예생활 할 때가 좋았다고 하면서 애굽으로 돌아가자는 말까지 합니다. 그러면서 하나님을 원망했습니다. 구원해주신 하나님의 능력을 배반하고, 하나님을 원망한 것입니다. 고린도전서 10장 10절은 이렇게 말씀합니다. "그들 가운데 어떤 사람들이 원망하다가 멸망시키는 자에게 멸망하였나니 너희는 그들과 같이 원망하지 말라." 여러분, 원망하지 말아야 합니다. 어떤 경우에도 내가 책임을 져야 합니다. 다른 사람을 탓하고, 부모를 원망하고, 이웃을 원망하고, 마지막에는 하나님까지 원망하는 일은 없어야 합니다.

그리고 두 번째가 무엇입니까? 오늘본문에서 핵심이 되는 말씀입니다. 원망을 들어서도 안 됩니다. 이유야 어쨌든 다른 사람에게 원망을 들어서는 안 됩니다. 그래서 오늘본문은 말씀합니다. "원망들을 만한 일이 있는 것이 생각나거든(23절)." 여기서 '생각나거든'이 아주 중요합니다. 우리가 왜 잠을 못잡니까? 첫째는 남을 원망하기 때문이고, 둘째는 원망을 듣고 있기 때문입니다. 나로 말미암아 피해를 입은 사람들의 원한이 찼습니다. 그 원한이 사무치고 있으면 절대로 단잠을 잘 수 없습니다. 그의 심령이 평안할 수 없습니다. 아니, 기도가 응답될 수 없습니다. 하나님의 말씀이 들려오지 않습니다. 심각한 말씀입니다. 원망들을 만한 일이 생각나거든— 여러분, 가만히 생각해보십시오. 내가 단잠을 못자는 이유가 바로 여기에 있습니다. 나로 말미암아 피해를 입은 사람, 나로 말미암아 억울한 일을 당한 사람, 나로 말미암아 서운함을 품은 사람이 있어서는 안 됩니다. 내 눈에 보이지는 않지만, 그들이 지금 나를 원망하고 있습니다. 그들이 나를 원망하는 한 내 기도는 응답되지 않습니다. 내 심령은 절대로 자유로울 수 없습니다. 이걸 잊지 말아야 합니다. 그래서 오늘본문 23절, 24절은 기도하는 자세를 말씀합니다. "원망들을 만한 일이 있는 것이 생각나거든 예물을 제단 앞에 두고 먼저 가서 형제와 화목하고……" 귀한 말씀입니다. 먼저 화목하고, 그래서 관계를 깨끗이 하고, 그런 다음 하나님 앞에 제사를 드려라— 제물을 드린다고 다 하나님께서 받으시는 것이 아닙니다. 깨끗한 심령으로 드려야 받으십니다. 밤새 기도한다고 하나님께서 다 들어주시는 것이 아닙니다. 원망들을 만한 일이 내게 없어야 합니다. 그래야 기도가 응답됩니다.

특별히 오늘본문에 나오는 예수님의 말씀 가운데 아주 핵심적인 것이 있습니다. '가서 화목하고'입니다. 행동적입니다. 기다리라는 말씀이 아닙니다. 우리는 가끔 좋은 뜻으로 기다립니다. 그저 마음으로 용서하고 기다립니다. 아주 좋은 마음으로, 때로는 기도까지 하면서 기다립니다. 그러나 아닙니다. 오늘본문은 action, 행동하라고 말씀합니다. 기다림만 가지고는 안 됩니다. 찾아가야 됩니다. 찾아가는 일이 있어야 됩니다. 가서 손을 붙들고, 내가 잘못했다고 용서를 빌어야 합니다. 적극적인 행동이 필요합니다. "가서 형제와 화목하고 그 후에 와서 예물을 드리라(24절)." 얼마나 심각한 말씀입니까. 독일의 유명한 순교자 본회퍼의 글 가운데 특별한 말씀이 있어서 소개합니다. '형제가 하는 말을 더 이상 들을 수 없는 사람은 얼마 가지 아니해서 하나님의 음성을 들을 수 없게 된다.' 형제가 원망하는 소리를 내가 무시하면서 아무리 기도한다고 애써봐야 얼마 안 가서 하나님의 음성도 들리지 않게 된다, 이것입니다. 얼마나 심각합니까. 얼마나 깊은 신앙에서 하는 말입니까.

히브리서 12장 14절에 너무나 유명한 말씀이 있습니다. "모든 사람으로 더불어 화평함과 거룩함을 따르라 이것이 없이는 아무도 주를 보지 못하리라." 우리의 기도가 응답되지 않는 이유, 우리의 심령이 열리지 않는 이유가 어디에 있습니까? 누군가가 나를 원망하고 있기 때문입니다. 그래서 이것이 없이는, 이 화목함이 없이는 아무도 주를 보지 못하리라고 말씀하시는 것입니다. 창세기 33장에 드라마틱한 이야기가 있습니다. 야곱이라는 사람이 아버지와 형을 속입니다. 그렇게 많은 잘못을 범하고 하란으로 갑니다. 거기서 20년 동안 지냅니다. 형님과 불화하고 20년을 지낸 다음 마침내 돌아와서 형님을 만나게 됩니다. 하나님의 큰 은혜 가운데에 원수로 만날 것을 형제로 만나는 것입니다. 20년 만에 형님을 끌어안고 화해하는 그 순간에 야곱은 이렇게 말합니다. "내가 형님의 얼굴을 뵈온즉 하나님의 얼굴을 본 것 같사오며……" 내가 20년 만에 형님을 보니 하나님의 얼굴을 보는 것 같다는, 그런 깊은 체험을 하게 되는 것입니다. 이걸 잊지 말아야 합니다.

특별히 오늘본문에는 아주 재미있고 귀한 말씀이 하나 더 있습니다. "급히 사화하라(25절)." 급히 사화(私和)하라고 하십니다. 왜 그렇습니까? 시간은 지나가기 때문입니다. 조금 지체하다가는 영영 화해할 수 없기 때문입니다. 내가 찾아가도 그 사람을 못 만날 수 있습니다. 화해하는 것도 기회가 주어져야 합니다. 회개에도 기회가 있고, 용서에도 기회가 있고, 화해에도 기회가 있는 것입니다. 기회를 놓치면 화해할 수 없습니다. 왜요? 그 사람이 죽으면 못하니까요. 다시 화해할 길이 없잖습니까. 이걸 잊지 말아야 합니다.

우리가 잘 아는 아브라함 링컨은 젊었을 때 조그마한 잡화상을 했더랍니다. 저녁에 하루 종일 판매한 것을 정리하다 보니 어떤 사람에게 그만 거스름돈을 5센트 덜 준 사실을 알게 되었습니다. 그래

링컨은 그 밤에 마차를 타고 2시간을 달려가 그 집의 문을 두드려서 자고 있는 사람을 깨워 5센트를 건네주었습니다. 그 밤중에 링컨한테서 돈을 건네받은 사람, 얼마나 기가 막혔겠습니까. 그가 말합니다. "아니, 이 정도야 내일 훤할 때 만나서 줘도 되고, 언제든 시간 날 때 나중에 줘도 되고, 여차하면 안 줘도 별 문제 없는데, 기어이 이걸 주려고 이 밤중에 2시간이나 달려오셨소?" 그때 링컨이 한 말이 명언입니다. "오늘 밤 제가 죽으면 저는 영원히 불성실한 사람이 될 것 아닙니까." 이것이 바로 종말론적 가치관입니다. 종말론적 신앙입니다. 오늘밤 내가 죽으면 화해할 수 없거든요. 또 저 사람이 죽어도 화해할 수 없거든요. 그런고로 급히 사화하라, 이것입니다. 서로 화해하는 것이 모든 것보다 우선이라는 것입니다.

그뿐 아니라, 급하게 해야 될 이유가 또 있습니다. '화(和)'라는 것은 Escalating, 상승작용을 합니다. 제때에 화해하면 아주 쉽지만, 제때 화해하지 않으면 점점 화가 커집니다. 폭발합니다. 이 생각, 저 생각 하면서 화가 점점 상승작용을 합니다. 그리고 마지막에는 그 불을 끌 수가 없게 됩니다. 그런고로 아직 사건이 작을 때, 깊어지기 전에 급히 사화하라, 이 말씀입니다. 얼마나 귀중한 말씀입니까. 신앙인이란 하나님 앞에 기도하는 사람입니다. 기도하는 사람의 마음은 깨끗해야 합니다. 아무도 원망하지 말아야 하고, 원망을 듣지도 않아야 합니다. 깨끗한 심령이 되면, 예수님 말씀대로, 마음이 청결한 자는 하나님을 볼 것입니다. 하나님을 보고, 하나님의 음성이 들리는 체험이 있을 것입니다. 그러고 나서 기도하고, 그러고 나서 제물을 드려야 되고, 그러고 나서 하나님을 찬양해야 되는 것입니다. 여러분, 조용히 기도하면서 생각하십시다. 혹시 내 마음속에 누구를 원망하고 있지 않은가? 조금이라도 그런 마음이 있다면 지워버리고, 원망대신 그분들에 대해서 감사하는 마음으로 바꾸어야 하겠습니다. '감사합니다. 고맙습니다.' 이 마음이 되어야 합니다.

제가 미국에 가서 부흥회를 할 때 더러 미국에 있는 교포들과 같이 식사도 하고, 그러는 중에 이런 이야기를 많이 들었습니다. 한국에서 그만 보증을 잘못 섰다가 다 날리고, 고작 돈 몇 백 불만 가지고 미국으로 이민을 왔다는 이야기입니다. 그래 이런 고생, 저런 고생 할 때 종종 자기에게 손해를 끼친 사람을 원망했다는 것입니다. '그 사람 때문에 내가 이 고생을 하는구나!' 그런데 이렇게 고생하다 보니 이제는 일이 잘 돼서 집도 사고, 이만큼 살게 되었다는 것이지요. 그래서 이제는 생각이 달라졌다는 것입니다. 그 사람에 대해서 오히려 고맙게 생각한다는 것입니다. '자네 덕분에 내가 이렇게 됐네. 자네 덕분에 내가 살았네.' 이렇게 감사의 기도를 하게 되었다고 말합니다.

여러분, 잊지 마시기 바랍니다. 마음이 청결한 자는 하나님을 봅니다. 우리 마음에 어두운 그림자가 없어야 합니다. 깨끗한 심령으로, 아무도 원망하지 밀고 감사해야 합니다. 또 원망을 듣지도 말아야 합니다. 원망을 들을 만한 일이 있거든 빨리 찾아가 화해하고, 원망을 듣는 일이 없어야 합니다. 그래야 내 기도가 응답됩니다. 오늘 예수님께서 참 귀한 말씀을 하십니다. "급히 사화하라." 그리고 하나님 앞에 제물을 드리라고 말씀합니다. △

한 소년의 신앙고백

블레셋 사람이 방패 든 사람을 앞세우고 다윗에게로 점점 가까이 나아가니라 그 블레셋 사람이 둘러보다가 다윗을 보고 업신여기니 이는 그가 젊고 붉고 용모가 아름다움이라 블레셋 사람이 다윗에게 이르되 네가 나를 개로 여기고 막대기를 가지고 내게 나아왔느냐 하고 그의 신들의 이름으로 다윗을 저주하고 그 블레셋 사람이 또 다윗에게 이르되 내게로 오라 내가 네 살을 공중의 새들과 들짐승들에게 주리라 하는지라 다윗이 블레셋 사람에게 이르되 너는 칼과 창과 단창으로 내게 나아 오거니와 나는 만군의 여호와의 이름 곧 네가 모욕하는 이스라엘 군대의 하나님의 이름으로 네게 나아가노라 오늘 여호와께서 너를 내 손에 넘기시리니 내가 너를 쳐서 네 목을 베고 블레셋 군대의 시체를 오늘 공중의 새와 땅의 들짐승에게 주어 온 땅으로 이스라엘에 하나님이 계신 줄 알게 하겠고 또 여호와의 구원하심이 칼과 창에 있지 아니함을 이 무리에게 알게 하리라 전쟁은 여호와께 속한 것인즉 그가 너희를 우리 손에 넘기시리라 블레셋 사람이 일어나 다윗에게로 마주 가까이 올 때에 다윗이 블레셋 사람을 향하여 빨리 달리며 손을 주머니에 넣어 돌을 가지고 물매로 던져 블레셋 사람의 이마를 치매 돌이 그의 이마에 박히니 땅에 엎드러지니라

(사무엘상 17 : 41 - 49)

한 소년의 신앙고백

1933년 무렵 미국에서는 경제대공황이 있었습니다. 아마도 영화를 좋아하시는 분들은 많이 보셨을 것입니다. 1930년대의 그 비참한 상황을 배경으로 만든 많은 영화들이 있습니다. 거리에는 실직자들이 득실거렸고, 사방에 굶어죽는 사람들이 널려 있었습니다. 많은 사람들이 병들어 죽고, 알코올 중독자들이 거리에 쓰러져 있어서 아주 어수선했습니다. 미국 역사상 가장 비참한 때였습니다. 도덕이 무너지면서 사람들이 상점에 들어가 물건을 마음대로 끌어내 도둑질을 해도 막을 사람이 없었습니다. 그렇게 혼란스럽고 미래가 보이지 않는 절망스러운 때였습니다. 바로 그때에 뉴욕 주지사를 지낸 프랭클린 루즈벨트가 대통령으로 당선됩니다. 그는 취임식에서 이런 유명한 말을 했습니다. "우리가 두려워할 것은 두려움 그 자체입니다. 경제도, 정치도 아닙니다. 두려워할 것은 두려움 그 자체입니다." 오래오래 역사에 남는 말입니다. 그는 소아마비를 앓은 사람입니다. 개인적으로도 많은 어려움을 스스로 극복한 경험이 있습니다. 오랫동안 두려움을 극복한 훈련을 쌓은 인격입니다. 두려움의 반대는 믿음입니다. 두려움을 몰아낼 수 있는 것은 상황이 아닙니다. 믿음입니다. 믿음이 있으면 용기도 있고, 지혜도 있습니다. 지혜와 용기, 심지어는 여유로움도 다 믿음에서 오는 것입니다. 많이 가지고도 믿음이 없으면 불안에 떨게 됩니다. 하지만 아무것 없어도 믿음이 있으면 편안합니다. 이걸 잊지 말아야 합니다. 모든 것의 근본은 믿음입니다.

오늘본문에서 소년 다윗은 블레셋의 골리앗 장군과 맞대결을 합니다. 인간적으로는 상대가 안 됩니다. 골리앗은 아주 키가 크고, 버들채 같은 창을 가진 대장군입니다. 그가 블레셋 군인들 앞에 서서 큰 소리로 외칩니다. "나를 대항할 사람 있으면 누구든지 나오라!" 바로 이런 시간에 이스라엘 군대는 아주 겁에 질려서 속수무책입니다. '이제 우리 이스라엘은 망했다. 여기서 끝나는가보다.' 바로 그런 시간에 다윗이라는 조그마한 소년이 용감하게 대항합니다. 인간적으로는 비교가 안 되지요. 하지만 다윗은 확실하게 말합니다. "전쟁은 여호와께 속한 것인즉……" 전쟁은 여호와께 속한 것이다, 전쟁은 사람의 일이 아니다, 그 속에 하나님의 역사가 있다, 하고 외칩니다. "너는 칼과 창과 단창으로 내게 나아 나오거니와 나는 만군의 여호와의 이름 곧 네가 모욕하는 이스라엘 군대의 하나님의 이름으로 네게 나아가노라(45절)." 이렇게 해서 다윗은 골리앗을 물리치고 전쟁을 승리로 이끕니다. 통쾌한 이야기입니다. 여러분, 이걸 그저 옛날이야기로 생각하지 마십시오. "전쟁은 여호와께 속한 것이다!" 엄청난 신앙고백입니다. 이 소년의 신앙고백을 잊지 말아야 합니다. 사람이 하는 일이 아닙니다. 누가 누구를 이기고, 누가 누구를 빼앗고, 누가 누구를 점령하고…… 온통 사람들이 하는 일처럼 보이지만, 아닙니다. 몇몇 악한 사람들의 손으로 세상이 망가지는 것처럼 보이지만, 걱정할 일이 아닙니다. 전쟁은 하나님께 속한 것입니다. 요즘도 보면 우리가 불안에 떱니다. 정치가 어떻게 될 것인가, 이 나라가 어디로 나아갈 것인가, 하고 걱정합니다. 여러분, 다시 한 번 신앙고백을 분명히 하십시다. 전쟁은 여호와께 속한 것입니다. 전쟁의 발생 자체가 여호와께 속한 일입니다.

전쟁은 사람들의 욕망과 교만 때문에 일어납니다.「손자병법」에서 말합니다. '전쟁이란 무엇이냐? 전쟁은 상대방을 굴복시키는 것이다. 그것이 전쟁이다.' 그렇습니다. 물건을 빼앗고, 땅을 빼앗고, 정권을 빼앗고…… 이런 이야기가 아닙니다. 가장 핵심은 명예를 빼앗는 것입니다. 그것이 전쟁입니다. 그러므로 그것은 욕심입니다. 이 전쟁의 방법은 거짓입니다.「손자병법」에는 또 이런 아주 재미있는 말이 있습니다. '전쟁은 애당초 거짓말이다. 속이는 것이다. 이쪽으로 가는 것처럼 하면서 다른 쪽으로 가고, 아무것도 없으면서도 있는 척하기도 한다. 전쟁은 이리 저리 잘 속여서 승리하는 것이다. 그것이 전쟁이다.' 그래서 전쟁을 한번 치르고 나면 사람들의 도덕성이 무너집니다. 거짓말이 통합니다. 거짓말이 지혜로 통합니다. 이것이 바로 전쟁입니다. 전쟁을 하면서 사람들은 거짓말을 하게 됩니다. 거짓말이 정당화되는 것입니다.

저는 지금도 생각합니다. 제가 초등학교에 다닐 때에는 학교에서 우리들한테 군대에서 하는 선서를 가르쳤습니다. 그래서 제가 초등학교 시절에 일본말로 군대에서 하는 그 선서의 내용을 줄줄 외웠습니다. 그 가운데 이런 대목이 있습니다. '군진와 요오료오 혼분토 스루.' 우리말로 하면 이렇게 됩니다. '군인은 요령을 본분으로 한다.' 무엇입니까? 거짓말을 한다는 것입니다. 전쟁에서는 거짓말이 통합니다. 전쟁에서는 거짓말이 능력과 지혜로 통하는 것입니다. 그러니까 전쟁을 한번 치르고 나면 모두가 거짓말쟁이가 되고 맙니다. 거짓말이라는 것이 정당하고 똑똑한 사람들이 하는 짓이 됩니다. 이래서 도덕성이 망가지고, 걷잡을 수 없게 됩니다. 그래서 전쟁이 끝난 뒤에 그 도덕성을 회복하는 데 얼마가 걸리는 줄 아십니까? 문화

인류학에서는 무려 40년이 걸린다고 말합니다. 사람이 죽고 사는 문제만이 아닙니다. 양심이 무너지고, 도덕성이 무너집니다. 이걸 회복하는 데 얼마나 많은 시간이 걸리는지 모릅니다. 이걸 잊지 말아야 합니다.

그런데 전쟁이 왜 생깁니까? 인간의 욕심, 끝없는 교만 때문에 생깁니다. 전쟁이 사람의 일처럼 보이지만, 아닙니다. 다윗이 말합니다. "전쟁은 하나님께 속한 것이다." 조용하게 하나님의 심판이 그 속에 있다는 것입니다. 불의에 대한 심판, 욕심에 대한 심판, 교만에 대한 하나님의 심판이 전쟁 상황 속에 이루어집니다. 역사를 제자리로 돌려놓기 위한 하나님의 섭리 가운데 비상수단입니다. 전쟁이라는 사건을 통해서 교만을 심판하시고, 거짓을 심판하시고, 불의를 심판하시는 것이 하나님의 일입니다.

그런가 하면 전쟁의 방법은 이렇습니다. 하나님께서는 악한 자를 심판하실 때 그냥 벌을 내리고 벼락을 치고 하시는 것이 아닙니다. 하나님의 심판의 방법은 교만한 자로 하여금 성공하게 하시는 것입니다. 권력을 얻게 하시는 것입니다. 그렇게 성공하게 하시고, 교만하게 하시어서 마지막에 꽝 하고 무너뜨리시는 것입니다. 이것이 하나님께서 심판하시는 방법입니다. 때때로 보면 당장 심판의 사건이 있었으면 좋겠지만, 아닙니다. 오히려 불의가 성공하게 하십니다. 불의한 자가 득세하게 하십니다. 거짓말하는 자가 승리하는 것처럼 보입니다. 그렇게 성공하고 교만하게 하시어서 마지막에 꽝 하고 심판하시는 것입니다. 더 중요한 일이 있습니다. 미국의 역사학자 찰스 베어드의 유명한 이론입니다. 하나님께서 악한 자를 심판하실 때에는 선한 자를 통해서 하지 않으시고, 오히려 그보다 더 악한 자를 통해서 그 덜 악한 자를 심판하신다는 것입니다. 이것이 베어드의 말입니다. 하나님의 심판의 지혜입니다. 이걸 잊지 말아야 합니다.

6·25전쟁만 해도 그렇습니다. 왜 스탈린이 전쟁을 일으켜야 했습니까? 그럴 이유가 하나도 없습니다. 남한은 남쪽, 북한은 북쪽인데, 무엇 때문에 탱크를 몰고 6월 25일, 그 주일 아침에 서울로 쳐들어옵니까? 무슨 심보입니까? 교만입니다. 그렇게 하면 다 될 줄 알았습니다. 간단하게 남한을 적화통일 할 수 있다고 믿었던 것입니다. 그런데 우리가 생각할수록 하나님께 감사하는 사건이 있습니다. 바로 유엔군입니다. 지금껏 유엔군이 그렇게 와서 한 나라를 구원한 역사가 없습니다. 그 유엔군이 우리나라에 와서 수많은 인명을 희생시키면서 이 땅의 자유민주주의를 지켜주었습니다. 얼마나 고맙습니까. 그럼 어떻게 그 유엔군이 우리나라에 올 수 있었던 것입니까? 하나님의 오묘한 섭리가 있었습니다. 유엔총회 안전보장이사회에서 결의를 해야 되는데, 안전보장이사회에서는 단 한 나라도 거부권을 행사하면 결의가 안 되게 되어 있지 않습니까. 한 나라라도 거부권을 행하사면 절대로 유엔군은 올 수 없습니다. 그런데 그때 소련 외상인 몰로토프가 게으름을 피웠습니다. '내가 가나마나 부결될 것이다. 유엔군을 파견한다는 것은 있을 수 없는 일이다. 보나마나 안 되는 일이다.' 이렇게 생각하고 이사회에 불참했던 것입니다. 그리하여 소련이 거부권을 행사하지 못했고, 무사히 결의가 이루어져서 유엔군이 우리나라에 들어오게 된 것입니다. 몰로토프의 역사적인 실수입니다. 하지만 이 일로 말미암아 낙동강까지 밀려갔던 우리가 다시 되밀고 올라가 서울을 수복하게 된 것입니다. 우리가 민족적으

로 구원을 얻게 된 것입니다. 하나님의 오묘한 역사입니다. 아무리 생각해도 그때 몰로토프가 저지른 실수는 사람으로 된 일이 아닙니다. 하나님께서 행하셨던 오묘한 역사입니다. 이걸 잊지 말아야 합니다. 하나님께서는 교만을 심판하십니다. 인간의 악을 하나님께서 심판하시는 것입니다. 이것이 전쟁입니다.

그런가하면 이 전쟁이라는 사건 속에는 구원하시는 하나님의 심판이 있습니다. 여러분도 아시지 않습니까. 하나님께서 애굽으로부터 이스라엘을 구원하실 때 그 바로 왕을 치셨습니다. 한쪽에는 심판이 있고, 다른 한쪽에는 구원이 있습니다. 심판과 구원이 동시에 이루어지는 것입니다. 이것이 전쟁이라는 사건입니다. 전쟁을 통하여 이루시는 하나님의 역사입니다. 전쟁을 통하여 하나님께서는 심판하시고, 구원하시고, 파괴하시고, 건설하시고, 죽이시고, 살리십니다. 이것이 하나님의 심판입니다. 전쟁을 통하여 하나님께서는 그 능력을 나타내시고, 그 지혜를 나타내시고, 그 사랑을 계시하십니다. 여러분, 우리 모두가 다 경험했습니다. 전쟁을 통해서 개인적으로나, 민족적으로나 얼마나 많은 사랑을 경험했습니까. 얼마나 위대한 하나님의 능력을 보았습니까. 저도 순간순간 뼈저리게 하나님의 능력을 체험했습니다. 그것이 바로 우리 민족의 역사입니다. 하나님의 능력과 지혜, 오묘한 그 구원의 역사가 전쟁 상황 속에 있다는 것입니다. 우리가 모르는 가운데에도 세밀한 하나님의 구원의 역사가 있습니다.

그런가하면 6·25전쟁, 얼마나 비참합니까. 그러나 한국 교회가 이만큼 부흥된 것은 전쟁 때문입니다. 한국 교회의 부흥은 딱 두 번의 계기가 있었습니다. 하나가 3·1운동이고, 또 하나가 6·25전쟁입니다. 제가 언젠가 대구에 있는 어떤 마을에 전도를 하러 간 적이 있습니다. 그 동네 사람들은 교회에 간다는 말 자체를 몰랐습니다. 그러니까 이렇게 말하더라고요. "예수하러 간다." 그런 사람들을 천막에 모아놓고 예배를 드린 것입니다. 지금은 어림도 없습니다. 전쟁 상황이었으니까 가능했던 일입니다. 그 전쟁 상황 속에서 하나님께서는 당신의 사람들을 다 끌어 모아서 구원하시고, 오늘의 교회를 이루신 것입니다. 이걸 잊지 말아야 합니다. 심지어는 이걸 전문으로 연구하는 선교학 박사들이 이런 말을 합니다. '전쟁을 통하지 않고 선교가 성공한 경우는 없다.' 무서운 말입니다. 우리가 전도하려고 애를 많이 씁니다마는, 잘 안 됩니다. 하나님께서는 비상수단인 전쟁을 통해서 심판을 하시고, 당신의 백성을 구원하십니다. 그런고로 오늘본문은 말씀합니다. "전쟁은 하나님께 속한 것이다. 하나님의 것이다." 이 믿음으로 우리는 나아가야 할 것입니다. 그래서 하나님의 섭리를 읽을 수 있어야 하고, 하나님의 사랑을 느낄 수 있어야 하고, 전쟁을 통해서 주시는 하나님의 위대한 역사를 날마다 간증할 수 있어야 합니다.

제2차 세계대전 때 강제노동수용소 아우슈비츠에서 살아남은 유대인 가운데 빅터 프랭클이라는 유명한 사람이 있습니다. 그가 「죽음의 수용소」라는 책을 썼습니다. 이 책에서 그는 전쟁이라는 사건 속에서 세 가지를 잊지 말아야 한다고 말합니다. 첫째가 창조적 가치입니다. 하나님께서는 천지를 창조하셨습니다. 오늘도 재창조의 역사가 이루어집니다. 한 사람이 구원받는 것, 중생하는 것, 이런 창조적 가치가 있습니다. 인간의 능력이 아니고, 하나님의 능력 가운데에서 재창조의 역사, 그 창조적 가치를 항상 체험하고 살아야 한다, 이것입니다. 둘째가 경험적 가치입니다. 말씀으로만 하는 것이 아닙니다. 몸으로 경험하는 것입니다. 그것이 전쟁입니다. 책을 보고 배우는 것이 아닙니다. 전쟁의 포화 속에서 배우는 것입니다. 하나님의 사랑을 기도하면서 배우는 것이 아닙니다. 포탄이 떨어지는 그 현장에서 하나님의 사랑을 몸으로 체험하는 것입니다. 전쟁은 하나님께 속한 것입니다. 전쟁을 통하여 하나님께서는 재창조의 역사를 오늘도 이루어가고 계십니다. 여기서 우리는 깊은 경험적 신앙을 가져야 합니다. 셋째는 태도적 가치입니다. 우리가 어떤 태도로 임하느냐 하는 것입니다. 똑같은 상황입니다. 예나 오늘이나 다르지 않습니다. 전쟁은 하나님께 속한 것이라는 확실한 신앙적 태도, 그 태도적 가치를 가지고 임해야 한다, 이것입니다.

여러분, 다시 한 번 고백하십시다. 전쟁은 하나님께 속한 것이고, 오늘 우리가 당하는 모든 일들이 하나님의 손에 있습니다. 하나님의 지혜에 있습니다. 하나님의 능력에 있습니다. 우리가 모든 사건 속에서 하나님의 사랑을 경험하고, 하나님의 부르심을 받고, 하나님의 음성에 새롭게 응답하는 역사가 있어야 할 것입니다. △

주여 옳습니다

예수께서 일어나사 거기를 떠나 두로 지방으로 가서 한 집에 들어가 아무도 모르게 하시려 하나 숨길 수 없더라 이에 더러운 귀신 들린 어린 딸을 둔 한 여자가 예수의 소문을 듣고 곧 와서 그 발 아래에 엎드리니 그 여자는 헬라인이요 수로보니게 족속이라 자기 딸에게서 귀신 쫓아내 주시기를 간구하거늘 예수께서 이르시되 자녀로 먼저 배불리 먹게 할지니 자녀의 떡을 취하여 개들에게 던짐이 마땅치 아니하니라 여자가 대답하여 이르되 주여 옳소이다마는 상 아래 개들도 아이들이 먹던 부스러기를 먹나이다 예수께서 이르시되 이 말을 하였으니 돌아가라 귀신이 네 딸에게서 나갔느니라 하시매 여자가 집에 돌아가 본즉 아이가 침상에 누웠고 귀신이 나갔더라
(마가복음 7 : 24 - 30)

주여 옳습니다

　유명한 나폴레옹 힐 교수의 「You Can Work Your Own Miracles」라는 명저가 있습니다. 오랫동안 많은 사람들에게 깊은 감동을 주고 있는 책입니다. 우리나라에는 「당신 안의 기적을 깨워라」라는 제목으로 번역, 출간되었습니다. 이 책의 내용을 요약하면 PMA, 이렇게 세 글자가 됩니다. PMA에서 P는 Positive, M은 Mental, A는 Attitude입니다. 바로 이 세 가지가 기적을 낳는 길이다, 이것입니다. 다시 말하면, 어떤 상황에서도 유익한 결과가 오리라는 확실한 믿음이 있어야 된다는 것입니다. 그래서 믿음을 저버리면 아무 일도 없는 것입니다. 그는 말합니다. '삶은 바로 믿음이다. 인격은 바로 믿음이다. 기적은 믿음에서 온다.' 또한 그는 열심히 일하며 가치 있는 결과를 만들어내는 열정이 필요하다고 말합니다. 다시 말하면, 행동적이어야 한다는 것입니다. 무슨 좋은 일이 있을 것이라고 기다리기만 하면, 또 그저 운명을 탓하고만 있으면 기적은 없다는 것입니다. 행동적 자신감이 필요하다는 것입니다. 행동 속에 기적이 있다는 것입니다. 그리고 그는 자신의 능력에 대한 신뢰가 필요하다고 말합니다. '내가 나를 믿지 않는데 누가 나를 믿겠느냐? 내가 나를 버리는 순간 벌써 모든 생은 끝난 것이다.' 그런고로 자신에 대한 신뢰, 이 자기 신뢰가 기적을 낳게 하는 근본이라는 것입니다.
　이런 유명한 말이 있습니다. '사랑이라는 것은 내가 사랑하는 자의 선택과 결정을 전적으로 신뢰하는 것이다.' 내가 믿는 내가 있습니다. 또한 내가 사랑하는 자가 믿는 내가 있습니다. 내가 인정하는 내가 있고, 내가 전적으로 사랑하는 그분이 인정하는 나라는 존재가 있습니다. 비록 내가 나를 볼 때에는 보잘 것 없는 존재이지만, 내가 사랑하는 분, 내가 신뢰하고 존경하는 그분이 나를 인정해주고 있습니다. 내 존재를 인정해주고 있습니다. 내 가치를 높이 인정해주고 있습니다. 그렇다면 내 생각을 버리고, 나를 인정해주는 그분의 뜻을 내가 신뢰해야 합니다. 다시 말하면, 이 속에 굉장한 가치의 전환이 있는 것입니다.

오늘본문은 여러분이 너무나 잘 아는 말씀입니다. 그러나 읽고, 묵상하고, 상고할수록 귀중한 말씀이 아닐 수 없습니다. 마태복음 15장 28절에서 예수님께서 여자를 향해 이렇게 말씀하십니다. "네 믿음이 크도다……" 헬라어로는 '메가레 수 헤 피스티스'입니다. 여기서 '메가'는 크다는 뜻입니다. 우리도 크다는 말을 할 때 웬만큼 큰 것은 큰 대자로 대(大)라고 말합니다마는, 그보다 더 아주 큰 것은 거(巨)라고 말하지 않습니까. 대인(大人), 그 다음에는 거인(巨人)입니다. 이처럼 '메가'는 그냥 크다는 뜻이 아닙니다. 그야말로 메가톤급의 아주 큰 믿음이라고 칭찬해주신 것입니다. 그럼 그 믿음이란 어떤 믿음입니까? 믿음은 하나님의 은사를 받는 그릇입니다. 마르틴 루터는 말합니다. '은사는 절대적이지만, 은사를 받아들이는 것은 내 믿음이라는 그릇이다.' 바로 그 그릇만큼 은혜를 받는 것입니다. 하나님의 은총을 받아들이는 그릇, 그것은 내 것입니다. 그것만은 있어야 됩니다.

오늘본문에 나오는 여인은 헬라인입니다. 그리고 수로보니게 족속입니다. 이스라엘 사람이 아닙니다. 다시 말하면, 선택된 하나님의 백성이 아닌 것입니다. 종교적으로는 예외인 사람입니다. 그러니까 축복권 밖에 있는 여인이라는 말입니다. 한마디로 이방여자입니다. 이 헬라여인이 예수님께로 왔습니다. 그리고 자기 딸에게서 귀신 쫓아내주시기를 간구합니다. "제 딸이 귀신들렸습니다." 그랬는데, 오늘본문말씀을 가만히 보면 지금 이 여인은 귀신들린 아이를 데리고 오지 못했습니다. 귀신들린 아이는 집에 놔두고 자기만 와서 지금 예수님께 집에 있는 자기 아이에게서 귀신을 내쫓아주십사 하고 간청하는 것입니다. 여기서 우리는 짐작해볼 수 있습니다. '이 여인은 왜 예수님께 자기 아이를 데려오지 못했을까?' 생각해보면 귀신들린 아이가 발작을 했던 것 같습니다. 아주 심하게 발작을 하기 때문에 아마 데려올 수가 없었을 것입니다. 그래서 아이를 집에 놔두고 혼자 예수님께 와서 간절하게 귀신들린 딸을 도와달라고 아뢰고 있었던 것입니다. 한데 예수님의 대답이 참 어이없습니다. 성경에는 딱 한 번밖에 나오지 않는 대답입니다. "자녀의 떡을 취하여 개들에게 던짐이 마땅치 아니하니라(27절)." 여기에서 자녀는 이스라엘 백성을 말합니다. 선택된 이스라엘 백성에게 베풀어야 할 은혜를 이방인에게 베풀 수 없다는 것입니다. 유대사람들은 이방사람들을 도덕적으로 부정하다는 이유로 개라고 부릅니다. 일종의 별명으로 그렇게 부르는 것입니다. 그런데 예수님께서 유대사람들처럼 그런 말씀을 하시는 것입니다. 자녀의 떡을 취하여 개에게 줄 수 없다니, 이 얼마나 심한 멸시의 말씀입니까. 정말 참을 수 없는 멸시 아닙니까. 아마 여느 사람 같으면 이랬을 것입니다. "그래요. 저는 개입니다. 알았습니다." 그러면서 아주 예수님을 등지고 돌아섰을는지도 모릅니다. '내가 왜 이렇게까지 멸시를 받아야 하나? 내 딸이 귀신들린 것만도 억울한데, 여기 와서 이런 멸시까지 받아야 하나?' 이런 섭섭한 마음으로 돌아설 수도 있었을 것입니다. 하지만 이 여인의 대답을 들어보십시오. "주여 옳소이다마는……(28절)" 저는 여인의 이 말이 너무너무 귀중하다고 생각합니다. "주여, 옳습니다!" 예수님의 말씀이 옳다는 것입니다. 그리고 말합니다. "상 아래 개들도 아이들이 먹던 부스러기를 먹나이다(28절)." 개는 개라 쳐도, 이 여인 역시 주인의 개인 것입니다. 그러므로 그 개도 주인이 먹여줘야 사는 것 아니냐, 주인의 은총으로 사는 것 아니냐, 하는 말입니다. 이 여인은 겸손합니다. 우선 예수님의 말씀을 인정합니다. 예수께서 개라고 하시면 자기는 개다, 이것입니다. 하지만 주인의 개라는 것입니다. 사연이 어쨌든 이 여자의 수용 자세는 대단합니다.

여러분, 이 얼마나 놀랍습니까. "주여, 옳습니다!" 여러분은 이런 멸시와 천대를 누구한테서 받아보신 적 있습니까? 혹은 무식하다는 말 들어보셨습니까? 그럴 때 '맞아. 나는 무식해!' 하고 받아들일 수 있습니까? 사람들이 "그것도 몰라?" 하고 말할 때 이럴 수 있습니까? "예, 모릅니다. 아니, 그것보다 더 많이 모릅니다." 누가 "당신은 죄인이요!" 할 때 이럴 수 있습니까? "예, 그렇습니다. 죄인이고 말고요. 저는 당신이 생각하는 것보다 훨씬 더 큰 죄인입니다." 오늘 이 여인은 말합니다. "주여 옳소이다마는……" 참 굉장한 긍정입니다. 이런 자세가 아주 중요합니다. 내 처지, 내 현실을 그대로 당연하게 받아들여야 합니다. 아무도 원망할 것 없습니다. "주여, 옳습니다!" 누구를, 세상을 탓하지 말고, 원망하지 말고, 불평하지 말고, 현실 그대로를 인정하고 "주여, 옳습니다!" 할 수 있어야 합니다. 이 여인처럼 내 딸이 귀신들린 데에는 다 이유가 있습니다. 우리 가정에 문제가 있는 것입니다. 내 영적 상태에 문제가 있는 것입니다. '주여, 당연합니다. 주여, 옳습니다.' 뿐만 아니라, 주의 말씀을 수용하는 자세가 아주 귀중합니다. 주께서 말씀하셨습니다. "너는 개와 같다." "예, 주께서 개라고 하시면 저는 개입니다. 주께서 죄인이라고 하시면 저는 죄인입니다." 내 생각과 다르더라도 주님의 판단, 하나님의 정확한 판단에 대해서 전적으로 수락하는 것입니다. 주의 말씀에 아무 이의가 없습니다. 바로 그런 믿음이 중요합니다.

마가복음에 암시적으로 중요한 사건 하나가 나옵니다. 예수님께서 가버나움에 가셨을 때 집에 들어가 말씀을 전하고 계셨습니다. 그때 중풍 병에 걸린 어떤 사람을 네 사람이 침상에 눕혀서 들고 왔습니다. 이 중풍병자는 모름지기 부자였을 것입니다. 그런데 예수님께 가기는 가야겠는데 사람들이 너무 많으니까 그만 지붕을 뚫고 침상을 죽 달아 내립니다. 이스라엘 사람들 집은 지붕이 그렇듯 노출된 형태입니다. 그렇게 침상을 죽 달아 내리니까 많은 사람들이 깜짝 놀랐습니다. 그때 예수님께서 이 환자를 딱 보시고 말씀하십니다. "네 죄 사함을 받았느니라." 여기에 중요한 암시가 있습니다. 죄 사함을 받았다! 감당하기 어려운 말씀입니다. 네가 네 죄 때문에 지금 병들었지만, 이제 죄 사함을 받았으므로 너는 건강해질 것이다, 하는 말씀이거든요. 아무 말씀이 없는 것 같지만, 여기에 예수님의 심판이 있는 것입니다. "네가 병든 것은 네 죄 때문이다. 네 잘못 때문이다. 그런데 네 죄가 사함을 받았느니라. 그런고로 너는 건강해질지어다." 이 말씀인 것입니다. 중요한 것은 이 사람이 그 말씀을 그대로 침묵 속에 수용하고 있다는 것입니다. "너는 네 죄 때문에 병들었다!" 하실 때 "예, 옳습니다! 제 죄 때문입니다. 저는 죄인입니다!" 하고 예수님의 말씀을 수용하고 있습니다.

오늘본문의 여자를 보십시오. 자녀의 떡을 취하여 개에게 줄 수 없다는, 정말 감당하기 어려운 비판을 받습니다. 그러나 들어보십시오. "주여, 옳습니다. 저는 개입니다. 개이지만, 주인의 개입니다. 그런고로 주인의 손에서 떨어지는 부스러기를 먹어야 하지 않습니까. 제가 부스러기 은총이라도 입어야 살 것 아니겠습니까." 참으로 큰 겸손입니다. 이런 마음으로 예수님께 나아올 때 예수님께서 그를 귀하게 보시고 말씀하십니다. "이 말을 하였으니……(29절)" 무슨 말씀입니까? "주여, 옳습니다!"라고 말했다는 것입니다. 그래서 예수님께서 말씀하십니다. "네 믿음이 크다. 네 믿음대로 되리라." 이렇게 딸에게 들린 귀신이 나가게 되었다는 이야기입니다. 얼마나 소중한 말씀입니까.

믿음의 깊은 곳에는 겸손이 있습니다. 믿음은 곧 겸손이고 진실입니다. 여러분, 얼마만큼 겸손해보셨습니까? 저는 여러분에게 묻습니다. 우리가 많은 환난을 당합니다. 사업에 손해도 보고, 병도 들고, 어려운 일, 헝클어진 일을 당하고 있지마는, 그 모든 것에는 하나님의 섭리 안에 있는 하나님의 뜻, 하나님의 목적이 있습니다. 무엇입니까? 우리로 하여금 겸손하게 하시는 것입니다. 우리로 하여금 겸손한 믿음을 가지게 하시기 위함입니다. 그래서 환난이 있는 것입니다. 아니, 있어야 합니다. 교만한 사람이 환난을 통해서 겸손해집니다. 교만한 사람이 병들어서 겸손해집니다. 물론 병들고도 교만한 사람이 있습니다. 하지만 오늘본문에서 이 여인은 "주여, 옳습니다!" 하며 이 환난과 어려움을 통해서 주시는 주님의 은총을 수용하고 있습니다. 그리고 고백합니다. "주여, 옳습니다!"

제가 부탁합니다. 여러분, 어느 정도까지 겸손하십니까? 겸손하고 나면 아무 고민도 없습니다. 어떤 사람이 무슨 비난을 해도 불평이 없습니다. 어떤 경우를 당해도 잠 못 잘 일이 없습니다. 자존심 상하는 일이 없으니까요. 흔히 우리가 말하는 자존심 상한다는 것 때문에 망조가 드는 것 아닙니까. 자존심 내세울 필요가 뭐 있습니까. 내가 근본적으로 죄인인데요? 어떤 비난을 들어도 마음 상할 것 하나도 없습니다. 여러분, 정말로 겸손하십니까? 겸손해진다면 아마 같이 사는 아내가 천사처럼 보일 것입니다. '나처럼 못된 사람을 일생동안 데리고 살아주니 고맙구나.' 그렇지 않겠습니까. 자녀들을 대할 때에도 내가 겸손하고 나면 '하나님께서 나 같이 부족한 사람에게도 저런 좋은 자녀를 주셨구나!' 하고 그저 감사할 것입니다. 겸손하고 나면 은혜 아닌 것이 없습니다.

사도 바울을 보십시오. 그에게는 육체의 가시, 사탄의 사자가 있었습니다. 그렇게 하나님 앞에 전적으로 헌신한 분인데도 그런 핸디캡이 있었습니다. 제가 연구한 바로는 간질병인 것 같습니다. 가는 곳에서마다 그는 쓰러졌습니다. 갈라디아서에 그 장면이 드라마처럼 잘 나옵니다. "내가 너희 가운데 있을 때 너희의 믿음을 시험할 만한 것이 내 육체에 있으되 너희가 나를 없이 여기지 아니하고 그리스도와 같이 영접했느니라." 귀중한 말씀입니다. 이런 상상을 해봅니다. 갈라디아 교회에서 설교하는 도중에 간질병 발작이 일어나 사도 바울이 소리를 내면서 쓰러집니다. 얼마나 놀랄 만한 일입니까. 사도 바울은 이것 때문에 하나님 앞에 세 번 기도했다고 했습니다. 그러나 주께서 말씀하십니다. "내 은혜가 네게 족하도다." 쉽게 말하면 간질병을 그냥 가지고 다니면서, 쓰러지면서 전도해도 된다는 것입니다. 그래도 좋다는 것입니다. 왜 그렇습니까? 그래야 겸손하니까요. 그래야 하나님만 높일 수 있으니까요. 그래야 그리스도께만 영광을 돌리게 되니까요.

여러분, 한 계단만 더 내려서보십시오. 원망할 것 하나도 없습니다. 하나님 앞에 정직하게 스스로를 살펴보시기 바랍니다. 하나님께서 나를 개라고 하시면 나는 개인 것입니다. "너는 개와 같다!" 하시면 나는 개입니다. 그러나 하나님의 은혜로 사는 개입니다. 하나님께서 나를 죄인이라 하시면 나는 죄인입니다. 또한 의롭다 하시면 의인입니다. 하나님께서 "내가 너를 사랑한다!" 하시면 나는 사랑 받을 자격이 있는 것입니다. 이것이 믿음입니다. Total commitment. Total acceptance. 이것이 믿음입니다. 어떤 일을 당하든지 "주여, 옳습니다! 잘 하셨습니다! 잘 하신 것입니다!" 해야 합니다. 이런 긍정, 이런 전적인 수용이 큰 기적을 낳는 그릇입니다. 이 믿음 위에 기적이 있는 것입니다. 조그마한 어두운 그림자도 없이, 조그마한 불평이나 원망도 없이 "주여, 옳습니다! 분에 넘칩니다!" 할 때 거기에 바로 기적이 나타나는 것입니다.

예수님께서 겟세마네 동산에서 이렇게 기도하십니다. "주여, 내 뜻대로 마옵시고 아버지의 뜻대로 되기를 원합니다." 바로 아버지의 뜻을 받아들이는 시간입니다. 이것이 기도의 응답입니다. 여러분, 어디까지 왔습니까? 어느 정도까지 겸손해보셨습니까? 바로 거기에 문제가 있습니다. 가끔 젊은 목사님들이 저더러 물어올 때가 있습니다. 제가 목회를 오래 했으니까 선배 된 입장에서 말해달라고 이런 질문을 해오는 것입니다. "목사님, 목회 하시면서 좀 불평스러운 일도 많고, 원망스러운 일도 많고, 억울한 소리를 들으실 때도 많았을 텐데, 그럴 때마다 어떻게 하셨습니까? 무슨 비결이 없겠습니까? 저는 이런 일 때문에 자존심 상해서 잠을 못자고 괴로워하고 그러는데, 목사님께서는 잠 못 자보신 일 없으십니까?" 그러면 제가 이럽니다. "아무리 생각해도 잠을 못 자본 일은 없어." "그럼 그 비결은 무엇입니까?" "간단하지. 저들이 나더러 실수했다고 하면 '몰라서 그렇지, 나는 그보다 더 많이 실수했어!' 하고, 저들이 나더러 죄인이라고 하면 '몰라서 그렇지, 나는 저들이 말한 것보다 더 큰 죄인이야!' 한다네. 이것이 비결이라면 비결이지." 여러분, 다시 한 번 마음에 새기십시오. "주여, 옳습니다! 주여, 옳습니다!" 이러는 순간 그 속에 기적이 나타납니다. △

비로소 그리스도인

그 때에 스데반의 일로 일어난 환난으로 말미암아 흩어진 자들이 베니게와 구브로와 안디옥까지 이르러 유대인에게만 말씀을 전하는데 그 중에 구브로와 구레네 몇 사람이 안디옥에 이르러 헬라인에게도 말하여 주 예수를 전파하니 주의 손이 그들과 함께 하시매 수많은 사람들이 믿고 주께 돌아오더라 예루살렘 교회가 이 사람들의 소문을 듣고 바나바를 안디옥까지 보내니 그가 이르러 하나님의 은혜를 보고 기뻐하여 모든 사람에게 굳건한 마음으로 주와 함께 머물러 있으라 권하니 바나바는 착한 사람이요 성령과 믿음이 충만한 사람이라 이에 큰 무리가 주께 더하여지더라 바나바가 사울을 찾으러 다소에 가서 만나매 안디옥에 데리고 와서 둘이 교회에 일 년간 모여 있어 큰 무리를 가르쳤고 제자들이 안디옥에서 비로소 그리스도인이라 일컬음을 받게 되었더라

(사도행전 11 : 19 - 26)

비로소 그리스도인

유대사람들이 지혜의 보고로 여기는「탈무드」에는 사람을 평가하는 기준 세 가지가 나옵니다. '키이소오', '코오소오', 그리고 '카아소오'입니다. 다 히브리말인데, 먼저 '키이소오'는 '돈주머니'라는 말입니다. 사람은 돈주머니로 평가된다는 것입니다. 사람은 돈이 있을 때 교만해지고, 돈이 없으면 절망합니다. 돈이 많은 사람 앞에는 무릎을 꿇고, 돈이 없는 사람은 멸시합니다. 이런 사람은 아주 수준이 낮은 사람이라는 것입니다. 돈이 없다고 해서 비굴해지지 않고, 돈이 있다고 해서 교만해지지 않는 것, 이것이 바로 인격의 평가기준이라는 것입니다. 그리고 '코오소오'는 '술잔'이라는 말입니다. 성공할 때, 일이 잘 풀릴 때 그가 어떻게 하는가, 하는 것이 그 사람의 평가기준이 된다는 것입니다. 그럴 때 교만해지면 안 되는 것이지요. 다시 말해 축하할 만한 일들이 생겼을 때 그 사람이 어떤 모습으로 나타나느냐, 하는 것이 평가기준이 되는 것입니다. 그리고 세 번째가 중요합니다. '카아소오'는 '노여움'이라는 말입니다. 분노를 말합니다. 요새 신문에 많이 나도는 얘기지만, 분노조절능력이라는 것이 있습니다. 분노란 있을 수 있습니다. 그러나 조절능력을 잃어버리면 안 됩니다. 그게 바로 인격이라는 것입니다. 아무리 분노할 일이 있더라도 그 선을 지킬 줄 아는 인격, 그것이 바로 인간의 인격수준이 된다는 것입니다.

마빈 토케이어의「영원히 살 것처럼 배우고 내일 죽을 것처럼 살아라」라는 책에 이런 재미있는 말이 나옵니다. '기도의 의미란 히트파렐이다.' 여기서 '히트파렐'은 항상 하나님 앞에서 자기를 저울로 달아본다는 의미입니다. '지금 이것이 하나님 앞에서 얼마의 가치가 있나?' 하고 항상 자신을 평가하고 달아보는 것입니다. 이것이 바른 인격의 모습이라고 저자는 말합니다.

오늘본문에 아주 특별한 말씀이 나옵니다. "비로소 그리스도인……(26절)" 무슨 뜻입니까? 헬라어로는 '프로토스 크리스티아누스'입니다. '처음 그리스도인'이라는 뜻입니다. 영어로는 'first Christian'입니다. 여기서 first에 해당하는 '프로토스'라는 말은 시간적 개념이 아닙니다. 이걸 잊지 말아야 합니다. 이미 예루살렘 교회는 베드로의 설교로 3천 명이 일시에 회개하고 세례를 받은 사건이 있었습니다. 기독교인이 많이 있습니다. 수천 명 있습니다. 그런데 '처음 기독교인'이라는 것이 무슨 말입니까? 여기서 깊이 생각해야 합니다. 기독교인의 의미가 뭐냐? 비로소 그리스도인— 이제부터, 오늘부터, 이런 상태부터 비로소 그리스도인이다, 이것입니다. 깊이 생각할 문제입니다.

일반적으로 사람들은 고난을 당하면 후회를 많이 합니다. 그러지 말았어야 했는데, 내가 잘못했는데…… 이렇게 여러 가지로 후회와 자기반성을 하게 됩니다. 그리고 깊이 생각하게 됩니다. 그런가 하면 사람들은 또 원망합니다. 고난을 당하게 되면, 이것은 누구 때문이다, 하고 책임을 남에게 전가하면서 원망합니다. 또 신앙인들 같은 경우는 고난을 당할 때 깊이 회개합니다. 생각할 만합니다. 회개하고 보면 모든 일이 다 내 잘못이었다는 것을 알게 되니까요. 그래 회개의 기도를 합니다. 그러나 이것은 율법주의적인 태도입니다. '비로소 그리스도인'은 고난을 당할 때 이 고난의 의미가 어디에 있느냐 하는 것을 중요하게 여깁니다. 고난을 당할 때 그 속에 있는 하나님의 뜻을 생각하는 것입니다. 뿐만 아니라, 하나님의 사랑을 느낍니다. 하나님의 구원의 능력, 더 나아가 하나님의 선교적, 창조적 역사를 바라봅니다. 이때 비로소 그리스도인입니다. 여기서부터 그리스도인입니다.

폴 스톨츠가 AQ라는 말을 했습니다. 요즘 유행하는 말로, 이것은 Adversity Quotient, 곧 '역경지수'라는 것입니다. 우리가 IQ라는 말을 쓰지요? 이것은 지능지수입니다. 또 EQ라는 것도 있습니다. 감성지수입니다. 그런데 또 역경지수를 말합니다. 어려운 일을 당할 때 어떻게 극복하느냐, 어떻게 해석하느냐, 이 어려움을 어떻게 극복하고 일어서느냐, 하는 것을 AQ라고 하는 것입니다. 그리스도인에게는 신비로운 AQ가 있습니다. 그것이 오늘본문말씀입니다. 환난과 고통이 하나님의 사람들에게는 하나님의 선교적 기회로 주어진다는 것입니다. 이것을 깨달아야 '비로소 그리스도인'입니다. 놀라운 사실이요, 놀라운 진리입니다. 비로소 그리스도인이다— 고난을 당했다고 누구를 원망한다면 그는 기독교인이 아닙니다. 심지어 내가 잘못했다고 스스로 자기회개만 하고 있는 것도 옳은 자세가 아닙니다. '비로소 그리스도인'은 내가 당한 환난과 역경을 깊이 생각하며, 그 속에 있는 선교적 의미를 깨닫는 사람입니다. 하나님께서는 이것을 통하여 위대한 역사를 이루시고, 이것을 통하여 나를 바른 길로 인도하십니다. 하나님께서 하고자 하시는 큰 경륜이 여기에서 이루어집니다. 이 고난의 의미를 선교적 관점에서 해석하는 것입니다. 그가 바로 그리스도인입니다. 고난의 의미를 구속사적인 의미에서 해석하고, 하나님께 감사하고, 그 거룩하신 뜻에 순종하게 되는 것입니다.

　그런 의미에서 오늘본문 19절은 아주 의미심장한 말씀입니다. 짧은 말씀입니다마는, 깊이 읽어야 합니다. "스데반의 일로 일어난 환난으로 말미암아 흩어진 자들이……" 여기서 '스데반의 일로 말미암아 흩어진 자들'이란 무슨 말입니까? 예루살렘에서 스데반이 순교했습니다. 그는 헬라파 유대인입니다. 지성인입니다. 하나님의 귀한 종인데, 그를 무자비하게 끌어내서 재판도 없이 돌로 쳐 죽였습니다. 이런 사건이 예루살렘에서 이루어졌습니다. 스데반이 죽었습니다. 그 순간 많은 그리스도인들이 흩어집니다. 고향을 버리고 멀리멀리 나그네 길을 걷습니다. 이렇게 추방당한 이들이 흩어진 사람들입니다. 고향과 친척을 떠나는 것입니다. 난민의 신세가 되었습니다. 익숙한 생활, 안정된 환경을 다 버리고 낯선 곳으로 정처 없이 내몰립니다. 방랑자가 됩니다. 오늘밤 어디서 자야 할지, 이제 내 운명은 어떻게 되는 것인지, 아니, 내 가족들은 어떻게 되는 것인지…… 내 미래는 없습니다. 이렇듯 막막하게 내몰립니다. 이런 환난 속에 내몰린 그들을 바로 '흩어진 자들'이라 말하는 것입니다. 그런데 흩어진 자들, 이 사람들이 여기서 새로운 의미를 찾습니다. 하나님의 뜻을 알고 선교의 기회로 삼게 되는 것입니다. '우리가 왜 고향을 떠났는가? 왜 나그네 신세가 되었는가? 왜 방랑자가 되었는가? 이것은 하나님의 큰 경륜이다. 선교하라는, 전도하라는, 만백성을 구원하라는 뜻이다. 땅 끝까지 이르러 증인이 되리라, 하신 그 말씀이 오늘 여기서 성취되고 있는 것이다.' 이렇게 믿고, 그들은 선교에 투신하게 됩니다.

　특별히 오늘본문 가운데 중요한 의미의 오묘한 말씀이 있습니다. "유대인에게만 말씀을 전하는데(19절)." 지금까지는 유대사람에게만 복음을 전했습니다. 그런데 이 흩어진 사람들이 이제부터는 이방사람들에게도 복음을 전하게 됩니다. 그때까지는 헬라파 유대인들끼리만 예수를 믿었다면, 이제부터는 백 퍼센트 이방사람들에게도 복음을 전할 수 있는 문이 열립니다. 그런 선교의 문이 활짝 열립니다. 지금까지는 오직 선택받은 유대사람, 그리고 헬라파 유대인까지만 그리스도인이었습니다. 그런데 이제부터는 흩어진 유대사람들이 두루 다니면서 복음을 전하게 되어 순수한 헬라사람, 순수한 로마사람도 예수를 믿게 됩니다. 우리와 똑같이 구원을 받고 성령을 받습니다. 놀라운 일입니다. 그래서 하나님의 선교사역이 이방나라와 이방민족으로 흩어지게 되는 계기가 되는 것입니다. 지금까지는 유대사람에게만 복음을 전했고, 유대사람만을 위한 그리스도인 줄 알았다가 이제는 만백성을 위한 복음이라는 걸 알고 귀한 역사를 이루게 됩니다.

그런데 그보다 더 중요하고 신비로운 사건이 있습니다. 오늘본문에서 성령 충만한 바나바가 다소까지 가서 바울을 데려왔다고 말합니다. 이게 무슨 말입니까? 바울이 누구입니까? 스데반을 쳐 죽인 사람 가운데 하나입니다. 스데반을 죽인 박해자입니다. 그 사람이 지금 예수를 믿고, 다메섹에서 예수를 만나고, 그리고 자신의 고향인 다소에 가서 머무르고 있습니다. 그런데 바나바가 거기까지 찾아갑니다. 찾아가서 바울을 데리고 옵니다. 이 바울이 누구입니까? 스데반을 죽인 사람입니다. 교회를 핍박한 사람입니다. 교회를 핍박하기 위해서 다메섹까지 갔던 사람입니다. 이 사람을 바나바가 가서 데리고 옵니다. 그리고 바나바와 함께 1년 동안 머무르면서 선교동

역자로 사역합니다. 여러분, 보십시오. 바울은 스데반을 죽인 사람입니다. 그러나 이제 하나님의 구속사적인 큰 역사 안에서 볼 때 바울은 소중한 사람입니다. 아주 소중한 사람입니다.

여러분, 스스로 물어보십시오. 내가 중생했음을 믿습니까? 중생을 믿습니까? 탕자가 돌아와서 하나님의 아들이 됩니다. 그 아들 됨을 믿습니까? 이걸 잊지 말아야 합니다. 나는 죄인입니다. 그러나 내가 하나님의 자녀가 되었습니다. 하나님의 아들입니다. 하나님의 딸입니다. 확실한 이 정체성을 잠깐도 잊어서는 안 됩니다. 동시에 나만 하나님의 자녀가 아니고, 저 사람도 하나님의 자녀입니다. 회개를 믿습니까? 중생을 믿습니까? 하나님의 선택적 능력을 믿습니까? 그러면 내가 새사람 됨을 아는 동시에 다른 사람이 새사람 됨도 믿어야 하는 것입니다. 이걸 믿고 인정해야 합니다. 실수 없는 사람이 좋은 사람입니까? 아닙니다. 실수를 한 사람이 좋은 사람입니다. 실수하고 회개한 사람이 좋은 사람입니다. 온전한 사람은 성경 어디에도 없습니다. 아무리 뒤져봐도 아브라함, 모세, 다윗 왕…… 성경 어느 곳에도 없습니다. 그러나 하나님께서 당신의 백성들을 부르시고 거듭나게 하사 그들을 통하여 위대한 역사를 이루어가고 계십니다.

제가 언젠가 중국의 유명한 정치 지도자가 쓴 책 한 권을 읽어 본 적이 있습니다. 제가 그 이름을 대지는 않겠습니다. 그가 자기의 용병술에 대해서 이렇게 썼습니다. 자기가 정치를 할 때 사람을 어떻게 기용했느냐, 하는 것입니다. 어떤 사람이 그에게 와서 누군가를 부정부패로 고발합니다. 이 사람이 이런 죄를 짓고, 이러이러한 부정이 있다고 고발하는 것입니다. 그러면 그는 이 이야기를 다 들고 나서 정보를 가르쳐줘서 고맙다고 말합니다. 나라를 위해서 걱정해줘서 고맙다고 말합니다. 그런 다음에 하는 말이 재미있습니다. "맑은 물에는 물고기가 없지. 맑은 물에는 물고기가 못 사는 법이야. 너무 깨끗한 것만 좋아해서는 안 되지." 그렇게 말하고는 고맙다고 인사하고, 그가 고발한 사람을 불러옵니다. 그래 앉혀놓고, 내가 들은 바로는 당신이 이러이러한 부정이 있다는데, 하면서 이야기를 꺼냅니다. 그가 잘못했다고 하면서 뉘우치면 그 자리에서, 그럼 벌을 받아야겠지, 합당한 벌을 받아야겠지, 하면서 얼마동안 시골로 그를 좌천시킵니다. 그 다음에는 몰래 사람을 시켜서 좌천된 그 사람이 거기에서 어떻게 지내는지를 내사시킵니다. 불평불만 속에 지내고 있는지, 술 먹고 방탕하는지, 아니면 자숙하고 있는지를 지켜보게 하는 것입니다. 그리고 좌천된 그 사람이 겸손하게 스스로 자기 반성을 하면서 지내고 있다는 보고가 오면 1년 뒤에 그를 다시 불러 올립니다. 그럼 그 좌천되었던 사람이 절하면서 말합니다. "죽도록 충성하겠습니다!" 그러면 그때 또 하는 말입니다. "실수는 누구에게나 있는 거야." 그리고는 거두어줍니다. 그런 식으로 이 사람이 중국 대국을 다스렸다는 것입니다.

여러분, 지도자가 누구입니까? 이래서 자르고, 저래서 자르고, 다 잘라버리면 남는 게 무엇입니까? 여러분, 실수란 어디에나 있는 것입니다. 그 실수가 교훈이 되고, 지혜가 되고, 새로운 창조의 능력이 된다는 것을 잊어서는 안 됩니다. 실수 없는 사람을 찾아서는 안 됩니다. 실수가 있지만, 그 실수 속에서 어떤 사람으로 나타나느냐가 중요합니다. 성경을 보면 사도 바울이 누구입니까? 예수 믿는 사람들을 돌로 쳐 죽인 사람입니다. 하지만 바나바는 내가 그리스도인

됨을 믿을뿐더러, 바울이 중생함을 믿습니다. 그를 다메섹 도상에서 부르신 그리스도의 능력을 믿습니다. 하나님의 능력을 믿고, 바울을 불러다가 같이 동역자로 일합니다. 안디옥에서 함께 복음을 전합니다. 여기서부터 세계적인 교회로 기독교가 발전하게 됩니다. 얼마나 귀중한 교훈입니까.

여러분, 자녀들이 실수했다고 내버리겠습니까? 남편이 실수했다고 그만 이혼하겠습니까? 실수와 고통을 잘 감당하면 그 속에서 새로운 역사가 이루어지는 것 아닙니까. 여러분, 내가 중생했음을 믿습니까? 내가 구제 불능한 인간이지만, 하나님의 능력 속에 오늘 내가 있음을 믿습니까? 그 구원의 능력 속에서 내가 중생했음을 믿었다면 다른 사람의 중생도 믿어야 합니다. 다른 사람이 새사람 됨을 믿어야 합니다. 그리 할 때 오늘본문대로 '비로소 그리스도인'인 것입니다. 하나님의 능력을 믿고, 그리스도의 구속의 능력을 믿고, 하나님의 위대한 선교적 역사의 창조적 능력을 믿을 때 비로소 그리스도인이 되는 것입니다. 사도 바울은 교회를 핍박한 사람이었습니다마는, 이제 성령 충만한 바나바를 만나서 다시 용기를 얻고, 세계적인 선교사로 우뚝 서게 됩니다. 여기에 바나바가 없었더라면 사도 바울이 어떻게 존재할 수 있겠습니까. 이걸 잊지 말아야 합니다.

오늘 우리의 좁은 마음을 넓혀서 오늘본문말씀대로, 비로소 그가 그리스도인이다, 하는 이 신비로운 의미를 마음에 깊이 새기고, 새로운 시각으로 세상을 보고, 나를 보고, 주변을 볼 수 있는 그런 그리스도인이 되어야 할 것입니다. △

온전히 기쁘게 여기라

내 형제들아 너희가 여러 가지 시험을 당하거든 온전히 기쁘게 여기라 이는 너희 믿음의 시련이 인내를 만들어내는 줄 너희가 앎이라 인내를 온전히 이루라 이는 너희로 온전하고 구비하여 조금도 부족함이 없게 하려 함이라 너희 중에 누구든지 지혜가 부족하거든 모든 사람에게 후히 주시고 꾸짖지 아니하시는 하나님께 구하라 그리하면 주시리라 오직 믿음으로 구하고 조금도 의심하지 말라 의심하는 자는 마치 바람에 밀려 요동하는 바다 물결 같으니 이런 사람은 무엇이든지 주께 얻기를 생각하지 말라 두 마음을 품어 모든 일에 정함이 없는 자로다
(야고보서 1 : 2 - 8)

온전히 기쁘게 여기라

　오늘 아침은 몹시 덥습니다. 다 같이 더위를 느꼈을 것이라고 생각합니다. 이처럼 찌는 듯 더운 때에 저는 늘 아버지가 제게 하시던 말씀을 마음에 떠올리곤 합니다. "농사꾼의 자식은 덥다고 하면 안 된다." 여러분, 농사꾼의 자식은 덥다고 하면 안 됩니다. 아주 중요한 교훈입니다. 왜냐하면 이렇게 덥다가도 추락이라는 것이 있습니다. 하루아침에 선선한 바람이 붑니다. 그것을 추락이라고 하는데, 선선한 바람이 불면 모든 식물이 성장을 멈춥니다. 성장은 이 찌는 듯 더운 때에 합니다. 그러다가 찬바람이 싹 일면 성장을 멈추고, 그만큼 성장한 자리에서 열매를 맺습니다. 우리 아버님의 교훈은 이렇습니다. "하루만 더 더워도 풍년이 든다." 여러분, 하루만 더 더워도 풍년이 듭니다. 한번 생각해보십시다. 이제 어떡하면 좋겠습니까? 그러니 덥다는 소리 하면 안 됩니다. 하루만 더 더우면 풍년이 든다는 이것이 농사꾼의 마음입니다.

　오늘본문은 말씀합니다. "여러 가지 시험을 만나거든 온전히 기쁘게 여기라." 사람들은 시험을 만날 때 보면 대개 낙심합니다. 슬퍼합니다. 좌절합니다. 근심합니다. 절망합니다. 하지만 아닙니다. 시험을 당할 때 온전히 기쁘게 여기라는 것입니다. 놀라운 말씀 아닙니까. 이것이 그리스도인의 모습입니다. 시련이 하나님의 사랑으로 주시는 축복의 통로임을 믿는 것입니다. 이게 믿음의 사람의 세계관입니다. 시험은 언제나 있습니다. 이걸 잊지 말아야 합니다. 시험의 보편성을 알아야 합니다. 누구나 시험을 받습니다. 시험에 대해서 말할 때마다 생각합니다. 예수님께서도 시험을 당하셨습니다. 감히 누가 시험을 안 당하겠습니까. 그도 그럴 것이 예수님께서는 40일 동안 금식기도를 하시고 시험을 당하셨습니다. '내가 뭘 잘못해서, 그동안 기도를 안 해서, 어쩌다 게으르게 살다보니 아마 시험을 당하는가보다.' 아닙니다. 예수님께서는 40일 금식기도 하신 그 경건의 절정에서 시험을 당하십니다. 그러니까 내가 기도를 덜해서 시험당하고, 내가 그동안 좀 게을러져서 시험을 당하고…… 그렇게만 생각하지 마십시오. 시험은 언제나, 어디에나, 누구에게나 있는 것입니다. 어느 순간에도 있는 것입니다. 모든 것이 시험이 될 수 있고, 모든 것이 축복이 될 수 있습니다. 이걸 잊지 말아야 합니다.

문제는 시험의 초점입니다. 여기에서 '페이라스모이스'라는 말은 '페이라조'라는 헬라어에서 나왔습니다. '페이라조'에는 두 가지 의미가 있습니다. 하나는 testing, 시험해본다는 뜻입니다. 또 trial, 시련을 준다는 뜻도 있습니다. 시험과 시련입니다. 이것이 헬라어 원문에는 서로 같은 말입니다. 그러나 개념은 전혀 다릅니다. 여러분, 시험을 봅니다. 아이들이 시험을 봅니다. 이제 한번 물어봅시다. 시험은 사람을 합격시키기 위한 것입니까, 떨어뜨리기 위한 것입니까? 떨어지는 사람의 입장에서는 떨어뜨리기 위한 것이라고 하겠지만, 합격한 사람에게는 합격시키기 위한 것이라고 할 것입니다. 공부를 잘한 아이들에게는 그 공부 잘한 것을 더 칭찬하기 위한 것입니다. 그런 차이가 있습니다. 사건은 같은 사건인데, 이 사람에게는 시련이 되고, 저 사람에게는 시험이 됩니다. 그럼 여기에서 그리스도인의 모습이란 무엇입니까? 어떤 시험을 당하든 그것을 시련으로 바꾸는 것입니다. 시련으로 받아들이는 것입니다. 이것이 그리스도인의 모습이라는 말입니다.

그런고로 오늘본문에서 믿음의 시련이라는 말이 아주 중요합니다. 이것이 핵심입니다. 우리가 시험을 당하지만, '시험의 초점은 믿음의 시련'이라는 이 한마디가 중요합니다. 문제는 믿음에 있다는 것입니다. 잘 살고 못 살고, 오래 살고 오래 못 살고, 성공하고 실패하고…… 이런 이야기가 아닙니다. 바로 믿음입니다. 하나님께서 보실 때 가장 중요한 것은 믿음입니다. 믿음이 보배입니다. 그런고로 '믿음의 시련'은 너무나 귀한 말씀입니다. 시련을 통해서 믿음 없는 사람을 믿음 있게 하시고, 순수하지 못한 믿음을 순수하게 하시고, 또 거룩하지 못한 것을 거룩하게 하시고, 내 속의 잘못된 것을 교정하게 하십니다. 가장 중요한 것은 시련을 통해서 믿음을 강하게 하시고, 강한 믿음, 건강한 인격을 갖게 하신다는 것입니다. 오늘본문 말씀대로입니다. "구비하여 조금도 부족함이 없게……" 이 말의 원문은 '완전무장'이라는 뜻입니다. 구비하여 조금도 부족함이 없는 온전한 신앙과 인격, 거기에 도달하도록 하기 위해서 믿음의 시련이 우리에게 있다는 말씀입니다. 얼마나 중요한 말씀입니까.

여러분, 지난 시간에 말씀드린 대로 수로보니게 여인이 귀신 들린 자신의 아이 때문에 예수님께 나아와 간구하지 않았습니까. "제 딸이 귀신 들렸습니다! 불쌍히 여겨주세요!" 그때 예수님께서 이상한 시험을 거셨습니다. "자녀의 떡을 취하여 개에게 주는 것이 마땅하지 않다." 유대사람이 먼저지, 너는 이방 사람이고, 이방 여자라는 것입니다. 너는 축복 밖의 민족이고, 도덕적으로 깨끗하지 못한 족속이라는 말씀입니다. 그 여인, 이 말씀을 듣고 좌절할 만도 했습니다. 그만하면 반항할 만도 했습니다. 그런데도 그 여인은 말합니다.

"주여, 옳습니다. 저는 개와 같은 여자입니다. 그렇지만 개도 주인의 상에서 떨어지는 부스러기를 먹습니다." 이 말에 예수님께서 감동하셨습니다. 이런 굴욕을 당하고도 넉넉하게 "옳습니다!" 하는 그 믿음을 보시고 "네 믿음이 크도다! 네 소원대로 되리라!" 말씀하십니다." 여러분, 가만히 보십시오. 예수님께서 만약 이런 시험을 걸지 않으셨다면 이 귀한 믿음이 요즘말로 클로즈업 되었겠습니까. 이 시험이 있으므로 믿음의 위대함이 나타난 것입니다. 이 시험이 있으므로 인격의 위대함이 나타난 것입니다. 시험이 없었다면 아마도 묻히고 말았을 것입니다. 이 시험을 통해서 이 여인이 온전한 믿음을 나타내고, 칭찬을 받고, 큰 기적과 축복을 누리게 됩니다. 여러분, 우리가 가끔 시련을 당합니다. 이런 일, 저런 일로 시련을 당합니다. 하지만 그 시련이 없다면 우리가 어떻게 되겠습니까? 오늘본문은 우리에게 좀 더 깊이 있는 말씀을 합니다. "너희 믿음의 시련이 인내를 만들어내는 줄 너희가 앎이라(3절)." 인내라는 말은 원문대로 하면 '휘포모넨'인데, '끈기'라는 말입니다. 그래서 끈기, 인내, 인내적 의지, 인내적 지혜, 인내적 지식을 주어서 넉넉하게 시험을 이기는, 그런 인내를 이루게 된다는 말씀입니다. 아주 귀한 말씀입니다.

여러분, 잘 아시는 대로 우리는 너무 편안하게만 살아서는 안 되는 것 같습니다. 제가 마음 아프게 생각하는 일이 하나 있습니다. 제가 고향에 살 때 알았던 친동생 같은 사람이 있습니다. 그는 4대 독자에다 부잣집 아들입니다. 그래서 그저 귀하게, 귀하게만 컸습니다. 누나가 둘 있지만, 딸은 무시하고, 오직 아들 하나만을 위하고, 오냐오냐 하는 집이었습니다. 그러다가 피난을 나왔습니다. 그렇게 살면서도 이 부모님의 마음은 오직 아들에게만 있었습니다. 아들에게만 정성을 다하고, 그저 아들이 달라는 대로 주고, 원하는 대로 해 주면서 애지중지 키웠습니다. 그러다가 이 아들이 군대에 갔습니다. 거기에서 한번 호되게 기합을 받았습니다. 그런데 그만 자살하고 말 았습니다. 그 욕을 참지 못하고 죽고 말았던 것입니다. 여러분 왜 그 렇습니까? 욕도 적당히 먹어야 합니다. 그래야 면역이 생기지 않겠 습니까. 결혼도 그렇다고 합니다. 좋은 소리만 들으면서 귀하게 큰 딸이 결혼을 했는데, 어쩌다가 딱 한마디 안 좋은 소리를 들으면 홀 짝홀짝 울다가 병이 난다는 것입니다. 적당히 욕도 먹고, 매도 맞고, 시련을 당해야 이기고 버티지 않겠습니까. 그래야 '이 정도는 욕도 아니다! 이 정도는 시험도 아니다!' 할 것 아니겠습니까.

우스운 이야기지만, 저는 늘 아침마다 조금 어려움이 있습니다. 우리 집사람은 저더러 자꾸 옷을 갈아입으라고 합니다. 옷도 갈아 입으라, 와이셔츠도 갈아입으라…… 이렇게 자꾸 갈아입으라고 하 는데, 사실 저는 상관없거든요. 왜냐하면 제가 옛날 고학하면서 고 생할 때에는 모든 옷을 다 일주일씩 입었습니다. 갈아입기는 뭘 갈 아입습니까. 그저 속옷도 한번 입으면 일주일입니다. 미국 유학 갔 을 때 기숙사에서도 일주일에 한번만 갈아입습니다. 그렇게 훈련이 돼 있어서 저는 갈아입는 것을 크게 신경 쓰지 않습니다. 대충 살지 뭘 그렇게 갈아입으라고 하는지요? 어차피 썩어질 몸 아닙니까. 그 렇지요? 심지어 저는 이런 이야기도 종종 했습니다. 목욕탕에 가서 보면 몸의 때를 너무 박박 벗기는 사람들이 있습니다. 이태리타월로 너무 살을 세게 문지르고 못살게 구는데, 이게 다 뭐하는 짓입니까? 어차피 때는 또 나올 텐데요. 그래서 저는 비누칠을 잘 안합니다. 왜 요? 또 생길 것이니까요. 어차피 죽고 썩을 몸인데, 그냥 적당히 씻고 살면 되지 않겠습니까. 여러분은 어떻게 생각하십니까?

여러분, 면역성이 좀 생겨야 된다는 말입니다. 환란과 핍박과 굴욕에 대해서 면역이 있어야 합니다. 인내하고 참는 힘이 있어야 합니다. 억울한 말도 참고, 부당한 말도 참고, 되지 않는 말도 참고, 욕설도 참을 줄 알아야 합니다. 예수님을 보십시오. 그 거룩한 예수님께서 얼마나 기가 막힌 핍박을 당하십니까. 그 많은 비난을 받으셨지만, 다 참았습니다. 그래서 저는 히브리서 12장을 아주 귀하게 생각합니다. "믿음의 주요 또 온전하게 하시는 이인 예수를 바라보자……(2절)" 그리고 이어 이렇게 말씀합니다. "십자가를 참으사……" 십자가를 참으사— 십자가를 인내로 표현하고 있습니다. 예수님께서는 억울함을 참으시고, 굴욕을 참으셨습니다. 그 매를 참으신 것입니다. 가시면류관을 쓰시고, 그 많은 저주를 참으셨습니다. 그 많은 배신을 참으셨습니다. 우리도 이런 내성을 가져야 됩니다. 잘 참아서 인내를 익혀야 합니다. 그래야 많은 시련을 넉넉하게 참고, 어떤 일에도 빙그레 웃으면서 살 수 있습니다. 그런데 한 가지 알아야 합니다. 이 인내는 여유에서 오는 것이고, 높은 인격에서 온다는 사실입니다. 이걸 잊지 말아야 합니다. 무식한 사람더러 무식하다고 하면 싸우자고 합니다. 그런데 정말로 무식한 사람한데 무식하다고 하면 빙그레 웃습니다. 무슨 말인고 하면, 여유가 있을 때 인내가 생긴다는 것입니다. 사람들이 뭐라고 하든 말든, 나는 그렇지 않다— 이 여유만만함, 이 인내, 이 온유함이 그리스도인의 덕인 것입니다.

예수님께서는 십자가에 돌아가실 때 그 악한 사람들을 향해서 이렇게 말씀하셨습니다. "하나님이시여, 저들의 죄를 사하소서. 저들이 하는 것을 모르기 때문입니다." 정말로 높은 위치에서 그들을 참으신 것입니다. 예수님께서 말씀하십니다. "아버지께서 내게 주신 잔을 내가 마시지 않겠느냐." 이 놀라운 믿음, 이 여유— 그리고 나는 아버지께로 가노라, 하는 그 여유 만만함을 우리는 보게 됩니다.

이스라엘 백성이 애굽에서 나왔습니다. 그리고 광야를 헤매다가, 민수기 14장에 보면, 하나님 앞에 큰 책망을 듣고 다시 광야로 들어가게 됩니다. 하나님께서는 그들을 40년 동안 광야에 살게 하시면서 시련을 주십니다. 그 시련을 통해서 이스라엘 백성을 훈련하시고, 그들을 온전하게 하시고, 부족함이 없게 하신 다음에 비로소 요단강을 건너 가나안 땅으로 들어가게 하십니다. 여러분, 오늘 우리가 많은 일들을 당합니다. 여러 가지 많은 시련들을 당하면서 알게 되고 깨닫게 됩니다. 믿음을 가지게 됩니다. 겸손하게 되고, 순수하게 됩니다. 시련 없이는 바로 서지 못합니다. 인격과 여유가 어디에서 오는 것입니까? 남다른 시련에서 오는 것입니다. 이걸 잊지 말아야 합니다. 나에게도 시험은 있습니다. 가장 귀중한 것 속에 시험이 있습니다. 굴욕을 당할 때에만 시험에 드는 것이 아닙니다. 더욱 무서운 시험은 칭찬 들을 때입니다. 성공할 때, 칭찬 들을 때 시험이 옵니다. 꽝하고 무너집니다. 성공이 시련이라는 것을 잊지 말아야 됩니다. 더 나아가 오늘본문은 말씀합니다. "여러 가지 시험을 만나거든 온전히 기쁘게 여기라." 왜 그렇습니까? 이 시련이 하나님께로부터 온 것이니까요. 하나님께서 나를 사랑해서주신 것이니까요. 그리고 내가 감당할 만큼 주신 것이니까요. 이 시련을 통하여 하나님께서는 더 큰 신앙적 인격, 더 큰 축복의 세계로 나를 인도하고 계시기 때문에 시련을 만날 때 오히려 기쁘게 여기라, 인내하라, 하고 말씀하십니다. 얼마나 귀중한 말씀입니까.

여러분, 개인적으로나 가정적으로나 많은 시련을 겪는 줄 압니다. 그러나 이 시련을 통하여 하나님께서 시련 가운데서 주시는 하나님의 음성이 있습니다. 하나님께서는 나를 사랑하셔서, 아니, 어쩌면 나를 더 사랑하셔서 이같은 시련을 주십니다. 이것을 통하여 하나님께서는 더 위대한 역사를 이루려고 하십니다. 나를 높이 세우고자 하십니다. 그래서 오늘본문말씀을 깊이 마음에 새기십시다. "형제들아, 너희가 여러 가지 시험을 만나거든 온전히 기쁘게 여기라." 온전히 기쁘게 여기라! △

곽선희목사 설교집·강해집·기타

〈설교집〉
08권 물가에 심기운 나무
09권 최종승리의 비결
10권 종말론적 윤리
11권 참회의 은총
12권 궁극적 관심
13권 한 나그네의 윤리
14권 모세의 고민
15권 두 예배자의 관심
16권 이 산지를 내게
17권 자유의 종
18권 하나님의 얼굴
19권 환상에 끌려간 사람
20권 복받은 사람의 여정
21권 좁은문의 신비
22권 내게 말씀을 주소서
23권 약속의 땅을 바라보며
24권 결단이 있는 자의 행로
25권 이 세대에 부한 자
26권 행복한 사람의 정체의식
27권 미련한 자의 지혜
28권 홀로 남은 자의 고민
29권 자기결단의 허실
30권 자기십자가의 의미
31권 자기승리의 비결
32권 자유인의 행로
33권 너는 저를 사랑하라
34권 주도적 신앙의 본질
35권 행복을 잃어버린 부자
36권 지식을 버린 자의 미로
37권 신앙인의 신앙
38권 예수께 잡힌바된 사람
39권 군중 속에 버려진 자
40권 한 수난자가 부르는 찬송
41권 복낙원 인간상
42권 내가 아는 이 사람
43권 한 수난자의 기쁨
44권 스스로 종이 된 자유인
45권 내게 주신 경륜

46권　자유인의 간증
47권　한 신앙인의 신앙간증
48권　그리스도의 침묵
49권　한 알의 밀의 신비
50권　자기 승리의 비결
51권　선으로 악을 이기라
52권　한 아버지의 눈물
53권　진리를 구하는 한 사람
54권　한 고독한 선지자의 기도
55권　자유함의 은총
56권　한 지성인의 고민
57권　그리스도인의 정체의식
58권　그 아버지의 소원
59권　신앙적 경건 수업
60권　한 순례자가 들은 복음
61권　부활신앙의 부활
62권　자유케 하는 복음
63권　내 인생의 현주소

〈강해집〉
(빌립보서 강해) 희락의 복음
(갈라디아서 강해) 은혜의 복음
(고린도전서 사랑장 강해) 진정한 사랑의 의미
(예수님의 이적 강해) 이적으로 계시된 말씀
(사도신경 강해) 사도들의 신앙고백
(야고보서 강해) 참믿음 참경건
(예수님의 잠언 강해) 예수의 잠언
(사도행전 강해)(상) 교회의 권세
(사도행전 강해)(하) 교회의 권세
(로마서 강해) 믿음에서 믿음으로
(고린도전서 강해) 복음의 능력
(고린도후서 강해) 생명에로의 길
(예수님의 비유강해)(상) 하나님의 나라/(중) 이 세대를 보라/(하) 생명에로의 초대
(에베소서 강해) 내게 주신 은혜의 선물
(골로새서 강해) 위엣것을 찾으라
(데살로니가서 강해) 사도의 정체의시
(디모데서 강해) 네 직무를 다하라

〈기타〉
행복한 가정/참회의 기도/영성신학/종말론의 신학적 이해/생명의 길